首届全国机械行业职业教育优秀教材
高等职业教育"十三五"系列教材

Qiche Dipan Gouzao yu Weixiu
汽车底盘构造与维修
（第2版）

曲英凯 刘 强 主 编

刘利胜 主 审

人民交通出版社股份有限公司
China Communications Press Co.,Ltd.

内 容 提 要

本书为首届全国机械行业职业教育优秀教材、高等职业教育"十三五"系列教材。本书重点讲解了现代汽车底盘常见的故障现象和维修的方法以及维修过程中所需要的相关理论知识。全书共分为4个项目，分别为传动系、行驶系、转向系、制动系的构造与维修。

本书主要供高职高专院校汽车类专业教学使用。

图书在版编目(CIP)数据

汽车底盘构造与维修/曲英凯,刘强主编. —2版. —北京:人民交通出版社股份有限公司,2019.4 (2024.12重印)

ISBN 978-7-114-14728-9

Ⅰ.①汽… Ⅱ.①曲…②刘… Ⅲ.①汽车—底盘—结构—高等职业教育—教材②汽车—底盘—车辆修理—高等职业教育—教材 Ⅳ.①U463.1②U472.41

中国版本图书馆CIP数据核字(2019)第030367号

书　　名	汽车底盘构造与维修(第2版)
著 作 者	曲英凯　刘　强
责任编辑	翁志新
责任校对	张　贺
责任印制	刘高彤
出版发行	人民交通出版社股份有限公司
地　　址	(100011)北京市朝阳区安定门外外馆斜街3号
网　　址	http://www.ccpcl.com.cn
销售电话	(010)85285911
总 经 销	人民交通出版社股份有限公司发行部
经　　销	各地新华书店
印　　刷	北京市密东印刷有限公司
开　　本	787×1092　1/16
印　　张	13.5
字　　数	301千
版　　次	2011年11月　第1版 2019年4月　第2版
印　　次	2024年12月　第2版　第3次印刷　累计第7次印刷
书　　号	ISBN 978-7-114-14728-9
定　　价	55.00元

(有印刷、装订质量问题的图书由本公司负责调换)

第2版前言

DIERBAN QIANYAN

本教材自2011年11月首次出版以来,被全国多所高职高专院校选为教学用书,受到广大师生的好评,重印数次,并于2017年被评为"首届全国机械行业职业教育优秀教材"。2018年,我们启动了对该教材的修订工作。

与第1版相比,第2版对全书的内容进行了完善:每个任务后增加了"复习与思考题",每个项目后增加了"知识点小结"模块;内容上进行了部分删减和更换,删除了制动系中"更换气压制动压力调节器"任务,更换了一些新车型的技术数据和新的维修工艺,替换了部分图片;为了教学更加方便,对部分任务的顺序进行了调整;纠正了第1版中的错误,并对一些图片进行了重新处理。第2版还为相关知识点配了二维码,扫码后可在线看微视频。

参与本书编写工作的有:吉林交通职业技术学院曲英凯(编写项目1中任务6~9,知识点小结,项目2中概述,任务1~6,知识点小结),吉林工程技术师范学院刘强(项目3中概述,任务1~6,知识点小结),吉林工程技术师范学院王军(项目1中概述,任务1~4),吉林省汽车工业贸易集团李明(项目4中概述,任务1~2),吉林交通职业技术学院宋晨媛(项目4中任务3~5),吉林交通职业技术学院刘成(项目4中任务6),吉林交通职业技术学院娄万军(项目4中任务7,知识点小结),吉林省汽车工业贸易集团滕飞(项目1中任务5)。全书由曲英凯、刘强担任主编,李明、宋晨媛担任副主编,吉林交通职业技术学院刘利胜教授担任主审。

吉林交通职业技术学院刘锐教授对本书的修订给予了悉心的指导,在此表示衷心的感谢。本书在编写过程中引用了一些国内外文献资料,扩展和充实了本书内容。在此,对上述文献资料作者表示感谢。

  限于编者经历和水平,教材内容难免有不当之处,恳切希望使用本书的广大师生和读者提出修改意见。

编者

2018 年 11 月

目 录

项目1 传动系的构造与维修 ... 1
概述 ... 1
任务1 更换离合器从动盘 ... 2
任务2 更换离合器主缸 ... 10
任务3 更换离合器拉索 ... 14
任务4 更换变速器倒挡齿轮 ... 17
任务5 更换变速器2挡同步环 ... 27
任务6 调整变速器操纵机构 ... 33
任务7 更换主减速器齿轮 ... 38
任务8 更换差速器减磨垫片 ... 44
任务9 更换球笼式等速万向节 ... 52
知识点小结 ... 64

项目2 行驶系的构造与维修 ... 65
概述 ... 65
任务1 更换摆臂总成 ... 67
任务2 更换减振器 ... 79
任务3 更换与修补轮胎 ... 85
任务4 更换轮毂轴承 ... 96
任务5 检查与调整车轮定位 ... 100
任务6 检测电控悬架 ... 107
知识点小结 ... 118

项目3　转向系的构造与维修 ·· 119
概述 ··· 119
任务1　更换转向柱万向节 ··· 120
任务2　更换机械转向器 ··· 126
任务3　更换普通液压动力转向器 ·· 132
任务4　更换转向助力泵 ··· 137
任务5　更换液压式电控动力转向系统电脑 ·· 142
任务6　更换电动式电控动力转向传感器 ·· 147
知识点小结 ·· 154

项目4　制动系的构造与维修 ·· 155
概述 ··· 155
任务1　更换盘式制动器制动块 ·· 157
任务2　更换鼓式制动器制动蹄 ·· 162
任务3　更换制动主缸 ·· 169
任务4　更换制动系统真空助力器 ··· 174
任务5　更换ABS压力调节器总成 ··· 177
任务6　更换ASR电子控制器 ··· 195
任务7　更换ESP横向加速度传感器 ··· 204
知识点小结 ·· 209

参考文献 ··· 210

项目 1 传动系的构造与维修

概 述

汽车传动系的基本作用是将发动机的动力按照需要传给驱动车轮。现代汽车上普遍采用机械式和液力机械式传动系两类。机械式传动系是由离合器、变速器、主减速器、差速器、半轴和万向传动装置等组成。其中各总成的基本功用分别是：

(1) 离合器:按照需要适时地切断或接合发动机与传动系之间的动力传递。

(2) 变速器:改变发动机输出转速的高低、转矩的大小以及输出轴的旋转方向,也可以切断发动机向驱动轮的动力传递。

(3) 万向传动装置:将变速器输出的动力传给主减速器,或将差速器输出的动力传给驱动轮,并适应两者之间距离和轴线夹角的变化。

(4) 主减速器:降低转速,增大转矩,改变动力的传递方向(90°)。

(5) 差速器:将主减速器传来的动力分配给左右半轴,并允许左右半轴以不同角速度旋转,以满足左右驱动轮在行驶过程中差速的需要。

(6) 半轴:将差速器传来的动力传给驱动轮,使驱动轮获得旋转的动力。

液力机械变速器是组合运用液力传动和机械传动,以液力机械变速器取代机械式传动系的摩擦式离合器和普通齿轮式变速器,其他组成部件及布置形式与机械式传动系相同。液力机械变速器由液力传动装置、有级式(或无级式)机械变速器、控制机构、操纵机构组成。

汽车的驱动形式通常用汽车车轮总数×驱动车轮数来表示,普通汽车一般装有4个车轮,常见的驱动形式有4×2、4×4。根据发动机的位置和驱动形式,传动系有以下几种布置形式:发动机前置、后轮驱动(front-engine, rear-wheel-drive, FR)、发动机前置、前轮驱动(front-engine, front-wheel-drive, FF)、发动机后置、后轮驱动(rear-engine, rear-wheel-drive, RR)、发动机中置、后轮驱动(middle-engine, rear-wheel-drive, MR)。越野汽车传动系的布置形式一般为全轮驱动(AWD——All-Wheel-Drive 的缩写),普通越野汽车通常有4个车轮,通常标记为4WD。

任务 1　更换离合器从动盘

1 任务引入

当出现下列情况之一时：
(1) 汽车起步困难、加速不良等；
(2) 挂挡困难，或者换挡时有齿轮冲击；
(3) 汽车起步时离合器振抖，严重时整车都产生抖动的现象。
经诊断为离合器从动盘故障，需对其进行更换。

2 相关理论知识

2.1 离合器的功用

离合器位于发动机与变速器之间，用来分离或接合二者之间的动力联系，其主要作用是：

(1) 保证汽车平稳起步。在汽车起步之前，发动机已经运转，而汽车却处于静止状态，其速度为零。如果传动系与发动机刚性连接，则当变速器挂挡时，正常怠速运转的发动机曲轴将传动系在极短的时间内发生转动方向的碰撞，因此传动系将对曲轴造成很大的反向冲击力矩，使发动机转速急剧下降到最低稳定转速以下，导致其熄火而不能工作，同时也会使机件受过大负荷而损坏。在传动系中设置了离合器后，驾驶员就可以缓慢地放松离合器踏板来柔和地接合离合器，逐渐加大对传动系的作用力矩，避免了对曲轴造成很大的反向冲击力矩。与此同时，逐渐踩下加速踏板，相应增加对发动机的燃油供给量，使发动机能始终维持不熄火，到驱动轮产生的驱动力足以克服起步阻力时，汽车开始运动并逐渐加速。可见，离合器是保证汽车平稳起步的关键部件，汽车的平稳起步和加速对于增强乘员的舒适性、安全性及延长零部件的使用寿命都是有好处的。

(2) 便于换挡。汽车在行驶过程中，为了适应行驶条件的不断变化，变速器经常需要换用不同的挡位工作。而普通齿轮式变速器的换挡是通过拨动换挡机构来实现的，即原挡位的啮合齿轮副或其他啮合副（如齿形花键与接合套）脱开，新挡位的齿轮副开始啮合。换挡时，如果离合器没有将发动机与变速器之间的动力暂时切断，即原挡位的啮合齿轮副因压力过大而很难脱开，新挡位的齿轮副因两者圆周速度不等而难以进入啮合，即使能进入啮合，也会产生很大的冲击和噪声而损坏机件。装设了离合器后，换挡前，先踩下离合器，使其分离，即可切断动力传递，然后再进行换挡操作，以保证换挡操作流程的顺利进行，并减轻或消除……载。汽车紧急制动时，车轮突然急剧降速。若发动机与传动系刚性连……传动系内各转动件也将产生很大的惯性力矩（数值可能远大于发动机正常工作时所发出的最大转矩),这一力矩作用于传动系,会造成传动系过载而损坏机件。有了离合器,当传动系承受荷载超过离合器所能传递的最大转矩时,离合器主动部分和从动部分就会自动打滑,起到过载保护作用。

2.2 离合器的分类

手动挡汽车主要采用摩擦式离合器,根据分类方法不同,其类型较多。按从动盘的数目不同可分为单片、双片和多片离合器;按弹簧的类型和布置形式不同可分为周布螺旋弹簧离合器、中央弹簧离合器、斜置弹簧离合器以及膜片弹簧离合器;按操纵机构的不同可分为机械式(拉索式和杆式)、液压式、气压助力式离合器。

2.3 离合器的结构

离合器主要由传动部分(图1-1-1)和控制部分(图1-1-2)两大部分组成。传动部分的主要作用是传递和中断发动机和变速器之间的动力,包括主动部分、从动部分、压紧机构。控制部分的主要作用是控制离合器传动部分的分离和结合,包括分离机构和操纵机构两部分。

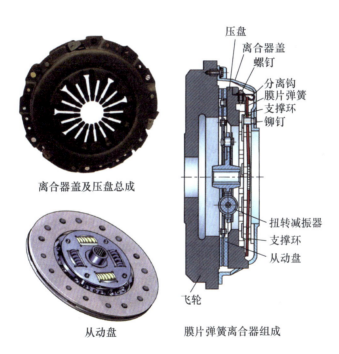

图1-1-1 离合器传动部分的结构

目前生产的手动挡轿车,已全部采用了膜片弹簧离合器,即用膜片弹簧来作为汽车离合器的压紧元件。汽车膜片弹簧离合器可分为推式膜片弹簧离合器和拉式膜片弹簧离合器两种形式。

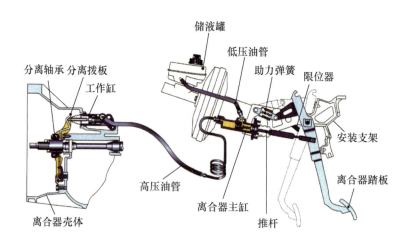

图 1-1-2　离合器控制部分的结构

2.3.1　推式膜片弹簧离合器

1) 主动部分

离合器的主动部分由飞轮、离合器盖和压盘等组成。飞轮用螺栓固定在曲轴后端的凸缘上,离合器盖与飞轮靠螺栓连接。为了保证离合器与飞轮同心,离合器盖通过定位销定位,固定装在飞轮上。压盘与离合器盖之间是通过周向均布的 3 组或 4 组传动片来传递转矩的,如图 1-1-3 所示,传动片用弹簧钢片制成。每组两片,其一端用铆钉铆接在离合器盖上,另一端用铆钉铆在压盘上。在离合器分离和接合过程中,依靠弹簧钢片的弯曲变形,使压盘前后移动。正常工作时,离合器盖通过传动片拉动压盘旋转。对压盘起传动、导向和定心的作用。传动片的反向承载能力较差,汽车反拖时,易折断传动片。

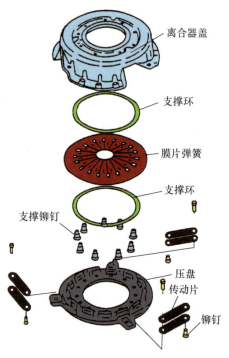

图 1-1-3　离合器盖及压盘总成

2) 从动部分

离合器的从动部分是从动盘(又称离合器片),它通过花键与变速器一轴相连。从动盘两面带有摩擦片装在飞轮和压盘之间。由于发动机传到汽车传动系的转速和转矩不断地发生周期性的变化,这会使传动系产生扭转振动。另一方面,汽车行驶于不平路面上,使汽车传动系出现角速度的突然变化,也会引起上述扭转振动。如果扭转振动的频率与传动系固有振动频率成整数倍关系,就会产生共振,将使传动系零件的应力成倍地增加,会使传动系零件的疲劳寿命大大下降。为了消除这种有害的共振现象,多数离合器从动盘中装有扭转减振器。另外,当发动机高转速下猛抬离合器踏板使汽车起步时,或因采取紧急制动而来不及踏下离合器踏板时,在减振弹簧的缓冲作用下,使传动系的动荷载明显下降,防止造成传动系瞬间过载。

带扭转减振器的从动盘的结构如图 1-1-4a)所示。从动盘钢片和从动盘毂通过弹簧弹性地连接在一起,构成减振器的缓冲机构,从动盘毂夹在从动盘钢片和减振器盘之间,在从动盘毂与从动盘钢片、从动盘毂与减振器盘之间还装有环状摩擦片,它是减振器的阻尼耗能元件。从动盘毂、从动盘钢片和减振器盘上都有 6 个(或 4 个)圆周均布的窗孔,减振弹簧装在窗孔中。特种铆钉将从动盘钢片和减振器盘铆接成一体,但铆钉中部和从动盘毂上的缺口存在一定的间隙,从动盘毂可相对从动盘钢片和减振器盘做一定量的转动。当从动盘不受转矩作用时,减振弹簧在从动盘毂与从动盘钢片和减振器盘之间不起传力作用,如图 1-1-4b)所示。而从动盘受转矩作用时,由摩擦衬片传来的转矩,首先传到从动盘钢片,再经弹簧传给从动盘毂,这时弹簧被压缩,如图 1-1-4c)所示,通孔错开。因而,由发动机曲轴传来的扭转振动所产生的冲击或汽车行驶于不平路面上所引起传动系角速度的突然变化而产生的冲击,都会被弹簧所缓和并被摩擦片所吸收,将扭转振动的能量通过摩擦阻力转变为热能形式散失到空气中,从而避免传动系部件的共振。

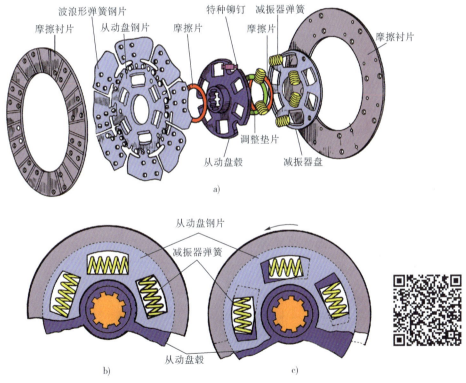

图 1-1-4 带扭转减振器的从动盘组成及工作示意图
a)从动盘分解图;b)减振弹簧不传力;c)减振弹簧被压缩(传力)

有些汽车采用刚度不等(各圈之间的螺距不等或圈数不同)的弹簧,并将装弹簧的窗口长度做成不同尺寸,从而使弹簧起作用的时间不同,进而获得变刚度的特性,可避免传动系的共振和降低传动系的噪声。有的是在结构上采用双弹簧,即在一个窗口中安装两个刚度不等、旋向相反、套在一起的内、外两个弹簧,由于两弹簧的自振频率不同,当某一弹簧发生共振时,另一弹簧起减振作用。另外,也可采用橡胶弹性元件避免共振。

离合器从动盘在安装时,应具有方向性,以避免连接长度不足(花键毂处)、摩擦片悬空、顶紧分离轴承等现象,其安装方向因车型而异。

3) 压紧机构

压紧机构由膜片弹簧、支撑铆钉、支撑环等组成,与主动部分一起旋转。膜片弹簧的形状像一个碟子,它是在一个具有锥形面的钢圆盘上,开有许多径向切口,形成一排有弹性的分离杠杆。在切口的根部都钻有孔,以防止应力集中。真正产生压紧力的,仅是钻孔以外的部分。可见,膜片弹簧既起着压紧机构的作用,又起分离杠杆的作用。它以离合器盖为依托,将压盘压向飞轮,从而将处于飞轮和压盘间的从动盘压紧。在膜片的两侧各有一个支撑环(有的离合器仅一侧有支撑环),靠支撑铆钉固定在离合器盖上。

4) 离合器的工作原理

(1) 自由状态。如图1-1-5a)所示,装配时,在压盘、从动盘和飞轮对正安装位置后,离合器盖没有固定到飞轮上时,膜片弹簧不受力,处于自由状态。此时,离合器盖与飞轮安装端面之间有一距离 l。

(2) 接合状态。当将离合器盖用连接螺栓固定到飞轮上时,如图1-1-5b)所示,由于离合器盖靠向飞轮,后钢丝支撑环则压向膜片弹簧使之发生弹性变形,膜片弹簧的圆锥底角变小。同时,在膜片弹簧的外端对压盘产生压紧力,使离合器处于接合状态。

(3) 分离状态。当分离离合器时,分离轴承左移,如图1-1-5c)所示,膜片弹簧被压在前钢丝支撑环上,其径向截面以前支撑环为支点转动,膜片弹簧成反锥形,使膜片弹簧外端右移,并通过分离弹簧钩拉动压盘使离合器分离。有的离合器没有分离钩,当膜片弹簧和压盘脱离接触后,压盘和从动盘之间的彻底分离,是靠具有足够弹性恢复力的传动片把压盘拉离的。从图1-1-3可以看到,传动片沿压盘圆周方向布置,其一端连于压盘,另一端和离合器盖相连,当离合器盖与压盘组装后,传动片就产生了一定量的弹性变形,具有足够的弹性恢复力。所以,传动片起双重作用:离合器接合时带动压盘转动,传递转矩;离合器分离时带动压盘离开从动盘,传递轴向运动。

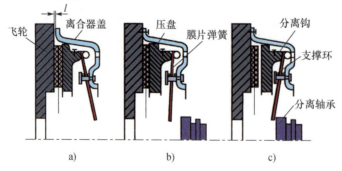

图1-1-5 膜片弹簧离合器工作原理示意图
a) 自由状态;b) 接合状态;c) 分离状态

2.3.2 拉式膜片弹簧离合器

1)结构

拉式膜片弹簧离合器的结构形式与推式膜片弹簧离合器的结构形式大体相同,只是将膜片弹簧反向安装(接合状态时锥顶背离离合器盖),其支撑点和力的作用点的位置有所改变。支撑点由原来的中间支撑环处移至膜片弹簧大端外径的边缘处,支撑在离合器盖上,中部与压盘的环形凸起接触并对压盘产生压紧力,离合器处于接合状态。

如图 1-1-6 所示,离合器盖及压盘总成摩擦工作面向后靠螺栓固定在曲轴后端的凸缘上,飞轮用螺栓固定在离合器盖上,其间夹有分离盘、卡簧、从动盘,卡簧将分离盘卡在膜片弹簧上的三个凸钩上。分离盘中心处有凹坑与离合器分推杆配合。

图 1-1-6 拉式膜片弹簧离合器

2)原理

当分离离合器时,借助踏板机构的操纵使离合器推杆前移,推动分离盘前移使膜片弹簧内端前移,膜片弹簧中部与压盘的环形凸起脱离接触并存有一定间隙。此时,压盘离开从动盘而分离。

拉式膜片弹簧离合器力的作用点为膜片弹簧碟簧部分的内径端,压紧在离合器压盘上,这样可获得较大的压紧力,其操纵方式由推式操纵变为拉式操纵。拉式离合器膜片弹簧分离端需要嵌装适合拉式用的分离盘。与推式膜片弹簧离合器比较,拉式膜片弹簧离合器的机构更为简化,便于提高压紧力和转矩,增强了离合器盖的刚度,提高了分离效率,有利于分离负荷的降低,改善了离合器操纵的轻便性。一汽大众生产的高尔夫轿车离合器即为拉式膜片弹簧离合器。

2.4 离合器传动部分的检测

2.4.1 压盘总成

(1)如图 1-1-7 箭头所示,检查膜片弹簧的末端,允许其磨损不超过原厚度的 1/2。

(2)如图 1-1-8 箭头所示,检查压盘和盖板之间的连接钢片是否有裂纹,检查铆钉连接是否牢固。

注意:必须更换连接钢片损坏或铆钉松动的压盘。

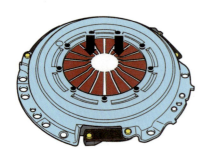
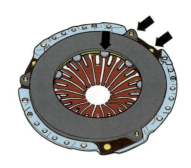

图 1-1-7　膜片弹簧末端检测图　　　　　图 1-1-8　压盘总成检查

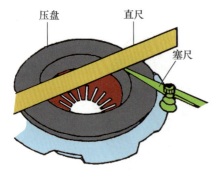

图 1-1-9　压盘平面度检查

(3)压盘工作表面有严重的磨损沟槽(沟槽深度超过 0.5mm),或出现裂纹时,应更换新件。

(4)检查压盘工作面的平面度不应超过 0.2mm。如果超过规定值,应更换新件。检查方法如图 1-1-9 所示,可用直尺放平后以塞尺测量。

2.4.2　从动盘

(1)从表面观察,有如下现象:从动盘摩擦衬片表面烧焦、开裂,扭转减振器弹簧折断,花键磨损大,铆钉松动,则更换离合器从动盘。

(2)磨损检测:用游标卡尺测量铆钉头的深度,如图 1-1-10 所示。铆钉头的最小深度为 0.3mm,超过该极限值应更换离合器从动盘。

(3)端面跳动的检测:在距从动盘外边缘 2.5mm 处测量其端面跳动量不应大于 0.50mm,如果摆差过大,则应更换离合器从动盘,如图 1-1-11 所示。

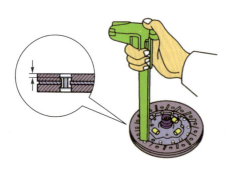
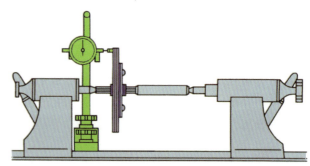

图 1-1-10　摩擦衬片磨损的检查　　　　　图 1-1-11　从动盘径向跳动量的检查

2.4.3　飞轮

飞轮与从动盘摩擦片相接触的工作面出现下列情形之一:有裂纹、磨损沟槽深度超过 0.5mm、平面度误差超过 0.12mm,则更换新件。

2.4.4 分离轴承及复位弹簧

(1)分离轴承若烧蚀、转动时如有卡滞或松旷甚至松散,则更换新件。
(2)复位弹簧弹力不足或折断时,要更换新件。

3 任务实施

3.1 准备工作

阅读维修手册,制订拆装方案,准备所需仪器、设备和工具。

3.2 操作流程

3.2.1 拆卸

(1)拆下变速器(见项目1任务4任务实施的操作流程中变速器的拆卸和安装部分,此部分可先由指导教师代为完成)。
(2)使用定位工具将飞轮固定。
(3)沿对角逐步松开螺栓,并将其拆下。
(4)取下压盘和离合器片。

3.2.2 安装

安装以倒序进行。
(1)将压盘和离合器片用定芯棒安装到飞轮上。
(2)用手均匀地旋入所有的螺栓,直至螺栓头紧贴压盘。
(3)用定位工具固定飞轮。
(4)沿对角按规定拧紧力矩逐步拧紧固定螺栓,以防损坏压盘的对中孔和双质量飞轮的对中销。
(5)安装变速器。

3.3 操作提示

(1)检查汽缸体上是否有用于发动机和变速器定心的配合套,如有必须进行安装。如果漏装配合套,便会出现换挡困难、离合器故障,并且可能会产生离合器噪声(松动轮子的嘎嘎声)。
(2)离合器从动盘要按规定方向安装,不可装反,否则会导致离合器分离不彻底。
(3)根据发动机型号匹配离合器从动盘和压盘。
(4)在离合器烧毁后为了减少气味散发,必须彻底清洁离合器罩以及飞轮和发动机缸体后端面。
(5)清洁驱动轴花键,如果是旧离合器片则清洁轮毂花键,清除锈蚀,然后在花键上涂敷薄薄的一层离合器从动盘花键润滑脂。之后将离合器从动盘在驱动轴(变速器输入轴,也称为变速器一轴)上来回移动,直到轮毂在轴上活动自如。多余的润滑脂一定要去除。

(6)压盘已经过防腐蚀处理并涂有润滑脂。只允许清洁接触面,否则将严重缩短离合器的寿命。

(7)离合器片两侧的摩擦衬片必须与压盘和飞轮的接触面完全贴紧,然后才能拧入紧固螺栓。

复习与思考题

1. 离合器从动盘出现故障会有哪些现象?请分析产生不同故障现象的原因。
2. 离合器的作用是什么?
3. 说明离合器从动盘扭转减振器的结构和工作原理。
4. 离合器从动盘方向装反会导致什么故障?
5. 如何检测离合器从动盘?

任务2 更换离合器主缸

1 任务引入

车辆在挂任何挡位时都有齿轮冲击声,且摘挡时也比较费力,在离合器踏板踩到底保持不动时,发现工作缸推杆回缩变短,而工作缸和液压管路没有漏油迹象,故诊断为离合器主缸皮碗密封不严,需更换主缸。

2 相关理论知识

前文已述及,离合器的控制部分包括分离机构和操纵机构两部分。这里我们以液压式操纵机构的离合器为例来研究控制部分的结构和工作原理。

2.1 分离机构

液压离合器控制部分的分离机构的主要作用是在离合器工作缸推杆的推力作用下,由离合器分离杆带动分离轴承推压膜片弹簧的分离杠杆,使离合器分离,如图1-1-2所示,它包括分离轴承、离合器分离拨板(或分离拨叉)等。

2.2 操纵机构

目前汽车上常用的离合器操纵机构有机械式和液压式两种。为了降低踏板力,在操纵机构中可引入助力装置。机械式操纵机构有杆系传动和拉索传动两种。杆系传动装置的优点是结构简单、工作可靠。但是因为杆与杆连接的节点多,所以摩擦损失大,传动效率低(一般 $\eta \approx 0.8 \sim 0.85$),操纵比较费力;车身和车架的变形会影响其工作。当离合器需要远距离操纵时,较难合理安排杆系,故一般应用于中型货车。拉索传动结构简单,质量轻,布置灵活,不受车身和车架变形的影响,但传递的力比较小,故一般应用于轿车。液压式离合器操纵机构具有摩擦阻力小,传动效率高,接合平顺,便于布置等优点,特别适合于远距离操纵离合器的分离和接合,由于油管的柔性,车架、车身的变形对它的正常工作不会有任何影响,故广泛应用于轿车和轻型汽车上。

轿车上用的多为液压式操纵机构,它由踏板装置和液压系统两部分组成。

(1)踏板装置的主要功用是在驾驶员的操作下,通过踏板的杠杆作用及偏心弹簧的助力作用对液压系统施加压力。如图1-1-2所示,踏板装置包括离合器踏板、安装支架、助力弹簧、限位器等。

为了减小作用于离合器踏板上的操纵力,以减轻驾驶员劳动强度,又不致因传动机构杠杆比过大而加大踏板行程,可在机械式或液压式操纵机械基础上加设各种助力装置,如用弹簧助力或气压助力。弹簧助力因结构简单,不需要高压空气源,广泛用于轿车上;而气压助力液压式操纵机构结构复杂,但助力效果大,主要用于重型货车上。这里主要研究弹簧助力式操纵机构。根据助力弹簧受力方向不同,又分为拉式和推式两种。

拉式弹簧助力式操纵机构,如图1-2-1所示。助力弹簧(又称偏心弹簧)的两端分别挂在固定于支架和三角板上的两支撑销上,三角板可以绕其销轴转动,当离合器踏板完全放松,离合器处

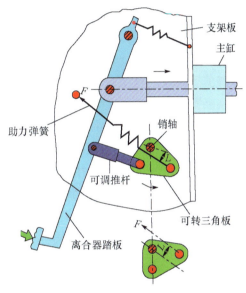

图1-2-1 拉式助力弹簧助力原理

于接合位置时,位于助力弹簧轴线的拉力 F 位于三角板销轴的下方,即力臂 L 位于三角板销轴的下方。当踩下踏板时,通过可调推杆推动三角板绕其轴销逆时针转动。这时,助力弹簧的拉力 F 对销轴的力矩实际上是阻碍踏板和三角板运动的反力矩,反力矩随着离合器踏板下移而减小。当三角板转到使弹簧轴线通过轴销中心时,因力臂 L 为零,弹簧反力矩为零。踏板继续下移使力臂 L 位于三角板销轴的上方,此时,助力弹簧的拉力 F 对三角板销轴的力矩方向转为与踏板力对踏板轴的力矩方向一致时,就能起到助力作用。在踏板处于最低位置时,这一助力作用最大。助力弹簧的助力作用由负变正的过程是可以允许的,因为在踏板的前一段行程中,要消除自由间隙,离合器压紧弹簧的压缩力不大,总的阻力也在允许范围内,在踏板后段行程中,压紧弹簧的压缩量和相应的作用力继续增大到最大值。在离合器彻底分离以后,为了进行变速器换挡或制动,往往需要将踏板在最低位置保持一段时间,由此导致驾驶员疲劳,因而最需要助力作用。接合离合器时,放松离合器踏板,工作缸活塞将在复位弹簧作用下复位。在踏板复位的初始阶段,助力弹簧有阻止踏板复位的作用,这对离合器压盘以较慢的速度压紧从动盘,使离合器柔和地接合有好处,在踏板复位的最后阶段,离合器已完全接合,如果完全放松离合器踏板,则助力弹簧将使离合器踏板迅速复位。

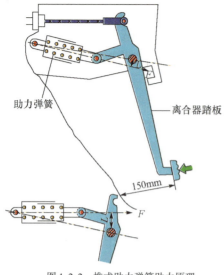

图1-2-2 推式助力弹簧助力原理

推式弹簧助力式操纵机构的助力原理如图1-2-2所示,它与拉式的类似,这里不再细述,所不同的是弹簧起作用时的力为推力而非拉力。

这两种弹簧助力结构既可用于机械式离合器操纵机构,也可用于液压式离合器操纵机构。助力弹簧的助力效果一般能使踏板力降低20%～30%,且主要在踏板后段行程时助力作用才明显,操纵离合器的主要能源仍然是驾驶员的力。

(2)液压系统的主要作用是在离合器踏板的作用下,系统油压升高,通过离合器工作缸推杆推动离合器分离杠杆带动分离轴承压向膜片弹簧的分离杠杆。如图1-2-3所示,它包括离合器主缸(又称离合器总泵)、工作缸(又称离合器分泵)、液压管路等。

主缸的构造及工作情况如图1-2-3所示,主缸体借助补偿孔、进油孔通过软管与储液罐(与制动系统共用)相通。主缸体内有一个中部较细的活塞,使活塞右方的主缸内腔形成环形油室。活塞两端装有密封圈和皮碗,活塞顶开有圆周分布的轴向小孔,活塞复位弹簧将皮碗、活塞垫片压向活塞,盖住小孔,形成止回阀,并把活塞推向最右的位置,使皮碗位于补偿孔和进油孔之间,两孔都打开。

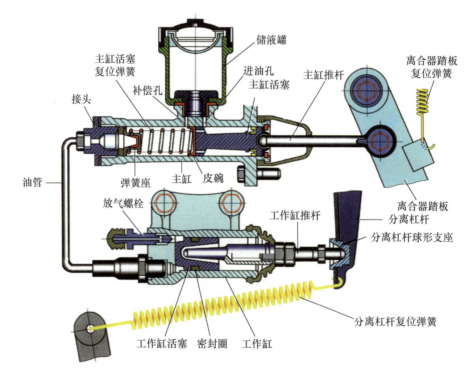

图1-2-3 离合器液压式操纵机构

离合器工作缸的结构如图 1-2-3 所示。工作缸通过高压油管与主缸相连。工作缸内装有活塞、密封圈(有的像主缸活塞一样在前部装有皮碗)和活塞挡环,缸体左端装有进油管接头与放气螺栓。当管路内有空气影响离合器操纵时,可拧出放气螺栓进行放气。

当踏下离合器踏板时,通过主缸推杆带动主缸活塞向前移动,主缸内活塞复位弹簧被压缩,当活塞前皮碗将补偿孔关闭后管路中油压开始升高。在油压作用下,与主缸相连的工作缸活塞推动工作缸推杆右移,使分离杠杆转动,带动分离轴承右移,使离合器分离。

当快速放松离合器踏板时,复位弹簧使主缸活塞较快后移,由于管道阻力的作用,管路中油液回流到主缸的速度跟不上活塞的移动,从而形成低于大气压强的情况。在压强差的作用下,从储液罐和进油管来的油液经进油孔和活塞上的轴向小孔,沿皮碗的外缘流向活塞前方油腔,从而防止管路内吸入空气。当工作缸活塞复位,原先压入工作缸的油液流回主缸时,多余的油液经补偿孔流入储液罐。当液压系统因漏损或温度变化引起油液容积改变时,可通过补偿孔自动适当进出油液,保证液压操纵系统的正常工作。

3 任务实施

3.1 准备工作

阅读维修手册,制订拆装方案,准备所需仪器、设备和工具。

3.2 操作流程

3.2.1 拆卸

(1)查询收音机防盗密码后,关闭点火开关,断开蓄电池搭铁线。
(2)因车而异来确定是否拆除其他影响拆卸离合器主缸的部件。
(3)拆下离合器主缸端与制动主缸连接的进油软管,并用软管夹夹紧,防止制动液流出。
(4)断开离合器主缸端与离合器工作缸连接的高压油管,并将管口密封好,防止制动液流出以及外界环境的杂质对制动液的污染。
(5)拆下离合器主缸与离合器踏板的连接。
(6)拧下离合器主缸固定螺栓,取下主缸。

3.2.2 安装

安装以倒序进行。
(1)将离合器主缸安装到固定位置后,用螺栓紧固。
(2)连接离合器主缸推杆与离合器踏板。
(3)连接离合器主缸和高压油管。
(4)连接离合器主缸的进油软管。
(5)安装主缸后,对离合器系统进行排气。可按技术手册要求选择人工排气或使用专用排气装置进行排气。

(6)完成排气后,再踏数次离合器踏板,以确认离合器工作有效。
(7)安装其他影响拆卸离合器主缸的部件,并连接蓄电池搭铁线。

3.3 操作提示

(1)在安装过程中,有的车型为了使离合器主缸推杆与离合器踏板安装方便,有时先完成此步骤后,再紧固主缸固定螺栓。操作者可视情况自行决定。

(2)离合器所使用的油液为制动液,排气时要注意以下几项:

①按原车规定标准选择同型号的制动液作为补充添加液。

②制动液有毒且有腐蚀性,尽量不要接触到皮肤特别是眼睛上,也不要沾到车漆表面。如果出现上述情况要用大量清水洗净。

③为防止制动液从环境空气中吸入水蒸气,制动液要密封保存。

④排出的制动液不能重复使用。

复习与思考题

1. 离合器主缸皮碗密封不严的故障现象是什么?
2. 汽车上常用的离合器操纵机构有哪两种?
3. 简述拉式和推式弹簧助力机构的助力原理。
4. 简述离合器液压操纵机构的组成和工作原理。
5. 离合器液压操纵机构里进入空气会有什么故障现象?如何排除系统里的空气?

任务3 更换离合器拉索

1 任务引入

踏离合器踏板时沉重费力,经检查为离合器拉索自调机构故障,需更换新件。

2 相关理论知识

在上一个任务中,离合器接合状态时,离合器主缸推杆与主缸活塞之间有一定量的间隙(为2~3mm),留此间隙的目的是防止主缸活塞在复位时不彻底,导致离合器液压系统内部有一定的压力,致使离合器分离轴承压迫膜片弹簧分离杠杆内端,加剧分离轴承的磨损,严重的还会导致离合器打滑。此间隙一般靠旋转主缸推杆与离合器踏板连接处设置的偏心销来调整。

同理,有的离合器工作缸推杆也做成长度可调的结构,如图1-2-3所示,目的是使离合器的分离轴承与膜片弹簧的分离杠杆内端保持一定的间隙。

离合器处于接合状态时,分离轴承与分离杠杆内端之间预留的间隙称为离合器的自由间隙,其作用是防止从动盘摩擦片磨损变薄后压盘不能向飞轮移动而造成离合器打滑。

消除离合器自由间隙和分离机构、操纵机构零件的弹性变形所需要的离合器踏板行程称为离合器踏板的自由行程。其大小可以调整,不同车型也不尽相同。

轿车离合器机械操纵机构通常采用自动调整拉索式结构,如图1-3-1所示,这是一种免维护、免调整的拉索,具有自动补偿离合器自由行程的功能。当离合器摩擦片磨损时,通过拉索的自动调整机构的调节作用,可使拉索内的拉线向下伸出一定量,起到对自由行程的补偿作用。这样就保证了在摩擦片磨损到一定程度之后仍能可靠地传递转矩,避免了普通离合器踏板自由行程的定期调整工作,如一汽捷达轿车、东风雪铁龙爱丽舍轿车等。

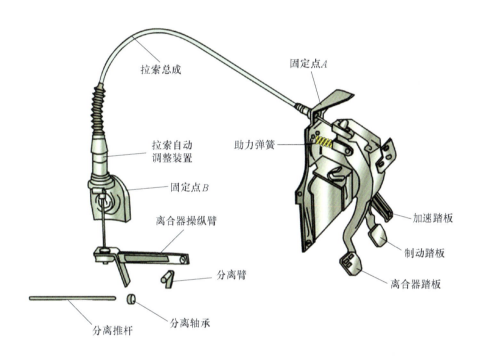

图1-3-1 离合器拉索式操纵机构

离合器拉索自调装置的自调原理:

(1)接合。离合器接合时,拉索与波顿弹簧力平衡,锁止锥块与锁球有间隙,调整机构处于未被锁止状态,如图1-3-2a)所示。这种自调拉索式结构将自由间隙上移到自动调整装置内部,即锁止锥块与锁球之间的间隙。

(2)分离。离合器分离时,随着离合器踏板被踏下,拉索被拉紧,拉索试图在固定点A和B之间沿直线运动。而拉索护套的弧度阻碍了这种运动趋势,以至于拉索护套压缩波顿弹簧,并带动其下端的锁止锥块下移,直到锁止锥块的锥面和锁球接触,并将锁球向外紧压在缸筒内壁上。这时,拉索护套下端被锁止锥块和锁球固定在缸筒壁上,调整机构被锁止,这时拉索变成普通形式的拉索。接着踩下离合器踏板,拉索下端将上移,带动分离杠杆,使离合器分离,如图1-3-2b)所示。

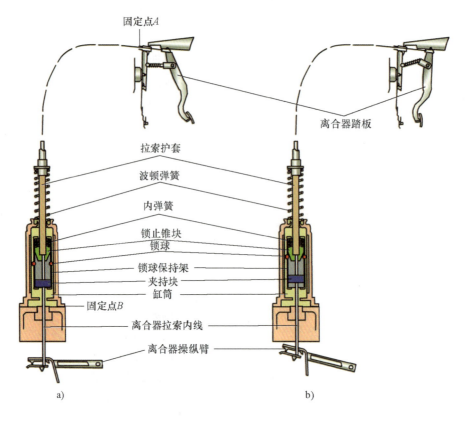

图 1-3-2　离合器拉索自动调整机构原理图
a）离合器接合时状态；b）离合器分离时状态

（3）复位。当放松离合器踏板复位时，拉索下端受拉力作用下移，夹持块被拉到锁球保持架的底面，锁止锥块在波顿弹簧的作用下回到分离前接合状态的初始位置，锁球脱离锁止锥块的锥面，自动调整机构被松开，恢复到离合器接合状态。

（4）自调。离合器从动盘摩擦片磨损后，在离合器接合状态下，拉索下端比摩擦片磨损前向下多移动一段距离，夹持块带动锁球保持架也一同向下移动一段距离，锁球保持架内弹簧被压缩，迫使锁止锥块与拉索护套压缩波顿弹簧向下运动同样的距离，此距离即为摩擦片磨损所需要的修正量。拉索护套的有效长度即 A 和 B 两点间的弧长缩短，弧度变得平滑，以适应拉索伸长，达到拉索自动调整的目的。此时，调整机构处在了一个新的平衡位置。并且调整后的新的平衡位置锁止锥块与锁球的间隙保持恒定不变，所以离合器踏板的自由行程保持不变，从而起到了自动调整离合器踏板自由行程的作用。

3 任务实施

3.1 准备工作

阅读维修手册，制订拆装方案，准备所需仪器、设备和工具。

3.2 操作流程

3.2.1 拆卸

(1)数次将离合器踏板踏到底。
(2)压紧防护套内调整机构,把装在防护套顶部夹紧带的孔挂入调整机构的两个销上。
(3)拆下离合器操纵臂上的紧固件。
(4)脱开离合器拉索在变速器壳体支承件上的连接。
(5)脱开离合器踏板上的吊耳。
(6)拆下离合器拉索。

3.2.2 安装

(1)通过前围板将拉索吊耳钩在离合器踏板上。
(2)用手压下离合器踏板,同时(两人)在前面拽拉索,压紧防护套内的调整机构,把装在防护套顶部的夹紧带的孔挂入调整机构的两个销上。
(3)将离合器拉索末端支撑部位装(卡)入变速器壳体支承件。
(4)装上离合器操纵臂上的紧固件。
(5)从销上摘下夹紧带。
(6)数次将离合器踏板踏到底(至少五次)。
(7)按与踏板踏下相反的方向移动离合器操纵臂约10mm,离合器操纵臂应运动自如。

3.3 操作提示

(1)离合器拉索不能折叠,否则不能保证调整机构的功能。
(2)如果调整机构不能压紧,说明存在故障,拆卸时须破坏拉索。

复习与思考题

1. 离合器拉索自调机构损坏的故障现象是什么?
2. 什么是离合器自由间隙?它的作用是什么?
3. 什么是离合器踏板的自由行程?
4. 简述离合器拉索的自调原理。
5. 简述离合器拉索的拆装过程。

任务4 更换变速器倒挡齿轮

1 任务引入

某车挂入倒挡后有异响,经检查为倒挡主动齿轮、倒挡从动齿轮以及倒挡轴上的倒挡齿轮都有不同程度的损伤,需全部更换,而倒挡主动齿是和输入轴一体的,所以要更换一个新的输入轴。

2 相关理论知识

由于汽车上广泛采用活塞式发动机,其转矩和转速变化范围较小,而汽车实际行驶的道路条件非常复杂,要求汽车的牵引力和行驶速度必须能够在相当大的范围内变化;另外,活塞式内燃机的旋转方向是固定的,而汽车在实际行驶过程中常常需要倒向行驶。为此,在汽车传动系中设置了变速器。

2.1 变速器的功用

(1)变换传动比。通过变换传动比,扩大汽车牵引力和速度的变化范围,以适应汽车在不同行驶条件下的需要。

(2)倒向行驶。在发动机旋转方向不变的条件下,使汽车能够倒向行驶。

(3)中断动力传递。利用空挡中断发动机向驱动轮的动力传递,以使发动机能够起动和怠速运转。

另外,有的专用汽车还利用变速器作为动力输出装置,驱动某些附属装置,如自卸车的液压举升装置,汽车吊车的起吊工作装置等。

2.2 变速器的类型

目前汽车上常用的变速器按操纵方式不同可分为两种:手动变速器和自动变速器。

手动变速器(Manual Transmission,MT)是通过各种大小不同的齿轮组合,获得不同的传动比,其传动比的变化不是连续的,而是分级变速。驾驶员通过操纵变速杆直接操纵变速器换挡机构,选择不同挡位的传动齿轮进行传动。手动变速器按工作轴的数量(不包括倒挡轴)可分为三轴式变速器和二轴式变速器。按所含前进挡的个数分为三挡变速器、四挡变速器、五挡变速器、六挡变速器等。目前,轿车上常用二轴式五挡变速器。

自动变速器(Automatic Transmission,AT)中最常见的是液力自动变速器,一般由液力变矩器与行星齿轮式有级变速器(也有平行轴式有级变速器)组成。液力变矩器在一定的范围内可以使输入轴与输出轴之间的传动比连续变化,实现无级变速;而行星齿轮式(或平行轴式)有级变速器的自动控制系统根据发动机的负荷和车速的变化自动选定挡位变换,即自动地改变传动比,驾驶员只需操纵加速踏板来控制车速。自动变速器有两种形式:机械无级变速器(Constantly Variable Transmission,CVT),它是由V形轮和传动带组成的摩擦传动机构;机械有级自动变速器(Automatic Mechanical transmission,AMT),它是在现有机械传动系统的基础上,通过技术改造以电控方式实现自动化操作。比较而言,后两者不如前者用得广泛。

本书只介绍手动的普通齿轮变速器。

2.3 普通齿轮变速器的工作原理

2.3.1 变速原理

普通齿轮变速器是利用若干大小不同的齿轮副传动来实现转速和转矩的改变。

由齿轮传动的原理可知，一对齿数不同的齿轮啮合传动时可以变速，而且两齿轮的转速与齿轮的齿数成反比。设主动齿轮的转速为 n_1，齿数为 z_1；从动齿轮的转速为 n_2，齿数为 z_2。主动齿轮（即输入轴）的转速与从动齿轮（即输出轴）的转速之比值称为传动比，用 i_{12} 表示，即

$$i_{12} = \frac{n_1}{n_2} = \frac{z_2}{z_1}$$

如图 1-4-1a) 所示，当小齿轮为主动齿轮（$z_1 < z_2$），带动大的从动齿轮转动时，则输出轴（从动齿轮）的转速就降低，即 $n_2 < n_1$，$i > 1$ 称为减速传动。

如图 1-4-1b) 所示，当以大齿轮为主动齿轮（$z_2 < z_1$），带动小的从动齿轮转动时，则输出轴（从动齿轮）的转速就升高了，即 $n_2 > n_1$，$i < 1$ 称为加速传动。

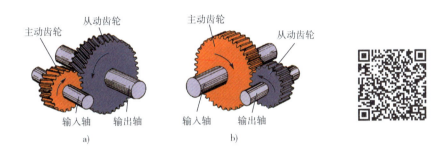

图 1-4-1 齿轮传动基本原理
a) 减速传动；b) 加速传动

同理，多级齿轮传动的传动比为

$$i = \frac{\text{所有从动齿轮齿数的连乘积}}{\text{所有主动齿轮齿数的连乘积}} = \text{各级齿轮传动比的乘积}$$

汽车变速器某一挡位的传动比就是这一挡位的各级齿轮传动比的乘积。这就是齿轮变速的基本原理。

一对齿轮传动只能得到一个固定的传动比，从而得到一种输出转速，并构成一个挡位。为了扩大变速器输出转速的变化范围，普通齿轮变速器通常都采用多组大小不同的齿轮啮合传动，这样就构成了多个不同的挡位，对应不同的挡位，均有不同的传动比值，从而得到各种不同的输出转速。当每个挡位的齿轮副都不传动时，就是空挡。

一般轿车和轻、中型客货车的变速器通常有 3~6 个前进挡和 1 个倒挡，每个前进挡对应一个传动比。所谓几挡变速器是指其前进挡数，前进挡一般为降速挡，传动比 $i > 1$；传动比 $i = 1$ 的挡位称为直接挡；有的汽车还具有超速挡，即 $i < 1$。

变速器传动比小的挡位称为高速挡,传动比大的挡位称为低速挡。变速器每次只能以一个挡位工作。挡位的改变称为换挡,由低速挡向高速挡变换称为加挡,由高速挡变换成低速挡称为减挡。

根据齿轮传动的原理,$i = \dfrac{n_入}{n_出} = \dfrac{M_出}{M_入}$($M$表示转矩),即齿轮传动的转矩与其转速成反比。由此可见,齿轮变速器在改变转速的同时,也改变了输出转矩。挡位越低,传动比越大,输出转速越低,则输出转矩越大;反之,挡位越高,传动比越小,输出转速越高,则输出转矩越小。汽车变速器就是通过变换各挡的传动比来改变输出转矩,以适应汽车行驶阻力的变化。

2.3.2 变向原理

如图1-4-2所示,通过增加一级齿轮传动副实现倒挡。(两轴式变速器)前进挡时,动力由输入轴直接传给输出轴,只经过一对齿轮传动,两轴转动方向相反。倒挡时,动力由输入轴传给倒挡轴、再由倒挡轴传给输出轴,经过两对齿轮传动,输入轴与输出轴转动方向相同。

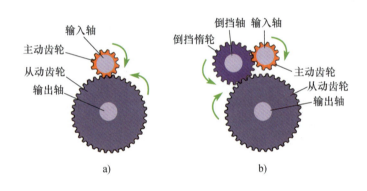

图1-4-2 前进挡与倒挡的对比
a)前进挡;b)倒挡

2.4 变速器传动机构的结构

变速器包括变速传动机构和操纵机构两大部分。

变速传动机构是变速器的主体,主要作用是改变传动比、旋转方向;操纵机构的作用是实现换挡。

变速传动机构主要是由齿轮、轴、壳体和支撑件等组成。

2.4.1 二轴式五挡变速器

1)变速器构造

如图1-4-3所示,该变速器壳体包括后壳体、变速器壳体和离合器壳体,三部分以螺栓连接,输入轴总成、输出轴总成、拨叉总成和差速器总成装在壳体内。另外,还有倒挡轴。

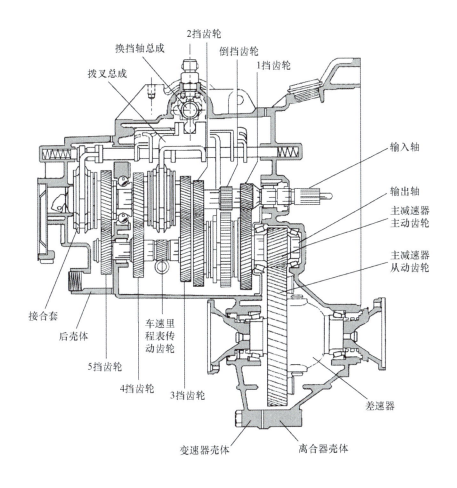

图1-4-3 二轴式五挡变速器结构

(1)输入轴。如图1-4-4所示,输入轴是一根带有轴向通孔的空心轴,内部装有离合器推杆,用于分离离合器。输入轴前端花键部分插入离合器从动盘的盘毂中,转矩由此输入。输入轴前部以滚针轴承支撑在离合器壳体上,后部以深沟球轴承支撑在变速器壳体上。1挡、倒挡和2挡齿轮与输入轴制成一体,3、4挡齿轮以滚针轴承装配在输入轴上,3、4挡同步器花键毂以内花键装配在二者之间输入轴颈上,轴向以轴肩和卡环定位,并通过外花键与接合套的内花键相配合,接合套在花键毂上轴向滑动实现3、4挡位及空挡的转换。5挡同步器总成装在输入轴后端,并通过5挡紧固螺套固定在输入轴上,花键毂以内花键与输入轴配合,以外花键与接合套配合,5挡齿轮通过滚针轴承装配在5挡同步器花键毂轴上,接合套在花键毂上轴向滑动实现5挡和空挡的转换。3、4、5挡齿轮靠向同步器一侧都加工有与花键毂、接合套同样键齿齿数和齿宽的接合齿圈和一段轴向带锥度的轴颈,齿圈用以和接合套接合传递动力,锥面轴颈上装配带有内锥面的同步环,并且同步环外圈上也加工有齿圈,齿圈的齿数和齿宽与齿轮齿圈的一样。

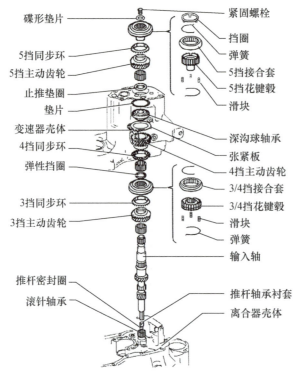

图 1-4-4 输入轴总成装配示意图

（2）输出轴。如图 1-4-5 所示，输出轴前部通过小圆锥滚子轴承和大圆锥滚子轴承支撑在离合器壳体上，两个轴承间夹持着与输出轴制成一体的主减速器主动齿轮，后部通过滚针轴承支撑在变速器壳体上。1、2 挡齿轮以滚针轴承装配在输出轴上，1、2 挡同步器花键毂以内花键装配在二者之间输出轴颈上，轴向以轴肩和卡环定位，并通过外花键与接合套（即输出轴倒挡齿轮）的内花键相配合，接合套在花键毂上轴向滑动实现 1、2 挡位及空挡的转换。1、2 挡齿轮同输入轴上 3、4、5 挡齿轮一样，在靠向同步器侧也加工有接合齿圈和锥面轴颈，并装配同步环。3、4、5 挡齿轮通过花键装配在输出轴相应的轴颈上，并通过卡环及轴肩限位。在 3、4 挡齿轮之间的输出轴上还加装有车速里程表驱动齿轮。

（3）倒挡轴。倒挡轴上装有一倒挡惰轮，它不同于前进挡齿轮是常啮合的斜齿圆柱齿轮，而是非常啮合的直齿圆柱齿轮，所以也没有接合齿圈。倒挡惰轮轴孔上过盈装配着滑动轴承，且与倒挡轴间隙配合，可在倒挡轴上轴向滑动。

2）各挡位的传动路线

1 挡：如图 1-4-6 所示，1/2 挡同步器接合套左移，与 1 挡从动齿轮接合齿圈接合，将 1 挡从动齿轮锁定在输出轴上。动力传动路线为：输入轴→1 挡主动齿轮→1 挡从动齿轮→1/2 挡同步器接合套→1/2 挡同步器花键毂→输出轴。

2 挡：如图 1-4-7 所示，1/2 挡同步器接合套右移，与 2 挡从动齿轮接合齿圈接合，将 2 挡从动齿轮锁定在输出轴上。动力传动路线为：输入轴→2 挡主动齿轮→2 挡从动齿轮→1/2 挡同步器接合套→1/2 挡同步器花键毂→输出轴。

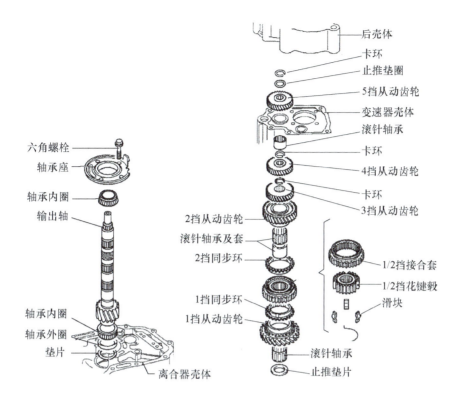

图 1-4-5 输出轴总成装配示意图

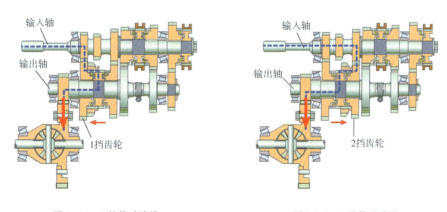

图 1-4-6 1挡传动路线　　　　　　图 1-4-7 2挡传动路线

3挡：如图1-4-8所示，3/4挡同步器接合套左移，与3挡主动齿轮接合齿圈接合，将3挡主动齿轮锁定在输入轴上。动力传动路线为：输入轴→3/4挡同步器花键毂→3/4挡同步器接合套→3挡主动齿轮→3挡从动齿轮→输出轴。

4挡：如图1-4-9所示，3/4挡同步器接合套右移，与4挡主动齿轮接合齿圈接合，将4挡主动齿轮锁定在输入轴上。动力传动路线为：输入轴→3/4挡同步器花键毂→3/4挡同步器接合套→4挡主动齿轮→4挡从动齿轮→输出轴。

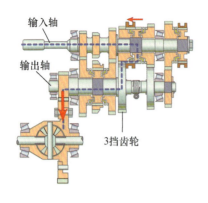

图1-4-8　3挡传动路线

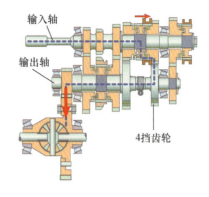

图1-4-9　4挡传动路线

5挡：如图1-4-10所示,5挡同步器接合套左移,与5挡主动齿轮接合齿圈接合,将5挡主动齿轮锁定在输入轴上。动力传动路线为：输入轴→5挡同步器花键毂→5挡同步器接合套→5挡主动齿轮→5挡从动齿轮→输出轴。

倒挡：从前进挡的传动示意图能够看出,无论挂入几挡或空挡时,倒挡主动齿轮和倒挡从动齿轮(即外缘加工有直齿的1/2挡同步器接合套)并没有接触,二者之间有一定量的间隙,所以不能直接传动。若要挂入倒挡,必须移动倒挡惰轮,与输入轴上的倒挡主动齿轮和输出轴上的倒挡从动齿轮相啮合,将二者联系起来,才能传动,如图1-4-2b)所示。动力传动路线为：输入轴→倒挡主动齿轮→倒挡惰轮→倒挡从动齿轮→输出轴。

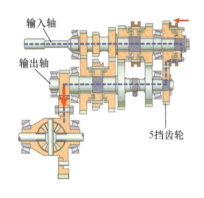

图1-4-10　5挡传动路线

2.4.2　三轴式六挡变速器

三轴式变速器有三根主要轴：第一轴(输入轴)、第二轴(输出轴)和中间轴,另外,还有倒挡轴。结构如图1-4-11所示,第一轴与第二轴同轴线并通过滚针轴承连接,第一轴的动力除直接挡外都不能直接传给第二轴,必须经过中间轴的传递。所以比二轴式变速器相应挡位多了一对齿轮传动,效率低一些；而直接挡时,第一轴和第二轴通过接合套连接成为一根整体轴,不经过齿轮传动,没有机械损失,效率比二轴式变速器各挡都高。

三轴式变速器结构中第二轴,其前端支撑在第一轴齿轮中间的孔中,因此,第二轴支撑刚性较差。而前置前驱汽车的动力总成中还集成有主减速器,如图1-4-3所示,在第二轴的输出端直接装有主减速器的主动齿轮,这对第二轴的支撑刚度要求很高,否则将影响主减速器齿轮寿命和噪声。显然,三轴式变速器在结构上无法满足要求。所以,它不适用于常用前置前驱布置形式的轿车,而适用于前置后驱形式的货车。

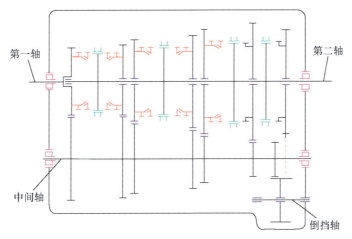

图 1-4-11　三轴式变速器结构示意图

3 任务实施

3.1 准备工作

阅读维修手册,制订拆装方案,准备所需仪器、设备和工具。

3.2 操作流程

更换倒挡齿轮步骤可分为两部分:变速器的拆卸和安装、变速器的分解和组装。

3.2.1 变速器的拆卸和安装

1)变速器的拆卸

(1)查询收音机防盗密码后,关闭点火开关,断开蓄电池搭铁线。

(2)断开与变速器连接的附件。

①拔下倒车灯开关插头、车速传感器插头等。

②拆下离合器操纵机构、变速器操纵机构。

③断开左右半轴,并用绳吊起系牢。

(3)安装发动机桥架,并轻轻吊起发动机。

(4)升起车辆后,用变速器支架支起变速器。

(5)拆下变速器支撑在车身上的悬置固定螺栓。

(6)拆下变速器与发动机的连接螺栓。

(7)拆下起动机,并用绳吊起系牢。

(8)调整变速器支架下的液压千斤顶,稍稍放低变速器,并横向推动,断开变速器与发动机的连接,拆下变速器。

2)变速器的安装

变速器的安装可按与拆卸相反的顺序进行,注意确保发动机和变速器的悬置在无应力的状态下安装。

3）操作提示

（1）安装变速器前，清洗输入轴花键，并用少许润滑脂润滑花键。

（2）安装变速器时，应注意保证离合器从动盘准确定位。

（3）按规定拧紧力矩拧紧各部分螺栓。

（4）进行离合器拉索功能检查。

3.2.2 变速器的分解和组装

1）变速器的分解

若要更换倒挡齿轮，必须把变速器拆解，换完新件后，再组装起来。变速器的分解步骤如下：

（1）将变速器紧固在拆装台架上，放出变速器油。

（2）分解变速器壳体。

（3）取出输入轴、输出轴、倒挡轴等，拆解后更换损坏零件。

2）变速器的组装

所有零件清洗干净并更换新的倒挡惰轮、输入轴、倒挡从动齿轮后，按与分解相反的顺序组装变速器。

3）操作提示

（1）为了确保变速器的质量，操作时尽可能细心并保持清洁。

（2）要按维修手册的技术要求，使用合适的专用工具，进行规范操作，以防造成零件损坏。

（3）变速器。

①分解变速器时，要注意观察并记住变速器内各零件的安装位置、安装方向等，以防组装时出现错误。

②安装变速器时，应装好发动机和变速器间的定位套。

③当更换变速器油时，应补加变速器油到加油口下边沿，装上加油螺塞，起动发动机挂上挡并使变速器转动大约2min，关闭发动机并补加变速器油到加油口下边沿。

（4）密封性。

①彻底清洁分界面，并涂上指定的密封胶。

②均匀涂上密封胶，但不要太厚。

③安装"O形环"（即径向轴用密封圈）前，外圆周应轻涂一层润滑油。

（5）紧固性。

①更换弹性挡圈。

②不要过度张紧弹性挡圈。

③弹性挡圈应完全装入槽内。

④更换弹簧销。

⑤安装位置：开口销的开口应朝受力方向，如图1-4-12所示。

(6) 螺栓和螺母。

①松开和拧紧端盖和壳体上的螺栓和螺母时,应按对角线顺序进行。

②某些易损件,如离合器压盘,勿使其变形,按对角线分别松开拧紧。

③拧紧力矩适用于无油螺栓和螺母。

④必须更换自锁螺栓和螺母。

(7) 轴承。

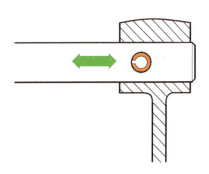

图1-4-12 开口销的安装方向

①安装滚针轴承时,有标识的一面朝安装工具。

②所有变速器轴承用变速器油润滑。

③同一轴上的圆锥滚柱轴承必须同时更换,尽可能使用同一厂家产品。

④安装前将内圈加热至约100℃。

⑤同一尺寸轴承内圈或外圈不能进行互换,轴承内外圈是配套件。

(8) 垫片。

①用千分尺在几个不同位置测量垫片厚度,根据不同的公差要求,选用合适的垫片。

②检查垫片上是否有毛刺或损伤。

(9) 同步环。

①不可互换,再次使用时必须装在同一齿轮上。

②检查磨损,如有必要,则更换。

③安装前用变速器油润滑。

(10) 换挡齿轮。

①安装前须清洁并将其放到加热盘上加热到大约100℃。

②可用温度检测仪V.A.G1558检查温度。

 复习与思考题

1. 变速器的功用有哪些?
2. 普通齿轮变速器的变速原理是什么?
3. 普通齿轮变速器的变向原理是什么?
4. 简述二轴式五挡变速器各挡位传动路线。
5. 简述三轴式六挡变速器各挡位传动路线。

任务5 更换变速器2挡同步环

1 任务引入

某车变速器挂2挡时困难,强行挂入,有齿轮冲击声,经诊断确定为2挡同步环磨损过大,须更换新的同步环。

2 相关理论知识

2.1 同步器的功用

(1)使接合套与待啮合的齿圈迅速同步,缩短换挡时间。
(2)防止在同步前啮合而产生接合齿的冲击。

2.2 同步器的构造和类型

同步器是由同步装置(包括推动件、摩擦件)、锁止装置和接合装置(接合套)组成。目前所用的同步器几乎都采用摩擦惯性式同步装置,但锁止装置不同,可分为锁环式和锁销式惯性同步器。

2.3 锁环式惯性同步器

2.3.1 锁环式惯性同步器结构

如图 1-5-1 所示,花键毂用内花键套装在轴的外花键上,用垫圈、卡环轴向定位。花键毂两端与齿轮之间各有一个铜合金制成的锁环(也叫同步环)。锁环上有短花键齿圈,其花键的尺寸和齿数,与花键毂、两侧齿轮的外花键齿相同。两个齿轮和锁环上的花键齿在靠近接

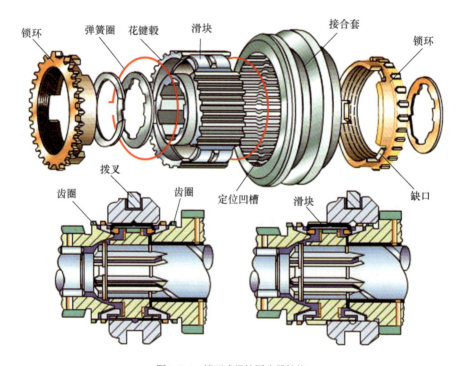

图 1-5-1 锁环式惯性同步器结构

合套的一端都有倒角(锁止角),与接合套齿端的倒角相同。锁环有内锥面,与齿轮的外锥面锥角相同。在锁环锥面上制有细密的螺纹(或直槽),当锥面接触后,它能及时破坏油膜,增加锥面间的摩擦力。锁环内锥面摩擦副称为摩擦件,外沿带倒角的齿圈是锁止件,锁环上还有 3 个均布的缺口。3 个滑块分别装在花键毂上 3 个均布的轴向槽内,沿槽可以轴向移动。滑块被两个外涨式弹簧圈的径向力压向接合套,滑块中部的凸起部位压嵌在接合套中部的定位凹槽内。滑块和弹簧圈是推动件。滑块两端伸入锁环的缺口中,滑块窄缺口宽,两者之差等于锁环的花键齿宽。锁环相对滑块顺转和逆转都只能转动半个齿宽,且只有当滑块位于锁环缺口的中央时,接合套与锁环才能接合。

2.3.2 锁环式惯性同步器工作原理

以 1 挡换 2 挡为例,如图 1-5-2 所示。

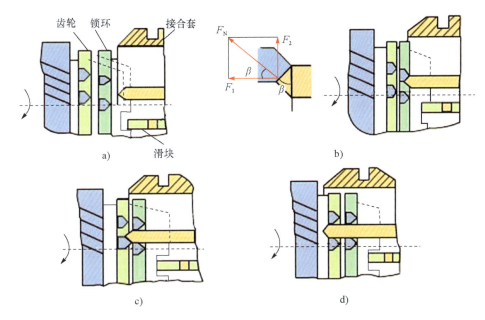

图 1-5-2 锁环式惯性同步器工作原理

a)接合套位于空挡位置;b)摩擦力矩的形成与锁止过程;c)接合套与锁环花键齿圈啮合;d)接合套与齿轮同步啮合

1)空挡位置

接合套刚从 1 挡退入空挡时,如图 1-5-2a)所示,2 挡齿轮、接合套、锁环以及与其有关联的运动件,因惯性作用按原来转速沿原方向继续旋转(图示箭头方向)。设 2 挡齿轮、接合套、锁环的转速分别为 n_2、$n_套$、$n_环$,因接合套通过滑块前侧(图中下侧)推动锁环一起旋转,所以 $n_套 = n_环$,因 $n_2 > n_套$,故 $n_2 > n_环$。此时锁环是轴向自由的,其内锥面与 2 挡齿轮的外锥面没有摩擦(图示虚线)。

2)摩擦力矩的形成与锁止过程

欲换入 2 挡时,推动接合套连同滑块一起向左移动,如图 1-5-2b)所示,滑块又推动锁环移向 2 挡齿轮,使锥面接触。驾驶员作用在接合套上的轴向推力,使两锥面有正压力,又因两者有转速差($n_2 > n_环$),所以产生摩擦力矩 M_1。通过摩擦作用,2挡齿轮带动锁环相对于接合套向前转动一个角度,使锁环缺口靠在滑块的另一侧(上侧)为止,此时接合套的内齿与锁环上齿圈错开了约半个齿宽,接合套的齿端倒角面与锁环的齿端倒角面互相抵住,锁止作用开始,接合套暂不能前移进入啮合。

驾驶员的轴向推力使接合套的齿端倒角面与锁环的齿端倒角面之间产生正压力 F_N,F_N 可分解为轴向力 F_1 和切向力 F_2。F_2 形成一个企图拨动锁环相对于接合套反转的力矩,称为拨环力矩 M_2。F_1 使锁环和2挡齿轮的锥面进一步压紧,两锥面间的摩擦力矩 M_1 使齿轮相对于锁环迅速减速而趋向与锁环同步,由于2挡齿轮以及与其相关联的零件的减速,便产生一个与旋转方向相同的惯性力矩,又通过摩擦锥面以摩擦力矩的方式传到锁环上,阻碍锁环相对于接合套反向转动。可见,锁环上同时作用着方向相反的两个力矩:一个是齿端倒角面上力图拨动锁环相对于接合套向后转动的拨环力矩 M_2;另一个是阻止锁环向后倒转的惯性力矩。在齿轮和锁环未同步之前,惯性力矩在数值上等于摩擦力矩 M_1。并且,结构设计上保证了同步前摩擦力矩永远大于拨环力矩。

在上述过程中,可以认为锁环的转速 $n_环$ 不变,只是2挡齿轮的转速 n_2 减速趋近于 $n_环$。这是因为锁环连同接合套通过花键毂与整个汽车相联系,转动惯量大,转速下降得慢,而2挡齿轮仅与离合器从动部分相联系,转动惯量很小,速度降低较前者快得多,因而2挡齿轮做减速运动。

在达到同步之前无论驾驶员施加多大的操纵力,都不会挂上挡,推力的加大只能同时增大作用在锁环上的两个相反的力矩,缩短同步时间,从而产生可靠的锁止。由于锁止作用是靠齿轮以及与其相关联的零件作用在锁环上的惯性力矩产生的,所以称为惯性式同步器。

3)同步啮合

随着驾驶员施加于接合套上的推力加大,摩擦力矩 M_1 不断增加,使2挡齿轮的转速迅速降低。当2挡齿轮与接合套和锁环达到同步时,作用在锁环上的惯性力矩消失。此时在拨环力矩 M_2 的作用下,锁环、2挡齿轮以及与之相连的各零件都对于接合套反转一角度(因轴向力 F_1 仍存在,使两锥面以静摩擦方式贴合在一起),滑块处于锁环缺口的中央,如图1-5-2c)所示。键齿不再抵触,锁环的锁止作用消除。接合套压下弹簧圈继续左移(滑块脱离接合套的内环槽而不能左移),与锁环的花键齿圈进入啮合。由于作用在锁环齿圈的轴向力和滑块推力都不存在,锥面间的摩擦力矩消失。若接合套花键齿与2挡齿轮的齿端相抵触,齿端倒角面上的切向分力拨动2挡齿轮相对于锁环和接合套转过一角度,让接合套与2挡齿轮进入啮合,如图1-5-2d)所示,即换入2挡。

若由2挡换入1挡,上述过程也适用。不过,1挡齿轮应被加速到与锁环、接合套同步,接合套进入啮合换入1挡。

考虑结构布置的合理性、紧凑性及锥面间摩擦力矩大小等因素,锁环式惯性同步器多用在小型汽车上,有的中型汽车变速器的中、高速挡也采用这种同步器。

2.4 锁销式惯性同步器

2.4.1 锁销式惯性同步器构造

图1-5-3为五挡变速器的4/5挡同步器。两个带有内锥面的摩擦锥盘,以其内花键分别固装在带有接合齿圈的5挡齿轮和4挡齿轮上,随齿轮一起转动。两个有外锥面的摩擦锥环,其上有圆周均布的3个锁销和3个定位销与接合套装在一起。定位销与接合套的相应孔是滑动配合,定位销中部切有一小段环槽,接合套钻有斜孔,内装弹簧,把钢球顶向定位销中部的环槽(如A—A剖面图所示),使接合套处于空挡位置,定位销随接合套能轴向移动。定位销两端伸入两锥环内侧面的弧线形浅坑中,定位销与浅坑有周向间隙,锥环相对接合套在一定范围内做周向摆动。锁销中部环槽的两端和接合套相应孔两端切有相同的倒角(即锁止角);锁销与孔对中时,接合套才能沿锁销轴向移动;锁销两端铆接在锥环相应的孔中。可见,两个锥环(即摩擦件,其上有螺纹槽)、3个锁销(锁止件)、3个定位销(推动件)和接合套(接合件)构成一个组件,套在花键毂的齿圈上。

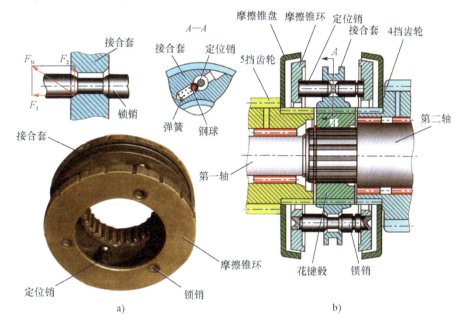

图1-5-3 锁销式惯性同步器
a)锁销式惯性同步器组件;b)锁销式惯性同步器

2.4.2 锁销式惯性同步器工作原理

锁销式惯性同步器的工作原理与锁环式惯性同步器类似,如图1-5-3所示。在由4挡换入5挡时,接合套受到拨叉轴向推力作用时,通过钢球、定位销推动摩擦锥环向左移动,即欲换入5挡。因摩擦锥环与锥盘有转速差,故接触后的摩擦作用使锥环和锁销相对于接合套转过一个角度,锁销与接合套上相应孔的中心线不再同心,锁销中部倒角与接合套孔端的锥面相抵住,在同步前,作用在摩擦面的摩擦力矩总大于切向分力F_2形成的拨销力矩,接合套被锁止不能前移,防止在同步前接合套与齿圈进入啮合。同步后惯性力矩消失,拨销力 F_2 使锁销、摩擦锥盘和相应的齿轮相对于接合套转过一个角度,锁销与接合套的相应孔对中,接合套克服弹簧的张力压下钢球并沿锁销向前移动,顺利地换入5挡。

总之,锥环与锥盘的摩擦力矩较大,除了部分轿车上应用外,多用在中型和重型汽车上。

上述惯性同步器的换挡过程可简要归纳为:推动件推动摩擦件接触产生摩擦力矩→同步件顺转(或倒转)一个角度→锁止件锁止面起锁止作用阻止接合套前进→摩擦力矩增长迅速同步→惯性力矩消失→同步件连同待啮合齿轮相对接合套倒转(或顺转)一个角度锁止作用消除→接合套与待啮合的齿圈进入啮合完成换挡。

由工作过程可知,惯性式同步器的基本原理是:用摩擦元件产生的摩擦力矩使待啮合的接合套与齿圈迅速达到同步;用变速器输入端各零件的惯性力矩产生锁止作用,防止同步前进行啮合。

上述惯性式同步器在使用中会因摩擦面螺纹槽的磨损而使摩擦系数下降,锁止角(即锁止端面的倒角)也会因磨损而改变,从而既会使同步性能变坏,也会破坏锁止条件,导致同步器失效。在维修换挡困难或换挡时有齿轮冲击声时,多检查同步器的这两个部位。

锁环式惯性同步器零件的主要耗损有:

(1)锁环内锥面螺纹槽(或直槽)磨损。这会破坏换挡过程的同步作用,使换挡时发出机械撞击噪声。

(2)滑块顶部凸起磨损。这会使同步作用减弱,因此,当滑块顶部磨出沟槽时,必须更换。

(3)滑块支撑弹簧断裂或弹性不足。这会使接合套通过滑块作用在锁环内锥面上的轴向推力减弱或消失,接合时会使换挡过程延缓,甚至出现齿轮冲击声。

(4)锁环或接合套的接合齿端磨秃。这会使锁环锁止力矩减弱或消失,从而导致换挡困难。

锁销式惯性同步器零件的主要耗损有:

(1)锥环锥面上螺纹槽磨损。这会使摩擦系数过低,甚至使摩擦锥环和摩擦锥盘端面接触,同步作用失效。

(2)锁销和定位销松动或散架。这会引起同步器失效,一般应更换新同步器。

3 任务实施

3.1 准备工作

阅读维修手册,制订拆装方案,准备所需仪器、设备和工具。

3.2 操作流程

(1)拆下变速器总成并解体,取出2挡同步环。

(2)检测2挡同步环磨损量:如图1-5-4所示,将2挡同步环压到2挡从动齿轮锥面上,用塞尺检测同步环齿圈与待啮合齿轮齿圈之间的间隙"a"。若超过磨损极限量,则更换新的2挡同步环。不同车型采用的不同款的变速器,各挡锁环新件尺寸和磨损量都不尽相同,例如,大众高尔夫轿车所采用的02K变速器各挡锁环的新件间隙及磨损极限如表1-5-1所示。

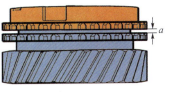

图1-5-4 锁环磨损量的测量

02K变速器各挡锁环新件间隙及磨损极限 表1-5-1

间隙"a"	新件尺寸(mm)	磨损极限(mm)
1挡同步环	1.1~1.7	0.5
2挡同步环	1.1~1.7	
3挡同步环	1.15~1.75	
4挡同步环	1.3~1.9	
5挡同步环	1.3~1.9	

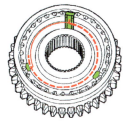

图1-5-5 同步器弹簧的安装

(3)组装变速器总成。

 3.3 操作提示

(1)同步器弹簧的弯曲端必须钩在滑块的凹槽中,且同步器两侧的弹簧弯曲端不能钩在同一个滑块上,保证三个滑块受力均匀,如图1-5-5所示。

(2)弹性挡圈端部有倒角的一面朝向齿轮。

复习与思考题

1. 同步器的功用有哪些?
2. 同步器由哪几个装置组成?
3. 简述惯性同步器的换挡过程。
4. 锁环式惯性同步器零件的主要耗损有哪些?
5. 锁销式惯性同步器零件的主要耗损有哪些?

任务6 调整变速器操纵机构

1 任务引入

某车挂挡时各挡口深浅不一,严重的会出现自动脱挡现象,需对操纵机构进行调整。

2 相关理论知识

变速器操纵机构包括换挡拨叉机构和定位锁止装置两部分。

2.1 换挡拨叉机构

变速器换挡拨叉机构的功用是保证驾驶员根据使用条件,将变速器换入所需要的挡位。为此,要完成两个动作:选挡和挂挡。这两个动作由一根变速杆来完成,即横向运动的选挡和纵向运动的挂挡。因变速杆相对变速器位置不同,分成直接操纵式和远程操纵式两种。由于汽车总体布置的原因,不得已才采用远距离操纵。远程操纵式中涵盖了直接式的变速杆操纵部分,因此,下面只介绍远程操纵式的传动方式。

远程操纵式操纵机构根据传动构件的不同分为杆式和拉线式两种。

1)杆式变速器操纵机构

图1-6-1 所示为发动机前置、动力总成作横向布置的杆式变速器操纵机构。换挡时,首先让变速杆绕球铰作横向摆动,作选挡动作。这一动作,使变速杆下端的远程操纵杆发生转动,顺序带动 A 选挡杆、选挡曲柄和 B 选挡杆,使换挡轴作直线移动,该杆上的换挡指就进入预定挡位的拨叉凹槽之中,完成了选挡动作;然后,推动变速杆向前或向后,使远程操纵杆作或前或后的直线移动,这样又顺序带动了挂挡曲柄、挂挡杆,并通过挂挡继动曲柄使换挡轴作转动,挂上挡位。杆式操纵机构结构比较复杂,技术要求较高,但是它比较适合于专业化大批量生产,所以仍然有许多车辆采用。

2)拉线式变速器操纵机构

由于变速器杆式操纵机构工作时,杆件的运动需要有一定的空间,对于发动机舱空间小的车辆,还容易导致操纵机构杆件和其他系统部件产生运动干涉。另外,如果杆件连接过多,还会使系统间隙增大,效率降低,手感变差。而拉线式操纵机构运动环节少、结构简单、操纵灵活、空间小等优点。所以广泛应用于各种轿车、客车和货车等,如新款捷达、宝来、威驰等。

拉线式变速器操纵机构如图1-6-2 所示,它主要由选挡拉线和挂挡拉线两根拉线组成。首先,驾驶员操纵变速杆沿 B 方向运动,通过选挡拉线带动选挡杆完成选挡;然后再操纵变速杆沿 A 方向运动,通过挂挡拉线带动挂挡杆完成挂挡。

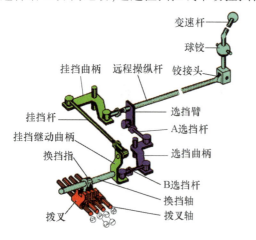

图1-6-1 变速器拨叉轴远程操纵机构示意图

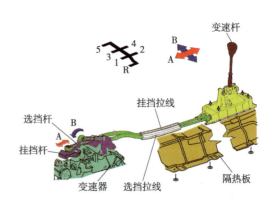

图1-6-2 拉线式变速器操纵机构

2.2 定位锁止装置

变速器操纵机构仅有上述换挡拨叉机构还不够,为使变速器在任何情况下都能准确、安全、可靠地工作,还要有定位锁止装置,即自锁装置、互锁装置和倒挡锁等。

1) 自锁装置

自锁装置的作用就是保证变速器不自行挂挡或脱挡,并保证齿轮全齿长啮合。自锁装置的结构形式多种多样,常见的是采用定位钢球对拨叉轴进行轴向移动的定位锁止或对换挡轴进行周向转动的定位锁止。

(1) 对拨叉轴进行轴向移动定位的锁止装置。其结构如图1-6-3所示,在变速器盖的前端凸起部钻有3个深孔,在孔中装入自锁钢球及自锁弹簧,其位置正处于拨叉轴的正上方。每根拨叉轴对着钢球的表面沿轴向设有3个凹槽,如图1-6-4所示,槽的深度小于钢球的半径。中间的凹槽对正钢球时为空挡位置,前边或后边的凹槽对正钢球时则处于某一工作挡位置,相邻凹槽之间的距离保证齿轮处于全齿长啮合或是完全退出啮合。凹槽对正钢球时,钢球便在自锁弹簧的压力作用下嵌入该凹槽内,拨叉轴的轴向位置便被固定,其拨叉及相应的接合套或滑动齿轮便被固定在空挡位置或某一工作挡位置,而不能自行挂挡或自行脱挡。当需要换挡时,驾驶员通过变速杆给拨叉轴施加一定的轴向力,克服弹簧的压力而将自锁钢球从拨叉轴凹槽中挤出并推回孔中,拨叉轴便可滑过钢球进行轴向移动,并带动拨叉及相应的接合套或滑动齿轮轴向移动,当拨叉轴移至其另一凹槽与钢球相对正时,钢球又被压入凹槽,此时拨叉所带动的接合套或滑动齿轮便被拨入空挡或被拨入另一工作挡位。

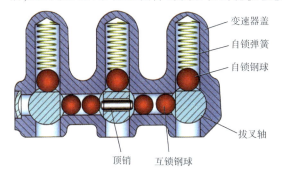

图1-6-3 锁球式变速器的自锁及互锁装置

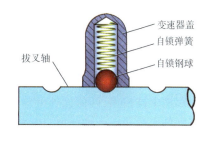

图1-6-4 轴向定位自锁装置工作原理

(2) 对换挡轴进行周向转动定位的锁止装置。其结构如图1-6-5所示,捷达选挡换挡机构采用的就是这种结构形式,通过装配在变速器壳体上的自锁销总成进行自锁。换挡指通过内花键套在换挡轴的外花键部位,并由弹性挡圈轴向限位。换挡指可插入拨叉上部的凹槽内,在换挡指对面的换挡套部位加工有三道键槽,在空挡时,自锁销在自锁弹簧的作用下压靠在中间的键槽内;挂挡时,拨叉轴先轴向移动带动换挡指进入相应的拨叉凹槽内,再转动换挡指拨动拨叉及接合套轴向移动进入相应挡位,此时换挡套的转动使自锁销顶起,并压入左(或右)侧的键槽内。如果要想退挡,须在一定的外力作用下转动换挡套,克服自锁弹簧的弹力作用,把锁销顶起,重新对正中间凹槽(即空挡位置)。所以,自锁销总成起到了一定的定位锁止作用。

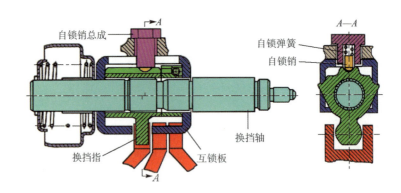

图 1-6-5　钳口式互锁装置及换挡轴周向转动定位自锁装置

2）互锁装置

互锁装置的作用就是防止换挡机构同时挂上两个挡，即当拨动一根拨叉轴（或拨叉）轴向移动时，其他拨叉轴（或拨叉）都被锁止，从而可以防止两个拨叉轴（或拨叉）同时移动。否则会产生运动干涉，甚至会损坏零件。常见互锁装置有锁球（销）式和钳口式等类型。通常互锁装置与自锁装置加工在一起。

（1）锁球（销）式互锁装置。其结构如图 1-6-3 所示，在 3 根拨叉轴所处的平面且垂直于拨叉轴的横向孔道内，装有互锁钢球或互锁销。互锁钢球（或互锁销）对着每根拨叉轴的侧面上都制有一个凹槽且深度相等。中间拨叉轴的两侧各制有一个凹槽。任一个拨叉轴处于空挡位置时，其侧面凹槽正好对准互锁钢球（或互锁销）。两个钢球直径之和（或一个互锁销的长度）等于相邻两拨叉轴圆柱表面之间的距离加上一个凹槽的深度。中间拨叉轴上两个侧面凹槽之间有通孔，孔中有一根横向移动的顶销，顶销的长度等于拨叉轴的直径减去一个凹槽的深度。

以锁球式为例说明其互锁原理如下：当变速器处于空挡位置时，所有拨叉轴的侧面凹槽同钢球、顶销都在同一直线上。在移动拨叉轴 2 时，如图 1-6-6a) 所示，轴两侧的钢球从其侧面凹槽中被挤出，两侧面外钢球分别嵌入拨叉轴 1 和拨叉轴 3 的侧面凹槽中，将拨叉轴 1 和拨叉轴 3 锁止在空挡位置。若要移动拨叉轴 3，必须先将拨叉轴 2 退回到空挡位置，拨叉轴 3 移动时钢球从凹槽挤出，通过顶销推动另一侧两个钢球移动，拨叉轴 1 和拨叉轴 2 均被锁止在空挡位置上，如图 1-6-6b) 所示。同理，移动拨叉轴 1 的工作情况如图 1-6-6c) 所示。由上述互锁装置工作情况可知，当一根拨叉轴移动的同时，其他两根拨叉轴均被锁止。

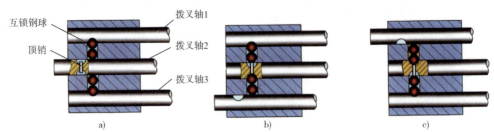

图 1-6-6　锁球式互锁装置工作原理图

(2）钳口式互锁装置。其结构如图1-6-5所示，捷达变速器的互锁装置就是应用的这种形式。换挡指置于互锁板钳口中，互锁板套装在选挡换挡轴上，并可绕轴转动。换挡时，驾驶员先完成选挡，即变速杆通过操纵机构带动换挡轴、互锁板和换挡指轴向移动，使互锁板的钳口对正相应挡位的拨叉凹槽，而其他挡位的拨叉凹槽即被互锁板挡住，从而换挡指只能拨动钳口所对正的相应挡位的拨叉，起到了可靠的互锁作用。

3）倒挡锁

倒挡锁的作用是防止误挂倒挡，以防损坏零件或发生安全事故。倒挡锁的设置基本上都是在操纵机构上设置一倒挡弹簧，使驾驶员挂倒挡进行选挡动作时，先要压缩这一弹簧，才能使换挡指进入倒挡拨叉凹槽。压缩弹簧产生的反力通过变速杆反馈到驾驶员手上起到一定的提示作用。至于这一弹簧的设置有侧压式、下压式和上拉式等几种操纵形式，例如捷达轿车用的是下压式的操纵形式，即要挂入倒挡，先要在1挡位置下压换挡操纵杆，压缩倒挡弹簧，同时解除倒挡锁止，才能挂上倒挡。另外，为了防止误挂入倒挡带来危险的后果，在仪表板上设有倒挡指示灯，提示驾驶员，在车尾部设有倒挡灯，有的还设有倒挡蜂鸣器，提示车外行人，这些警示器都受倒挡开关的控制。

3 任务实施

3.1 准备工作

阅读维修手册，制订拆装方案，准备所需仪器、设备和工具。

3.2 操作流程

（1）将变速器置于空挡位置。
（2）松开变速杆下端与操纵杆的连接。
（3）拆下换挡操纵杆球头和波纹式防护套。
（4）装上专用调整工具。
（5）校准挂挡杆和选挡杆，使它们运动自如，并且各件不得处于受力状态，然后拧紧变速杆下端与操纵杆的连接。
（6）试挂各挡，换挡应轻便，不能发卡，尤其应确保倒挡锁止有效。
（7）安装防护套。
（8）拧上变速杆球头。

3.3 操作提示

为正确调整换挡机构，请务必遵守下列规定：
（1）换挡机构的运动部件及传动元件必须处于良好工作状态。
（2）换挡机构必须运动自如。
（3）变速器、离合器和离合器操纵机构必须处于良好状态。

复习与思考题

1. 变速器杆式操纵机构变形会产生什么故障现象？
2. 变速器操纵机构由哪两部分组成？
3. 变速器远程操纵式操纵机构有哪几种类型？
4. 变速器的定位锁止装置有哪几种？它们分别有哪些作用？
5. 简述调整变速器杆式操纵机构的流程。

任务7 更换主减速器齿轮

1 任务引入

某车在行驶过程中，驾驶员抬加速踏板后，底盘有异响，经检测为主减速器主动齿轮和从动齿轮啮合间隙过大，需更换这两个齿轮。

2 相关理论知识

2.1 主减速器的功用

主减速器是传动系中最末端的总成，由它通过半轴直接驱动车轮。通常，主减速器内都含有差速器，使得左右车轮能获得所需要的不同车速（差速传动）。有时人们在简称"主减速""差速"或"主传动"时，都是兼含有主减速器和差速器两个构件，但两者功能完全不一样。在这里我们先来研究主减速器。

主减速器的功用是将输入的转矩增大、转速降低，当发动机纵置时还具有改变转矩旋转方向的作用（一般为90°）。

2.2 主减速器的类型

为满足不同的使用要求，主减速器的结构形式也是不同的。

（1）按参加传动的齿轮副数目分类，可分为单级式主减速器和双级式主减速器。有些重型汽车又将双级式主减速器的第二级圆柱齿轮传动设置在两侧驱动轮处，称为轮边减速器。

（2）按主减速器传动速比个数分类，可分为单速式主减速器和双速式主减速器。单速式的传动比是一定值，而双速式则有两个传动比（两条传动路线）供驾驶员选择。

（3）按齿轮副结构形式分类，可分为圆柱齿轮式（又可分为定轴轮系和行星轮系）主减速器和圆锥齿轮式（又可分为螺旋锥齿轮式和双曲面锥齿轮式）主减速器。

2.3 主减速器的结构

主减速器安装在驱动桥壳内，从动齿轮安装在差速器壳体上，并借助差速器壳体的轴承支撑在驱动桥壳上,主动齿轮通常靠圆锥滚子轴承直接支撑在驱动桥壳上。对于前置前驱的车辆而言,为了使结构简化,减少占用空间,通常驱动桥壳(主减速器壳)与变速器壳体集成在一起,而主动齿轮与变速器输出轴加工成一体或直接安装在变速器输出轴上;对于前置后驱的车辆,主减速器总成安装在后驱动桥壳内;另外,对于全轮驱动的车辆,前后桥上分别装有前主减速器和后主减速器,例如,奥迪 A4。

在轿车上,传动系的布置形式通常都是采用前置前驱(FF)或全轮驱动的(nWD),而动力总成(发动机和变速器)有的采用横向布置,有的采用纵向布置。如对于发动机横向布置的前置前驱(FF)的车辆,主减速器通常采用一对圆柱斜齿轮传动,如捷达、宝来等;而对于发动机纵向布置的车辆,主减速器需采用圆锥齿轮传动,这样能使动力的传递方向改变90°后经左右半轴传给左右两侧的驱动车轮,如桑塔纳、奥迪等。下面我们就分别看一下这两种布置方式的结构。

2.3.1 圆柱斜齿轮传动的主减速器的结构

如图1-4-3所示,主减速器由一对大小不等的圆柱斜齿轮互相啮合构成。小齿轮为主减速器主动齿轮,它与变速器输出轴制成一体,如图1-4-5所示,输出轴的小齿轮端靠两个圆锥滚子轴承支撑在离合器壳体内,另一端靠圆柱滚子轴承支撑于变速器壳体端面上。大齿轮由铆钉(或螺栓)与差速器外壳连在一起,并靠差速器轴承支撑于离合器壳体内,如图1-7-1所示。

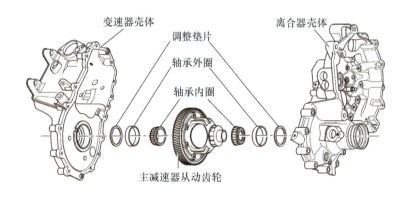

图1-7-1 主减速器从动斜齿轮在壳体内的装配图

因为斜齿轮在传动的过程中,会产生轴向荷载,所以要用圆锥滚子轴承支撑两个齿轮。圆锥滚子轴承一般都是成对使用,装配时应使其具有一定的预紧度,形成相当的预紧力,抑制齿轮在传动过程中因轴向力而引起的轴向位移,提高轴的支撑刚度,保证了齿轮副的正确啮合。但轴承预紧度又不能过大,否则摩擦和磨损增大,传动效率降低。为此,设有轴承预紧度的调整装置。如捷达轿车采用的主减速器的主动轴(变速器的输出轴)上两个圆锥滚子轴承的预紧度由装配在离合器壳体内的调整垫片来调整。增加垫片的厚度,轴承预紧度增大;反之,轴承预紧度减小。支撑差速器壳的一对圆锥滚子轴承的预紧度则是通过装配在两侧的调整垫片来调整的。增加调整垫片,轴承预紧度增加,反之,轴承预紧度减小。

2.3.2 圆锥齿轮传动的主减速器的结构

1）圆锥齿轮传动的主减速器的类型

主减速器圆锥齿轮传动有两类：螺旋锥齿轮传动和双曲面锥齿轮传动。如图1-7-2所示，这两种传动的区别是：螺旋锥齿轮的两轴轴线成相交，双曲面齿轮的两轴轴线不相交而呈空间交叉。两者相比，双曲面齿轮传动具有如下特点：主从动齿轮轴线不相交，使主动锥齿轮轴线可低于（也可高于）从动锥齿轮轴线，在保证一定离地间隙的情况下，与之相连的传动轴的位置也相应降低，从而使汽车质心降低，提高了行驶的稳定性。其次，双曲面齿轮发生根切的最少齿数较少（最少可为5个），因此主动齿轮在满足传动比和强度要求的条件下尺寸可尽量小一些，相应从动锥齿轮的尺寸也可减小，从而减小了主减速器壳外形轮廓尺寸，有利于车身布置和提高最小离地间隙。此外，双曲面齿轮的啮合系数大，同时参加啮合的齿数多，传动平稳，噪声小，承载能力大。所以，双曲面锥齿轮不仅在轿车上得到广泛应用，而且在中、重型汽车上的应用也日益增多。

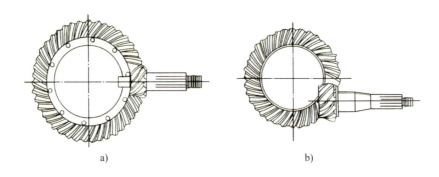

图1-7-2 主动和从动锥齿轮轴线位置

a）螺旋锥齿轮，轴线相交；b）双曲面锥齿轮，轴线偏移

双曲面齿轮的缺点是啮合面间相对滑动速度大，接触压力大，摩擦面的油膜易被破坏，因而对润滑油要求高，必须使用专门的双曲面齿轮油。另外，双曲面齿轮螺旋角较大，传动时轴向力大，易造成轴的支撑定位件的损坏而引起轴向窜动。因此对这些机件的强度、刚度要求高，相应地调整精度要求也较高。

2）圆锥齿轮传动的主减速器齿轮轴轴承预紧度的调整及润滑

对于采用圆锥齿轮传动的主减速器，同斜齿轮一样，在传递动力的过程中，也会产生轴向荷载。因此，也要用圆锥滚子轴承对齿轮进行支承。并且，也要对轴承预紧度进行调节。

对于主动锥齿轮（即小齿轮）轴有如下一些结构措施：

（1）通过选择两滚锥轴承之间适当厚度的调整垫片 S_1 和刚性隔筒的长度来实现，如图1-7-3a）所示。

（2）选择弹性伸缩隔筒，如图1-7-3b）所示，这种弹性伸缩隔套只能一次性使用，拆卸后要更换新件。

对于从动锥齿轮（即大齿轮），其锥轴承的调整一般用调整螺母，如图 1-7-3e)所示，或用调整垫片 S_3（图 1-7-3c 和图 1-7-3d)。但是，从动锥齿轮是个大的盆形，它的轴向变形主要来自受轴向力后的弯曲变形。因此，在结构上采用支撑螺栓以限制从动锥齿轮的轴向变形，如图 1-7-4 所示。

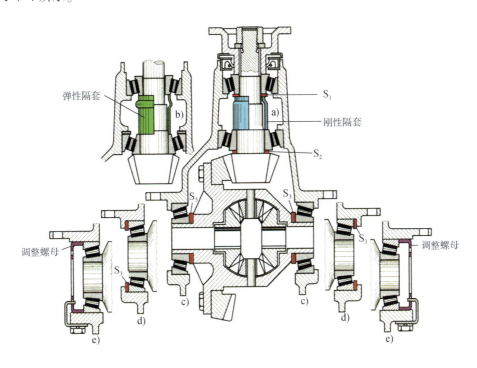

图 1-7-3　主减速器轴承预紧度调整方法

为了减小主减速器齿轮、轴承等的摩擦和磨损，在主减速器壳体内都专门储有一定量的齿轮油。由于主动小齿轮轴承润滑有一定的难度，结构上要采取特别措施来解决。一般是利用大齿轮把润滑油卷入输油道，如图 1-7-5 所示，进入两锥轴承间的空腔，再经轴承回油。但是，对于和变速器集成到一起的主减速器，它与变速器共用齿轮油。

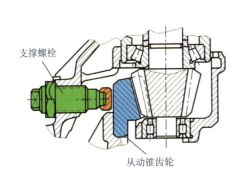

图 1-7-4　从动锥齿轮轴向变形预防装置

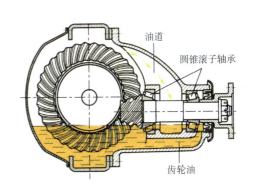

图 1-7-5　主动锥齿轮轴轴承润滑图

3) 圆锥齿轮传动的主减速器齿轮啮合的调整

图 1-7-6 从动锥齿轮正确的啮合印痕位置
a) 正转工作时；b) 反转工作时

为了使齿轮传动工作正常、磨损均匀、延长其使用寿命，必须保证齿轮副正确的啮合。为此，需要对锥齿轮的啮合进行调整。锥齿轮啮合的调整是指齿面啮合印痕（主要看大齿轮）和齿侧啮合间隙的调整。正确的啮合印痕如图 1-7-6 所示，无论正转还是反转，啮合印痕均应位于齿面的中部略偏向小端，印痕的高度和宽度均应为相应的齿高和齿宽的 50% 以上。正确的啮合间隙因车而异，一般在 0.15～0.4mm 之间，以厂家规定的技术参数为准。正确的啮合印痕和啮合间隙是通过锥齿轮轴的轴向移动，从而改变主、从动锥齿轮的相对位置来得到的。所以，主减速器又设置了齿轮啮合的调整装置，如图 1-7-3 中主动齿轮的轴向移动调整垫片 S_2。

应该说明的是：为了保证齿轮啮合调整的正确性，圆锥滚子轴承预紧度的调整必须在齿轮啮合调整之前进行，且当两者采用同一调整装置时，齿轮啮合的调整应保持原有已调整好的轴承预紧度不变，即垫片的总厚度不变：一端减少的垫片厚度应等于另一端增加的垫片厚度，如图 1-7-3c）与图 1-7-3d）所示；若是采用调整螺母形式，则一端螺母的拧入圈数应等于另一端螺母的退出圈数，如图 1-7-3e）所示。

如果主、从动齿轮的啮合印痕和啮合间隙不符合要求时，则应按表 1-7-1 所示的方法进行调整，这种方法可简化为如下口诀："大进从、小出从；顶入主、根出主"。这种方法调整时，要注意保证齿侧间隙不得小于最小值。

圆锥齿轮副啮合印痕的调整方法　　　　表 1-7-1

从动齿轮齿面接触区		调整方法	齿轮移动方向
前驱	倒车		
		将从动齿轮向主动齿轮移近，若这时齿隙过小，则将主动齿轮移开	
		将从动齿轮自主动齿轮移开，若这时齿隙过大，则将主动齿轮移近	
		将主动齿轮向从动齿轮移近，若这时齿隙过小，则将从动齿轮移开	
		将主动齿轮自从动齿轮移开，若这时齿隙过大，则将从动齿轮移近	

综上所述，采用圆锥齿轮传动的主减速器装配中的调整包括主、从动圆锥齿轮轴承预紧度的调整(含差速器轴承预紧度的调整)；主、从动圆锥齿轮啮合印痕和啮合间隙的调整等项目。主减速器的调整品质是决定主减速器圆锥齿轮副使用寿命的关键。因此，在进行调整作业时，必须遵守主减速器的调整规则：

(1)先调整轴承的预紧度，再调整啮合印痕，最后调整啮合间隙。

(2)主、从动圆锥齿轮轴承的预紧度必须按原厂规定的数值和方法进行调整与检查，在主减速器调整过程中，轴承的预紧度不得变更，始终都应符合原厂规定值。

(3)在保证啮合印痕合格的前提下，调整啮合间隙。啮合印痕、啮合间隙和啮合间隙的变化量都必须符合技术条件，否则成对更换齿轮副。

(4)准双曲线圆锥齿轮、奥利康圆锥齿轮(等高齿)和格利森圆锥齿轮(圆弧非等高齿)啮合印痕的技术标准不尽相同，调整方法亦有差异。前两种齿轮往往以移动主动圆锥齿轮调整啮合印痕，以移动从动圆锥齿轮调整啮合间隙；而对格利森齿轮的调整则无特殊的要求。

以上调整方法为一般圆锥齿轮副调整时所遵循，但是，有的厂家也有自己规定的调整方法，则维修时按厂家规定的方法予以调整，另外，在维修时大小锥齿轮要成对更换。

3 任务实施

3.1 准备工作

阅读维修手册，制订拆装方案，准备所需仪器、设备和工具。

3.2 操作流程

(1)拆下主减速器主动齿轮、从动齿轮及轴承。

(2)将新的从动齿轮安装到差速器壳体上，并用专用螺栓固定。

(3)按厂家规定标准，分别调整主动齿轮轴承预紧度和从动齿轮轴承预紧度，预紧度的大小可用扭力计来测量。

(4)调整好轴承预紧度后，调整齿轮啮合印痕和啮合间隙。将主、从动锥齿轮按调整好的轴承预紧度位置配以垫片装在壳体上，在从动锥齿轮圆周上相隔120°选三处位置，每处选三个齿，在齿的两个侧面上均匀地涂一层红色颜料(红丹粉与润滑油的混合物)。然后用手反复转动主动齿轮，带动从动齿轮旋转。于是，从动齿轮轮齿的两侧工作面上便出现了两个齿轮的接触印迹。为了获得清楚的印迹，在转动主动齿轮时，可用另一只手以一定的力按压从动锥齿轮的轮缘。如果啮合印痕不正确，可按表1-7-1的方法予以调整，直到合格为止。

(5)调整好后，清洁主减速器，然后装配并按标准注入齿轮油。

3.3 操作提示

（1）整个调整过程，要保证工作环境清洁，严禁有杂质沾在轴承、调整垫片或轮齿工作面上。

（2）压入轴承和座圈时，应内、外座圈压到底，确保无间隙。

（3）调整轴承预紧度时，轴承外圈内表面应均匀涂一层润滑油。

（4）对于主动齿轮轴承预紧度采用弹性隔套的结构，无须调整，直接安装即可。并且，弹性隔套为一次性使用零件，安装后不可再拆卸，如拆卸，则必须更换新件。

（5）对于主减速器的主、从动齿轮如果经过多次调整，也不能达到标准，那么要成对更换新件，重新调整。

复习与思考题

1. 主减速器的功用是什么？
2. 主减速器的类型有哪些？
3. 按照调整顺序说出圆锥齿轮式主减速器的调整项目。
4. 主减速器圆锥齿轮正确的啮合印痕是什么样的？
5. 圆锥齿轮副啮合印痕调整方法的口诀是什么？解释其含义。

任务8 更换差速器减磨垫片

1 任务引入

车辆行驶转弯时出现异响，经诊断为差速器行星齿轮的减磨垫片磨损造成的，需对其更换。

2 相关理论知识

2.1 差速器的功用

差速器的功用是将主减速器传来的动力传给左、右两半轴，并在必要时允许左、右半轴以不同转速旋转，以满足两侧驱动轮差速的需要。

例如汽车在做转弯行驶时（图1-8-1），在相同时间内左、右两个车轮走过的路程就不相等，内轮走过的路程较短，外轮走过的路程较长，因此要求它们的转速不一样，内轮转得比外轮慢。很显然，由同一个主减速器通过一根整轴同时驱动两个不同转速的车轮是不可能的，其结果必然是造成一个车轮的滑转（滚动＋原地打滑），另一个车轮的滑移（滚动＋向前滑动）。另外，即使汽车在直线行驶时，也会由于左右轮（以及越野汽车各驱动桥之间）行驶的路面凹凸状态不同，轮胎尺寸误差及气压不等等原因，而发生类似的滑移、滑转现象。车轮滑转或滑移的后果是,造成额外的功率损耗和轮胎的加速磨损,并使汽车的行驶性能变坏,甚至难于操纵。因此,在左右驱动轮之间必须装有差速器,保证两轮能做纯滚动的差速运动。

对于多轴驱动汽车,各轴间的转速也不可能经常保持一致,故在两驱动桥之间须有轴间差速器。这样,在汽车结构上差速器按所起作用的不同可分为轮间差速器和轴间差速器。但轴间差速器不一定有,要看情况而定。尽管这两种差速器所处的地位不一样,但其差速的原理是一样的。

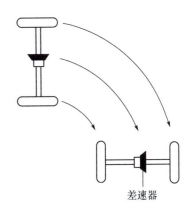

图1-8-1 汽车转弯行驶左右车轮行驶距离不同

差速器按其工作特性可分为普通齿轮式差速器和防滑差速器两大类。

2.2 普通齿轮差速器的结构

普通齿轮差速器大都用圆锥齿轮式,因为这种结构最为紧凑。图1-8-2所示为圆锥齿轮式差速器的相关零件解体图,它由两个较大的与半轴(或凸缘轴)相连的锥齿轮(结构上称它为半轴齿轮)、行星齿轮轴和安装在其上的2个较小的锥齿轮(结构上称它为行星齿轮)组成,中型或重型载货汽车为了提高主减速器传递转矩的能力,多数用四个行星齿轮并用十字轴支撑。整个差速器装在差速器壳内,并用螺栓固定在主减速器从动齿轮上。对于用十字轴支撑四个行星齿轮的差速器,为了装配方便,差速器壳体沿四个行星齿轮轴孔中心线所在平面分为两体。对于只有两个行星齿轮的主减速器,差速器不必分成左右两半,而制成整体式的,其前后两侧都开有大窗孔,以便拆装行星齿轮和半轴齿轮,行星齿轮轴通过弹性圆柱销固定于差速器壳体中。行星齿轮轴上的行星齿轮和两个半轴齿轮啮合,半轴齿轮相当于齿圈或太阳轮,行星齿轮轴装卡在差速器壳的孔槽中能跟随主减速器从动齿轮一起转动,相当于行星齿轮架。为了保证齿轮差速器中锥齿轮的正确啮合,行星齿轮的背面做成球面,可以自动定心、减少摩擦。

由于行星齿轮和半轴齿轮是锥齿轮传动,在传递转矩时,沿行星齿轮和半轴齿轮的轴线作用着很大的轴向力,而齿轮和差速器壳之间又有相对运动。为了减少齿轮与壳的磨损,在半轴齿轮和差速器壳之间装有软钢的半轴齿轮止推垫片;而在行星齿轮和差速器之间装着软钢的行星齿轮球面垫片。当汽车行驶一定里程,垫片磨损后可换上新垫片,以提高差速器寿命。垫片的材料除软钢以外,还有铜或聚甲醛塑料等。

对于只有两个行星齿轮的减速器,有的半轴齿轮背面也是球面,因此两半轴齿轮和两个行星齿轮背面的垫片可制成一整体球形耐磨垫片,装配于差速器壳体中。

差速器靠主减速器壳体内的润滑油润滑。在差速器壳体上开有窗口,供润滑油进出。为了保证行星齿轮和行星齿轮轴轴颈之间良好的润滑,有的在行星齿轮轴轴颈上铣出一平面,以形成油腔存油来保证润滑。有时还在行星齿轮的齿间钻有油孔。

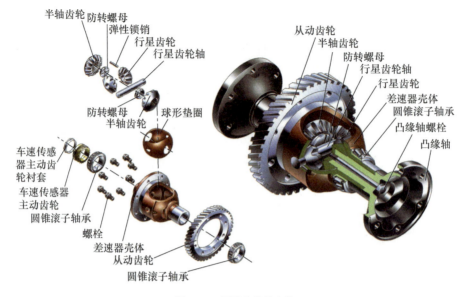

图 1-8-2 圆锥齿轮差速器

2.3 普通齿轮差速器的工作原理

半轴齿轮借花键与半轴相连,工作时,动力自主减速器从动锥齿轮依次经差速器壳体、行星齿轮轴、行星齿轮和半轴齿轮传给半轴,再由半轴传给驱动车轮。

图 1-8-3 所示为行星锥齿轮差速器的运动原理图。差速器壳与行星齿轮轴连成一体并由主减速器从动齿轮带动一起转动,是差速器的主动件,设其转速为 ω_0,两个半轴齿轮为从动件,设其转速分别为 ω_1 和 ω_2。A、B 两点分别为行星齿轮与两个半轴齿轮的啮合点。C 点为行星齿轮的中心。A、B、C 点到差速器旋转轴线的距离相等,均为 r。

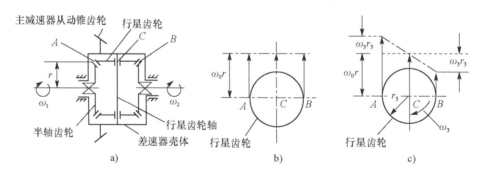

图 1-8-3 差速器运动原理
a)差速器简图;b)差速器不起作用;c)差速器起作用

当两侧驱动轮没有滑转和滑移趋势,即两侧车轮转速相等,汽车直线行驶时,两侧车轮所受的行驶阻力相等,通过半轴及半轴齿轮反作用行星齿轮两啮合点 A、B 的力也相等。这时行星齿轮相当于一个等臂杠杆保持平衡,即行星齿轮不自转,而只能随行星齿轮轴及差速器壳一起公转。所以,两半轴无转速差,如图 1-8-3b)所示,差速器不起差速作用。即

$$\omega_1 = \omega_2 = \omega_0$$

当两侧车轮有滑转和滑移趋势时,两侧车轮所受的行驶阻力不再相等,通过半轴及半轴齿轮反作用于行星齿轮两啮合点的力也不相等。从图1-8-1中看到,转弯时汽车的外轮要比正常直线行驶时走更长的距离,而内轮行驶的距离则短。其结果的趋势是:外轮有产生滑移的倾向,内轮有滑转的倾向。由于轮胎和地面的附着作用,地面要阻止轮胎的滑转或滑移。这样,轮胎上受到来自地面额外的作用力。力的作用方向是:滑移的轮胎(外轮)受到向后的地面作用力,滑转的轮胎(内轮)受到向前的地面作用力。这些力经过轮胎就变成力矩,经半轴传到半轴齿轮。这样,半轴齿轮对行星齿轮的反力将不再相等,破坏了行星齿轮的平衡,即行星齿轮除了随差速器壳一起公转外,还要绕行星齿轮轴以角速度自转,设其半径为r_4($r_4 = BC = AC$),自转速度为ω_3。

自转时:啮合点A的圆周速度为

$$\omega_1 r = \omega_0 r + \omega_3 r_3$$

啮合点B的圆周速度为

$$\omega_2 r = \omega_0 r - \omega_3 r_3$$

这就是差速器的差速作用。即汽车在转弯或其他情况下行驶,两侧车轮有滑转和滑移趋势时,行星齿轮即发生自转,借行星齿轮的自转,使两侧车轮以不同的转速在地面上滚动。

于是

$$\omega_1 r + \omega_2 r = (\omega_0 r + \omega_3 r_3) + (\omega_0 r - \omega_3 r_3)$$

即

$$\omega_1 + \omega_2 = 2\omega_0$$

若角速度以每分钟转数n表示,则

$$n_1 + n_2 = 2n_0$$

上式即为行星锥齿轮差速器的运动特性方程式。

由以上分析过程可知:

(1)汽车正常直线行驶,差速器不起作用,左右车轮转速相等,且等于差速器壳体的转速,即

$$n_1 = n_2 = n_0$$

(2)汽车转弯时,差速器起作用,左右车轮转速不相等,外轮转速增加,内轮转速减小,增加的量等于减小的量,所以差速器无论差速与否,两侧车轮转速之和永远等于差速器壳转速的2倍,而与行星齿轮自转速度无关。因此,在汽车转弯行驶或其他行驶情况下,都可以借行星齿轮以相应转速自转,使两侧驱动车轮以不同转速在地面上滚动而无滑动。

(3)汽车一侧驱动车轮打滑时,另一侧驱动车轮完全可以停止不动,即转速为零,打滑的车轮将以2倍差速器壳体的转速转动。

(4)当差速器壳转速为零(例如用中央制动器制动传动轴时),若一侧半轴齿轮受其他外来力矩而转动,则另一侧半轴齿轮即以相同的转速反向转动。

下面分析一下普通圆锥齿轮差速器中的转矩分配。

图 1-8-4 为行星锥齿轮差速器的分配示意图。设主减速器传至差速器壳的转矩为 M_0，经行星齿轮轴和行星齿轮传给两半轴齿轮，两半轴齿轮的转矩分别为 M_1 和 M_2。

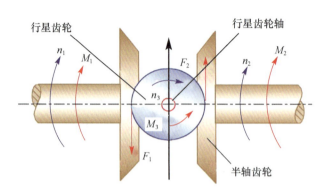

图 1-8-4　差速器转矩分配

当行星齿轮不自转、无差速作用时，即 $n_4 = 0$ 时，$M_3 = 0$（M_3 为行星齿轮自转时，其内孔和背面所受的摩擦力矩），行星齿轮相当于一等臂杠杆，均衡拨动两半轴齿轮转动。所以，差速器将转矩 M_0 平均分配给两半轴齿轮，即 $M_1 = M_2 = M_0/2$。

当行星齿轮按图中 n_4 方向自转，产生差速作用时（即 $n_1 > n_2$），行星齿轮所受摩擦力矩 M_T 与其自转方向相反，从而使行星齿轮分别对两个半轴齿轮附加作用了大小相等而方向相反的两个圆周力 F_1 和 F_2，F_1 使转得快的半轴齿轮上的转矩 M_1 减小，而 F_2 使转得慢的半轴齿轮的转矩 M_2 增加。且 M_1 的减小值等于 M_2 的增加值，等于 $M_3/2$。所以，当两侧驱动轮存在转速差时（$n_1 > n_2$）

$$M_1 = (M_0 - M_3)/2$$
$$M_2 = (M_0 + M_3)/2$$

即转得慢的车轮分配的转矩大于转得快的车轮分配到的转矩，差值为差速器的内部摩擦力矩 M_3。由于 M_3 很小，可忽略不计，则 $M_1 = M_2 = M_0/2$，可见，无论差速器差速与否，行星锥齿轮差速器都具有转矩等量分配的特性。

上述普通锥齿轮式差速器转矩等量分配的特性对于汽车在好路面上行驶是有利的。但汽车在坏路面上行驶时却会严重影响其通过能力。例如当汽车的一个驱动轮处于滑溜路面（如沙地、冰雪地及泥泞地等）因附着力小而原地打滑时，即使另一驱动车轮处于附着力大的路面上未滑转，汽车仍会无法获得必要的牵引力推动汽车前进。这是因为附着力小的路面只能对驱动车轮作用一个很小的反作用力矩，而附着力好的驱动轮也只能分配到同样小的转矩，以至于总的牵引力不足以克服行驶阻力，汽车便不能前进。

2.4　防滑差速器

为了提高汽车通过坏路面的能力，可采用防滑差速器。当汽车某一侧驱动轮发生滑转时，差速器的差速作用即被锁止，并将大部分或全部转矩分配给未滑转的驱动轮，充分利用未滑转车轮与地面之间的附着力,以产生足够的牵引力使汽车继续行驶。

汽车上常用的防滑差速器有人工强制锁止式和自锁式两大类。前者通过驾驶员操纵差速锁,人为地将差速器暂时锁住,使差速器不起差速作用。后者是在汽车行驶过程中,根据路面情况自动改变驱动轮间的转矩分配。自锁式差速器又有摩擦片式、托森式等多种结构形式。

2.4.1 强制锁止式差速器

强制锁止式差速器就是在行星锥齿轮差速器上装设了差速锁,如图1-8-5所示。差速锁由接合器及其操纵机构两大部分组成。

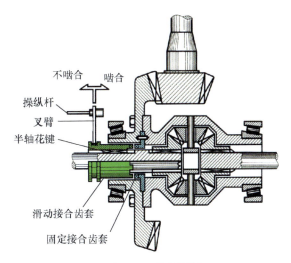

图1-8-5 差速锁机构

当汽车在好路面上行驶不需要锁止差速器时,接合器的固定接合套与滑动接合套不嵌合,即处于分离状态,此时为普通行星锥齿轮差速器。

当汽车通过坏路面需要锁止时,通过驾驶员的操纵,将半轴与差速器壳连成一个整体,则左右两半轴被连锁成一体随壳一起转动,即差速器被锁止,不起差速作用。这样,转矩可全部分配给好路面上的车轮。与此同时,差速锁指示灯开关接通,驾驶室内指示灯亮,以提醒驾驶员差速器处于锁止状态,汽车驶出坏路面后应及时摘下差速器锁。

强制锁止式差速器结构简单,易于制造。但操纵不便,一般要在停车时进行。

2.4.2 摩擦片式自锁差速器

图1-8-6所示为摩擦片式自锁差速器。它是在普通行星锥齿轮差速器的基础上发展而成的。两半轴齿轮背面与差速器壳之间各安装了一套摩擦式离合器,用以增加差速器的内部摩擦阻力矩。摩擦式离合器由推力压盘、主动摩擦片和从动摩擦片组成。推力压盘以其内花键与半轴相连,而且轴颈处用外花键与从动摩擦片的内花键连接。主动摩擦片则用外花键与差速器壳的内键槽相连接。主、从动摩擦片上均加工出许多油槽(两面均有),以利于增大摩擦。推力压盘和主、从动摩擦片均可做微小的轴向移动。十字轴由两根互相垂直的行星齿轮轴组成,其端部均切出凸V形斜面,差速器壳上的配合孔较大,相应地也加工有凹V形斜面。两根行星齿轮轴的V形斜面是反向安装的。

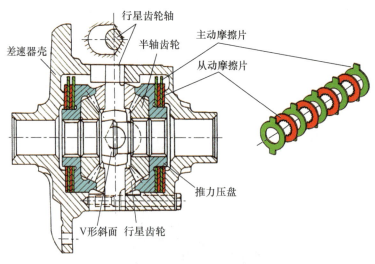

图 1-8-6 摩擦片式自锁差速器

当汽车直线行驶、两半轴无转速差时,转矩平均分配给两半轴。由于差速器壳通过斜面对行星齿轮轴两端压紧,斜面上产生的轴向力迫使两行星齿轮轴分别向左、右方向(向外)略微移动,通过行星齿轮使推力压盘压紧摩擦片。此时,转矩经两条路线传给半轴:一路经行星齿轮轴、行星齿轮和半轴齿轮,将大部分转矩传给半轴;另一路则由差速器壳经主、从动摩擦片、推力压盘传给半轴。

当汽车转弯或一侧车轮在路面上滑转时,行星齿轮自转起差速作用,左、右半轴齿轮的转速不等。由于转速差的存在和轴向力的作用,主、从动摩擦片间在滑转的同时产生摩擦力矩,其数值大小与差速器传递的转矩和摩擦片数量成正比,而其方向与快转半轴的旋向相反,与慢转半轴的旋向相同。较大数值的内摩擦力矩作用的结果,使慢转半轴传递的转矩明显增加。摩擦作用越强,两半轴的转矩差越大,最大可达 5~7 倍。

摩擦片式自锁差速器结构简单、工作平稳,常用于轿车和轻型汽车上。如大众高尔夫轿车就采用了摩擦片式自锁差速器。

2.4.3 托森差速器

全轮驱动的汽车转弯时,前桥驱动轮的转速比后桥驱动轮的转速高,所以在前、后桥之间需要装有轴间差速器。如奥迪轿车前、后驱动桥之间安装有托森差速器。

托森差速器的结构如图 1-8-7 所示。差速器由空心轴、差速器外壳、后蜗杆轴、前蜗杆轴、蜗轮轴和蜗轮等组成。空心轴靠花键与差速器壳相连一同转动,可作为差速器的动力输入件。蜗轮通过蜗轮轴固定在差速器壳上,三对蜗轮分别与前蜗杆轴和后蜗杆轴相啮合,每个蜗轮上固定有两个圆柱直齿轮,与前后蜗杆轴相啮合的蜗轮彼此通过直齿圆柱齿轮相啮合。前蜗杆轴和驱动前桥的差速器齿轮轴连为一体,后蜗杆轴和驱动后桥的驱动轴凸缘盘为一整体。汽车驱动时,来自发动机的驱动力通过空心轴传至差速器外壳,然后通过蜗轮轴传到蜗轮,并传向蜗杆,前蜗杆轴通过差速器齿轮轴将驱动力传至前桥,后蜗杆轴通过后驱动轴将驱动力传至后桥,从而实现前后驱动桥的牵引作用。

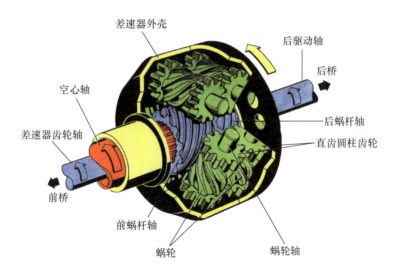

图 1-8-7 托森差速器结构

当汽车直线行驶时,设差速器壳转速为 n_0,前、后蜗杆轴转速为 n_1 和 n_2,则 $n_1 = n_2$。发动机传来的动力通过空心轴传至差速器外壳,再经蜗轮轴传到蜗轮,最后通过前、后蜗杆轴将动力分别传至前、后驱动轿。由于两蜗杆轴转速相同,故蜗轮与蜗杆之间无相对运动,蜗轮上两个相互啮合的直齿圆柱齿轮之间亦无相对转动,差速器壳与两蜗杆轴均绕蜗杆轴线同步转动,也即 $n_0 = n_1 = n_2$,如图 1-8-8a) 所示。此时差速器上的转矩平均分配,即若设差速器外壳接受的转矩为 M_0,前、后蜗杆轴上的驱动转矩分别为 M_1 和 M_2,则有 $M_1 = M_2$,且 $M_1 + M_2 = M_0$。

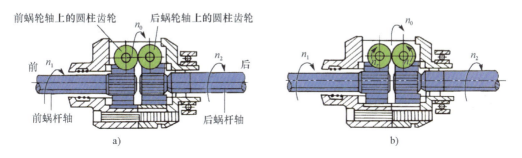

图 1-8-8 托森差速器工作原理

当汽车转弯时,因前轮转弯半径大,正如普通行星齿轮的轮间差速器一样,行驶路径较长的车轮所受到地面的驱动力将减小,即前蜗杆反作用在前蜗轮上的力将减小,所以蜗轮在公转的同时还将自转来驱动前蜗杆轴旋转,使前蜗杆轴转速加快。同时,通过与其啮合的直齿圆柱齿轮使后蜗轮在公转的同时还要反向自转,使后蜗杆轴转速减慢,从而实现了前轮转速加快后轮转速减慢,实现了差速,如图 1-8-8b) 所示。蜗轮驱动蜗杆传动效率很低,会产生很大的内摩擦力矩 M_r,此时,$M_1 = (M_0 - M_r)/2$,$M_2 = (M_0 + M_r)/2$,且 M_2 最大可达 M_1 的 3.5 倍。如果后轴分配到的转矩大到一定程度而使后驱动轮出现滑转时,则后轴转速升高一点,则转矩立刻会传给回转较慢的前轮多一些。所以驱动力的分配可根据转弯的要求自动调节,使汽车具有良好的驾驶性能。

同理，当前、后驱动桥中某一桥因附着力小而出现滑转时，差速器起作用，将大部分转矩分配给附着力好的另一驱动桥，从而提高了汽车通过能力。

托森差速器由于其结构和性能上的诸多优点，因而被广泛用作全轮驱动轿车的轴间差速器和后驱动桥的轮间差速器。但是由于内摩擦引起的左右车轮转矩重新分配，使左右车轮上的驱动转矩差别过大，对转向很不利，所以一般不用作转向驱动桥的轮间差速器。

3 任务实施

3.1 准备工作

阅读维修手册，制订拆装方案，准备所需仪器、设备和工具。

3.2 操作流程

(1) 拆下差速器。
(2) 取下行星齿轮轴，转动并取下行星齿轮。
(3) 用变速器油润滑止推垫片（或整体式的止推垫圈），然后安装。
(4) 安装半轴齿轮并固定。
(5) 插入行星齿轮，偏转180°，然后转到位置。
(6) 推入行星齿轮轴于第一行星轮，将螺纹件放入太阳轮。
(7) 将行星轮轴插入到最终位置，并用弹性挡圈（或弹性锁销）定位。

3.3 操作提示

(1) 在操作流程中，要注意保持环境清洁，防止杂质沾在垫片及齿轮工作表面上。
(2) 若用弹性锁销，要注意锁销开口方向为受力方向，如图1-4-12所示。

复习与思考题

1. 差速器的功用是什么？
2. 说明普通齿轮差速器的工作原理。
3. 说明强制锁止式差速器的工作原理。
4. 说明摩擦片式自锁差速器的工作原理。
5. 说明托森差速器的工作原理。

1 任务引入

车辆直行时出现连续的球笼响声，有时车速在40~60km/h时出现抖动现象，多为内球笼磨损间隙过大;转向盘转到一侧极限位置行驶时,连续出现"嘎嘎"的响声,多为外球笼磨损间隙过大。如果出现这两种情况,应予更换。

2 相关理论知识

2.1 万向传动装置的功用和组成

万向传动装置的功用是能在轴间夹角及相互位置经常变化的转轴之间传递动力。

汽车传动系各总成间,由于结构、布置等原因一般不能做同轴线传动。例如,轿车传动系常用发动机前置前轮驱动的布置方式。发动机、离合器和变速器(和主减速器、差速器集成在一起)固定连接在一起之后安装在副车架上和车身上,前轮通过前悬架与车身弹性相连,在颠簸路面上行驶时车轮会相对车身上下跳动,所以前轮不可能与差速器做同轴线传动。另外,前轮在转向时发生偏摆,其旋转轴线更会与差速器输出轴的轴线产生很大的交角。无论是上下跳动还是转向时,差速器和前驱动轮之间都呈交角传动且交角还会不断发生变化。因此差速器和驱动轮之间不能刚性连接,必须采用万向节装置,才能保证它们之间的传递正常可靠。

万向传动装置主要由万向节、传动轴组成。如图1-9-1所示为轿车上常用的球笼式万向节,它由保持架(又叫球笼)、钢球、星形套、筒形(或钟形)外壳等组成,是万向节的一种。

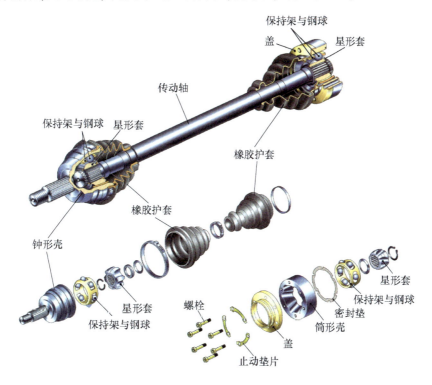

图1-9-1 球笼式万向节及传动轴

万向节的结构类型很多,若按其速度特性来分,可分为两类:不等速万向节和等速万向节;若按其刚度大小来分,又可分为两类:刚性万向节和柔性万向节。

等速万向节一般是刚性的,不等速万向节可以是刚性的也可以是柔性的。不等速万向节中以刚性的十字轴万向节最为典型,如图 1-9-2 所示,它的结构简单、工作十分可靠,在汽车上得到广泛的应用。如前置后驱的传动系中传动轴多用十字轴式万向节连接;汽车转向操纵机构中,某些汽车的转向轴也多用十字轴式万向节连接,以利于转向机构的布置,此内容在转向系中予以介绍。现代轿车车速较高,受惯性的影响会产生很大的振动,所以传动轴常用等速万向节连接,如球笼式等速万向节。本任务将以等速万向节为重点展开,介绍它的结构和应用。

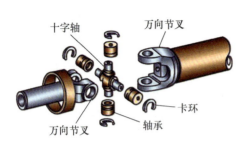

图 1-9-2 十字轴式刚性万向节

2.2 等速万向节

等速万向节的基本原理是传力点永远处于两轴交角的平分面上。图 1-9-3 所示的是等速万向节的工作原理图。两个大小相同的锥齿轮的接触点 P 位于两齿轮轴线交角 α 的平分面上,由 P 点到两轴的垂直距离都等于 r。P 点处两齿轮的圆周速度相等,两齿轮的角速度也相等。可见,若万向节的传力点在其交角变化时,始终位于两轴夹角的平分面上,就能保证等速传动。

等速万向节的常见结构形式有球笼式、球叉式、三枢轴式、三叉臂式等。

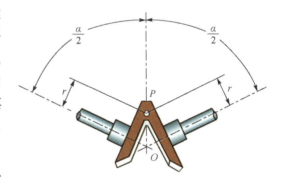

图 1-9-3 等速万向节的工作原理

2.2.1 球笼式等速万向节

球笼式等速万向节按其内、外滚道的结构不同又可分为球笼式固定形万向节、球笼式双补偿万向节和伸缩型万向节等。其中,球笼式固定形万向节的内、外滚道为轴向不可相对移动的,常用于外球笼;球笼式双补偿万向节和伸缩型万向节的内、外滚道为轴向可相对移动的,常用于内球笼。

1)球笼式固定形万向节

球笼式固定形万向节能够等速传动,是因为作为传力点的钢球总是在两轴夹角的平分线上。其结构如图 1-9-4 所示,球笼内球面可沿星形套外球面滑动,而外球面可沿钟形壳的内球面滑动,即星形套的外球面、球笼的内外球面、球形壳的内球面共心,且此中心在六个传力钢球由球笼所保持的平面内,形成了万向节的中心 O。但是内、外滚道采用渐缩式的结构形式,使各自的曲率中心与球笼的球心不再重合,它们分别在万向节中心的两侧,交内外半轴轴线于 A、B,且距中心 O 等距,即 OA = OB。由于钢球与内外滚道接触时,其法线必定要通过其球心。在结构上,内外球槽半径之差为钢球直径,即 $r_i = r_o - 2r$。所以,外滚道的曲率半径与钢球半径之差等于内滚道的曲率半径与钢球半径之和,即 CA = CB,则△CAO≌△CBO。可见,两轴相交任意夹角 α 时,传力钢球都位于交角的平分面上,此时钢球到主动轴和从动轴的距离 a 和 b 相等,从而保证了从动轴与主动轴以相等的角速度转动。

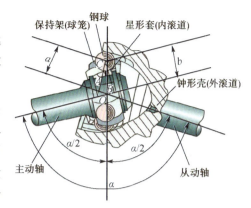

图 1-9-4 球笼式钟形万向节等角速传动原理

这种万向节允许在轴间最大交角为 42°的情况下传递转矩,且在工作时,所有钢球全部传力。承载能力大,磨损小,结构紧凑,拆装方便,因此运用非常广泛。

2) 球笼式双补偿万向节

球笼式固定型万向节在采用发动机前置、前轮驱动的轿车上得到了广泛的应用。但是,在车辆行驶过程中遇到路面凸凹不平时,车轮由摆臂控制相对车身上下跳动,在跳动过程中,车轮将与和车身固连的差速器发生相对横向位移,所以,连接车轮与差速器之间的传动轴长度要发生相应的变化。

球笼式固定型万向节的结构在轴向上是不能移动的。为了在传动中既能改变传动夹角又同时允许有一定轴向移动,结构上设计有球笼式双补偿万向节,如图 1-9-5 所示。球笼式双补偿万向节又称球笼式固定型万向节的滑动式,在结构上与固定型万向节相比,其外壳为圆筒形,内、外滚道是与轴线相平行的直线凹槽,钢球可在槽内来回滚动。所以,在传递转矩过程中,内球座与外球座可以相对轴向移动。6 个钢球装在球笼中,球笼的内外表面都是球形,内球面的半径为 R_i,外球面的半径为 R_0,从图中可以看到,两球面不同心,它们的球心分别在 6 个传力球所决定平面的两侧,左右距离相等。星形套用花键装在驱动轴上,星形套的球道外面也为球面,它和球笼的内球面相配合可作相对转动。这样的结构可保证该种万向节在

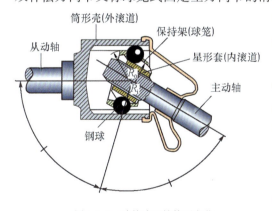

图 1-9-5 球笼式双补偿万向节

任何时候,都能有一定的轴向移动,而且传力钢球总处于两轴相交的等分面上作等速传动。

由于这种万向节能轴向相对移动,因此可省去万向传动装置中的伸缩节,使结构简化,且轴向位移是通过钢球沿内外滚道的滚动来实现的,与滑动花键相比,滚动阻力小,磨损轻,寿命长。该万向节的最大作用角为 22°,适合于装在前置前驱动汽车的动力总成传动轴内端。

3）球笼式伸缩型万向节

球笼式伸缩型万向节在轴向上内、外滚道也是可以相对移动的,如图1-9-1筒形壳万向节部分所示。其内、外滚道为圆筒形,只是圆筒中心线(滚道中心线)不与轴线平行,而是以相同的角度相对于轴线倾斜着,而且同一零件上相邻的两条滚道的斜方向相反,即成"V"形。装合后,同一周向位置处内、外滚道的倾斜方向正好相反,即对称交叉,而钢球则处于内、外滚道的交叉部位。当主动轴(内半轴)与从动轴(中半轴)以任意角度相交时,由于内外滚道及球笼的控制作用,使所有传动钢球(6个)都位于轴间交角的平分面上,从而实现等角速传动。

伸缩型球笼式万向节的内、外滚道是直槽的,在传递转矩过程中,星形套可在筒形壳内沿轴向移动量达45mm,能起到滑动花键的作用,使万向传动装置结构简化。

2.2.2 球叉式等速万向节

球叉式等速万向节的等速原理和球笼式的一样,其结构外形如图1-9-6所示。主、从动轴

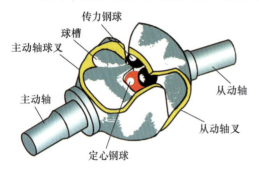

图1-9-6 球叉式万向节

上各有一球叉。球叉的每一臂两边都磨削有一球槽,故共有4个球槽。球槽的球心L、R各自在自己的轴线上,半径都为r,如图1-9-7所示,两球叉上球槽的圆弧相交处P点设置钢球,故一共放置4个传力钢球(图1-9-6)。为确保两球叉之间的距离,在中间还须安置一定心钢球,其中心在O点(图1-9-7)。因此,球叉式等速万向节一共有5个钢球。从图1-9-7中可看到,P点在任何位置P'都必有$\angle OP'L = \angle OP'R'$。所以,球叉式万向节能做等速传动。按照其结构特点,在传递转矩时,球叉式万向节只有上下各一个钢球在工作,反向旋转另一对才起工作。这也正是球叉式万向节的缺点。

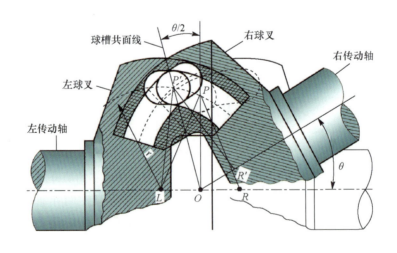

图1-9-7 球叉式万向节结构原理图

2.2.3 三枢轴式万向节

三枢轴式万向节结构如图 1-9-8 所示。20 世纪 60 年代初期,法国的生产厂商(Glaenzer-Spicer)把它称为三枢轴万向节。图 1-9-8 中和主动轴相垂直的三脚架上,各装有一个球形滚子,并由它们作为传力点。从图 1-9-8 中可以看到,与从动轴相连的筒形外壳,其内有三条滚道,截面成球形。球形滚子就沿滚道滑动和滚动。其工作特点是,当两轴呈相交传动时,如主动轴转过 180°,3 个枢轴中下端的滚子就要转到上方,滚子一定要向外滑动;上端的滚子转到下方要向里滑动;而且球形滚子在其滚道内还要做径向移动。

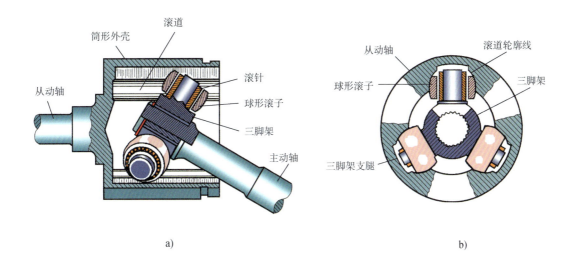

图 1-9-8 三枢轴万向节
a)正视图;b)侧视图

由于主动轴和三脚架相垂直,当主动轴和从动轴形成夹角时,三根枢轴所形成的平面,不可能处在两轴夹角的平分线上,因此不符合上述等速传动的原理。但是,三脚架上的球形滚子是在做复合运动,因传力点不在平分线上所造成的从动轴角速度差得到了补偿,几乎使从动轴就做等速传动,因此把它归属为等速万向节。

2.2.4 三叉臂式万向节

三叉臂式万向节是对上述产品的进一步开发,其结构如图 1-9-9 所示。和车轮轴相连的钟形外壳,其上插入 3 根三叉架短杆(最后焊牢在钟形外壳上),3 个三叉架短杆在内部和二轴架相连。每根短杆上装有滚子,它可以自由滑动和转动。和主减速器相连的主动轴上有 3 个叉臂,如图 1-9-9b)所示,叉臂槽为圆弧形恰与滚子相配。当两轴成一角度传动时,滚子就在槽内作来回滑动。它和三枢轴式万向节都可以保证主动轴可有一定的轴向移动量,但三叉臂式较三枢轴式可以有较大的转角。

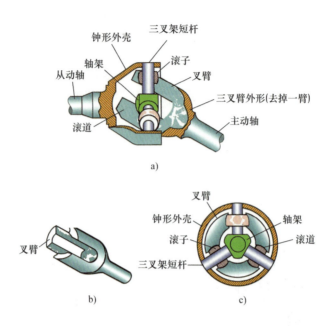

图 1-9-9 三叉臂式万向节
a)正视图；b)三叉臂外观图；c)侧视图

3 任务实施

3.1 准备工作

阅读维修手册，制订拆装方案，准备所需仪器、设备和工具。

3.2 操作流程

1）传动轴总成的拆卸
（1）举升车辆，使前桥不承载。
（2）一名维修人员踩住制动系统，另一名维修人员松开车轮螺栓，卸下车轮。
（3）松开传动轴与制动盘的自锁螺母。
（4）拧下传动轴与变速器法兰连接螺栓。
（5）标记好控制臂与车轮轴承座连接球头的固定螺栓 1 的安装位置，如图 1-9-10 所示，然后拧下螺栓。
（6）用压具 3283 将传动轴从车轮轴承壳体中压出，如图 1-9-11 所示。
（7）将车轮轴承壳体向后翻转，并从轴承座中取出传动轴。
（8）将万向传动轴从车轮轴承座侧取下。

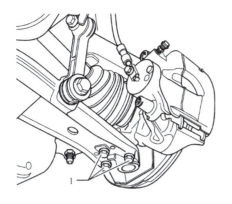
图1-9-10 标记螺栓位置

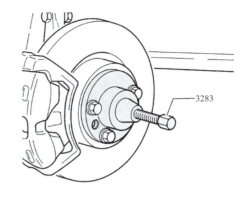
图1-9-11 压出传动轴

2）球笼式等速万向节的拆卸

（1）拆卸外等速万向节。

①拆下保护套两侧卡箍，尽可能将保护套向内等速万向节方向推。

②使用塑料锤用力敲击外等速万向节，从传动轴上敲下外侧等速万向节，如图1-9-12所示。

（2）拆卸内等速万向节。

①用一根芯轴将内等速万向节的盖板从内等速万向节上敲下，如图1-9-13所示。

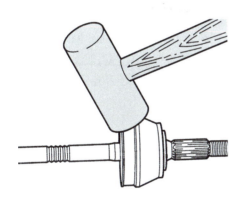
图1-9-12 敲下外侧等速万向节　　　　图1-9-13 敲下内等速万向节的盖板

②用弹簧垫圈夹头钳VW 161A拆下卡环，如图1-9-14所示。

③拆下两个卡箍，把万向节保护套向外万向节方向推。

④压出内等速万向节，如图1-9-15所示。

3）球笼式等速万向节的分解和检查

（1）分解外等速万向节。

①分解前，用电子刻笔或油石标出星形套相对于钢球保持架和壳体的位置。

②转动星形套和钢球保持架，逐个取出钢球，如图1-9-16所示。

③转动保持架，直至两个矩形窗口贴在万向节体上，取出保持架和星形套，如图1-9-17所示。

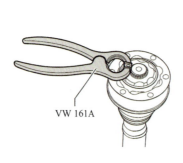
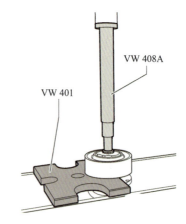

图1-9-14 拆下卡环　　　　　图1-9-15 压出内等速万向节

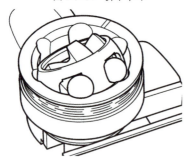
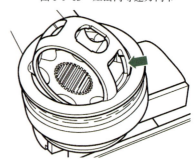

图1-9-16 取出钢球　　　　　图1-9-17 取出保持架和星形套

④将星形套的一节转到保持架的矩形窗口中,然后从保持架上取出星形套,如图1-9-18所示。

⑤检查万向节体上的外滚道、星形套上的内滚道、保持架及钢球是否有小凹坑(麻点形状)和腐蚀迹象。如有,更换整个万向节。

(2)分解内等速万向节。

①转动星形套和钢球保持架,沿箭头方向压出外滚道,而后从保持架中取出钢球,如图1-9-19所示。

②如图1-9-20箭头所示,将星形套通过钢球的滚道从保持架中脱开。

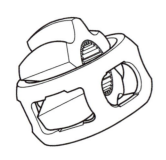
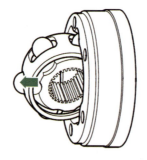

图1-9-18 取出星形套　　　图1-9-19 取出钢球　　　图1-9-20 取出星形套

③检查万向节体上的外滚道、星形套上的内滚道、保持架及钢球是否有小凹坑(麻点形状)和腐蚀迹象。如有,更换整个万向节。

4）球笼式等速万向节的组装

（1）内等速万向节的组装。

①将星形套装入钢球保持架，两件的倒角面处于同一方向，安装位置随意，将钢球压入保持架，如图 1-9-21 所示。

②将带着保持架和钢球的星形套竖起装入外滚道，使万向节壳体上较宽的距离 a 与星形套上较窄的距离 b 靠在一起，如图 1-9-22 所示。

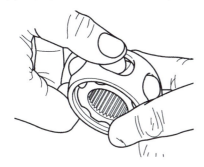
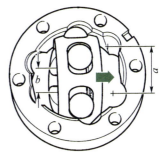

图 1-9-21　将钢球压入保持架　　　图 1-9-22　将保持架、钢架和星形套竖起装入外滚道

③旋入星形套，星形套必须很容易从保持架中旋出，以使滚子安装进滚子支架中，如图 1-9-23 所示。

④用力压保持架，使带有钢球的星形套旋入，如图 1-9-24 所示。

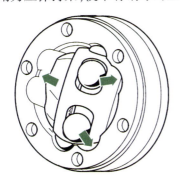
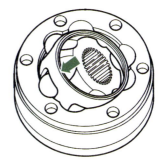

图 1-9-23　旋转星形套　　　　　　图 1-9-24　压保持架

⑤在整个纵向补偿范围内用手前后移动星形套，如果可以移动，则万向节组装正确。

（2）外等速万向节的组装。

①将总油脂量一半（约 40g）的润滑脂注入万向节壳体中。

②将保持架连同星形套一起装入万向节中。

③必须将星形套装入钢球保持架和万向节壳体的初始位置，逐个压入钢球。

④将新卡簧装入传动轴的凹槽中。

⑤将剩余润滑脂注入防护套内。

5）球笼式万向节与传动轴总成的组装

（1）安装内等速万向节和传动轴。

①先把装有卡箍的内、外橡胶护套小端相对套入传动轴。

②安入内等速万向节碟形弹簧,如图 1-9-25 所示。

③压入内等速万向节。如图 1-9-26 所示,将内等速万向节压到止点位置,安入卡簧。星形套(花键)内径倒角必须对着传动轴上接触台肩。

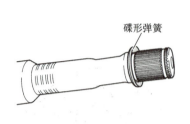

图 1-9-25　安入碟形弹簧　　　　　图 1-9-26　压入内等速万向节

(2) 安装外等速万向节和传动轴。

①安入外等速万向节碟形弹簧和止推垫片,如图 1-9-27 所示。

②将卡环安入传动轴外端环槽后,用塑料锤小心地将外等速万向节敲到传动轴上,直到止位。

(3) 安装防护套。

①将防护套安装在万向节上。如图 1-9-28 所示,内等速万向节防护套安装位置,尺寸 $a=17\text{mm}$;如图 1-9-29 所示外等速万向节防护套安装位置须使通风倒角置于防护套中。

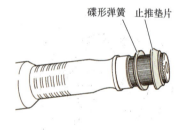 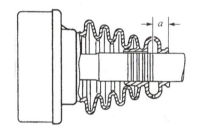

图 1-9-27　安入碟形弹簧和止推垫片　　　　图 1-9-28　安装内等速万向节防护套

②夹紧外万向节上的卡箍。如图 1-9-30 所示放置弹簧钳 V.A.G 1682,此时注意,钳子的刃应贴紧卡箍的角(图中箭头 B 处)。用扭矩扳手旋转丝杆 A 来夹紧卡箍(注意钳子不能歪斜),拧紧力矩 25N·m。

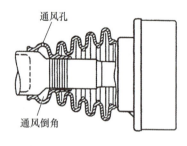 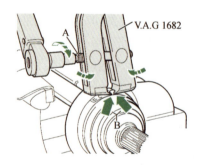

图 1-9-29　安装外等速万向节防护套　　　图 1-9-30　夹紧外万向节大直径端卡箍

③如图 1-9-31 所示,钳子的刃应贴紧卡箍的角(图中箭头 B 处),用扭力扳手 C 旋转丝杆 A 将防护套的小直径端(即传动轴上)的卡箍夹紧。

6)传动轴总成的安装

(1)清除外等速万向螺纹和花键上的油漆残留物或锈蚀,并予以润滑。

(2)从车轮轴承壳体侧装入传动轴总成。

(3)将外等速万向节装入轮毂花键中。

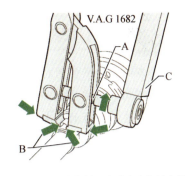

图 1-9-31　夹紧外万向节小直径端卡箍

(4)按拆卸时的标记,以 20N·m + 90°的力矩拧紧控制臂与转向球头的新螺栓。

(5)将传动轴装入变速器的凸缘上,以 10N·m 的力矩沿对角交叉预紧新的圆头内梅花螺栓后,用 40N·m 的拧紧力矩以交叉方式拧紧。

(6)装上车轮并以 120N·m 的力矩拧紧。

(7)以 180N·m 的力矩将新的自锁螺母拧紧后,让汽车四轮着地,再将自锁螺母拧 180°。

3.3 操作提示

(1)万向传动轴的自锁螺母处于松开状态时,车轮轴承不许承载。如果车轮轴承承载车辆的自身重量,车轮轴承使用寿命会因此降低,甚至损坏。即便是为将万向传动轴上紧,车轮也不能着地,否则车轮轴承会损坏。因此无万向传动轴的汽车不得移动,否则车辆轴承会损坏。如若必须移动,应装入不带传动轴的外等速万向节,并将自锁螺母以 50N·m 的力矩拧紧。

(2)每次拆卸后更换新的传动轴自锁螺母、连接传动轴与变速器凸缘的圆头内梅花螺栓、控制臂与转向球头的新螺栓以及卡箍等。

(3)在车辆上进行拆卸和装配工作时,万向传动轴不得松弛地吊着,也不能过度弯曲达到万向节的极限位置。

(4)注意不要损坏和扭转橡胶防尘套。

(5)安装传动轴时,传动轴与变速器凸缘之间的密封垫不要歪斜。

(6)内等速万向节与变速器凸缘的粘接表面必须无油脂和机油。

(7)内等速万向节防护套装配到等速万向节上时在密封面上涂抹密封胶。

(8)由于万向节保护套的材料较硬(Hytrel,聚合弹性体),需用较硬的特种钢材料的卡箍,所以只能用弹簧钳 V.A.G 1682 夹紧。注意,钳子的丝杆螺纹应活动自如,必要时用 MoS_2 润滑油润滑。

(9)在取下传动轴总成的过程中,横向稳定杆的连接杆可能会对操作造成一定的妨碍,根据实际情况可视情将其拆下。

复习与思考题

1. 万向传动装置的功用是什么？
2. 万向节的类型有哪些？
3. 等速万向节的基本原理是什么？常见的结构形式有哪些？
4. 简述外球笼万向节和传动轴的拆卸和组装方法。
5. 简述内球笼万向节和传动轴的拆卸和组装方法。

 知识点小结

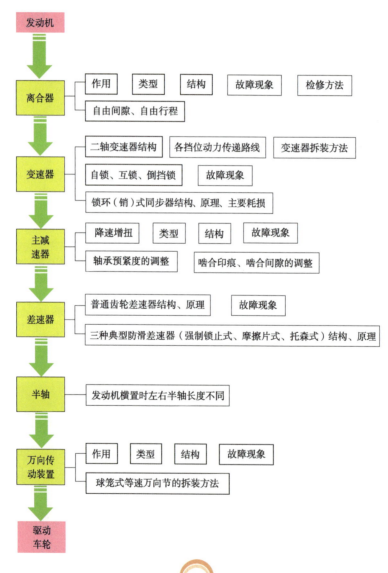

项目 2

行驶系的构造与维修

概　述

❶ 汽车行驶系的功用

汽车行驶系的功用是接受发动机经传动系传来的转矩,并通过驱动轮与路面间的附着作用,产生路面对汽车的牵引力,以保证汽车正常行驶;传递并承受路面作用于车轮上的各向反力及其形成的力矩;缓和各种冲击和振动,保证汽车平稳行驶,并且与汽车转向系很好地配合工作,实现汽车行驶方向的正确控制,以保证汽车操纵稳定性。

❷ 汽车行驶系的组成

汽车行驶系一般由车架、车桥、车轮和悬架组成,如图 2-0-1 所示。

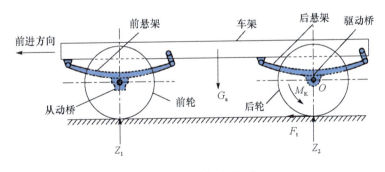

图 2-0-1　汽车行驶系组成

车架是全车装配与支撑的基础,它将汽车的各相关总成连接成一个整体并与行驶系其他总成共同支撑汽车的质量。大多数轿车和客车没有专门的车架,而是由车身兼起车架的作用,所有的荷载均由车身来承受,这种车身称为承载式车身,如图 2-0-2 所示。而货车为了提高其承载能力,都设有专门的车架,如图 2-0-3 所示,车身安装在车架上,所以车身不再承受弯曲荷载和扭矩等,故又称其为非承载车身。

图2-0-2　承载式车身

图2-0-3　车架

对于轿车等所采用的承载式车身，虽然没有完整的车架，但是有的装有副车架，如图2-0-4所示。副车架可以看成是前后车桥的骨架，是前后车桥的组成部分。支撑前后车桥、悬架，使车桥、悬架通过它再与"正车架"或车身相连，习惯上称为"副车架"或"元宝梁"。副车架的作用是阻隔振动和噪声，所以它大多出现在豪华轿车和越野车上。我们知道，传统的承载式车身没有副车架，其悬架是直接与车身钢板相连的。因此前后车桥的悬架摇臂机构都为散件，并非总成。在副车架诞生以后，前后悬架可以先组装在副车架上，构成一个车桥总成，然后再将这个总成一同安装到车身上。这种带副车架的悬架总成，除了在设计、安装上能带来各种方便和优越性以外，最重要的是其舒适性和悬架刚度得以提高。

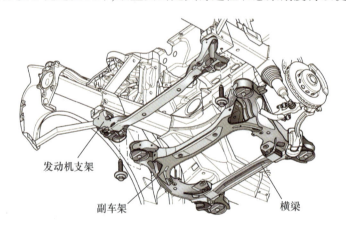
图2-0-4　副车架结构

车轮分别装在前桥和后桥上，支撑着车桥和汽车。

车桥又称车轴，它最基本的功能是承受汽车的负荷，维持汽车在道路上正常行驶。因此，车桥基本的结构形式就是能装上车轮滚动前进的"梁"。但按照结构要求，一些车桥需具备附加的功能，如车轮驱动、使车轮转向等。因此，车桥按附加功能的不同，可有下列4种类型：驱动桥、转向桥、转向驱动桥、支持桥。车桥两端安装的车轮如果不是驱动轮，如前置后驱车的前桥和前置前驱车的后桥两端安装的车轮都不是驱动轮，所以车桥就属于支持桥，又称从动桥。

车桥与悬架的功能完全不一样，但关系十分密切。实际上，为了提高乘坐舒适性，大部分轿车采用独立悬架的结构形式后，汽车左右轮之间已不存在车桥，它已和独立悬架的结构融合在一起。

悬架安装在车桥与车架或车身（非独立悬架）、车轮与车身（独立悬架）之间。通过弹性的悬架系统进行连接，减少了汽车在行驶中受到的各种冲击与振动。在一些轿车中，为了提高其舒适性，两侧车轮的心轴分别通过各自的弹性元件与车身连接，受外力作用时互不干扰，故称为独立悬架系统。反之，如果两侧车轮通过一整体轴连接在一起的，则称为非独立悬架，如货车的悬架、某些轿车的后悬架等。

3 行驶系的受力情况

汽车行驶系的受力情况，如图 2-0-1 所示。汽车的总重量 G_a 通过前、后车轮传到地面，引起地面作用于前轮和后轮上的垂直反力 Z_1 和 Z_2。当驱动桥中的半轴将驱动转矩 M_K 传到驱动轮上时，产生路面作用于驱动轮边缘上的向前的纵向反力 F_t，被称作驱动力。驱动力用以克服驱动轮本身的滚动阻力，其余大部分则依次通过驱动桥壳、后悬架传到车架，用来克服作用于汽车上的空气阻力和坡道阻力；还有一部分驱动力由车架经过前悬架传至从动桥，作用于自由支撑在从动桥两端转向节上的从动轮中心，使前轮克服滚动阻力向前滚动。于是，整个汽车便向前行驶了。

驱动力是作用在轮缘与地面的接触点上，因而对整车造成了一个反力矩，该反力矩力图使整个汽车前部都有向上抬起的趋势，具体表现为前轮上的垂直荷载减少而后轮上的垂直荷载增加。

汽车在制动时，同样产生一个与驱动转矩相反的制动转矩，作用于车轮上，产生一个与汽车行驶方向相反的制动力，迫使汽车减速或停车。并且使汽车产生后部向上抬起、前部下沉的趋势，从而使作用在后轮上的垂直荷载减小，前轮上的垂直荷载增大。紧急制动时，作用尤其明显。

汽车在弯道上或路面拱度较大的道路上行驶时，由于离心力或汽车质量在横向坡道上的分力作用，使汽车具有侧向滑动的趋势，路面将阻止车轮侧滑而产生路面作用给车轮的侧向力，此力由行驶系来传递和承受。

任务1 更换摆臂总成

1 任务引入

车辆紧急制动时车身前部有异响，经诊断为前摆臂橡胶衬套损坏，需更换前摆臂总成。

2 相关理论知识

摆臂属于汽车悬架系统中的导向部件，所以我们先来了解关于悬架的结构知识。

2.1 悬架系统的功能

悬架系统是车架(或承载式车身)和车桥(或车轮)之间弹性连接并传递力和力矩的装置的总称。

悬架的主要功能有：

(1)把路面作用于车轮的垂直反力(支承力)、纵向反力(驱动力和制动力)、侧向反力以及这些反力所造成的力矩传递到车架(或车身)上。

(2)与轮胎一起,吸收和缓冲汽车行驶中由于路面不平所造成的各种振动和冲击,从而保证乘客乘坐舒适和货物的安全。

(3)使车身与车轮之间保持有适当的动态几何关系,即车轮跳动时应有正确的运动规律,以保证汽车操纵稳定性。

汽车悬架直接关系到汽车行驶的平顺性和操纵稳定性,而汽车的行驶状况非常复杂,同时也受到很多因素的制约,要使平顺性和操纵稳定性都达到最佳状态是很难的,有时也是矛盾的。因此,合理的悬架系统必定要和车辆的特点相结合。

2.2 悬架系统的组成

汽车的悬架虽然有不同的结构形式,但主要由三部分组成:弹性元件、减振器和导向机构。但有的汽车悬架弹性元件刚度较小,容易造成车身侧倾过大,因此在悬架中增加了第四部分——横向稳定器,如图 2-1-1 所示。

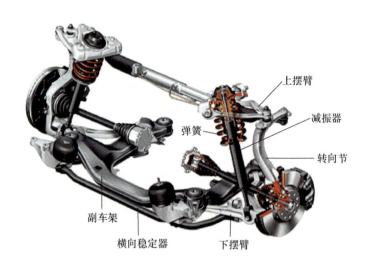

图 2-1-1　悬架系统的结构

1)弹性元件

弹性元件起缓和冲击的作用。由于汽车行驶的路面不可能绝对平坦,路面作用于车轮上的垂直反力往往是冲击性的,特别是在坏路面上高速行驶时,这种冲击将非常明显。当这种冲击力传递到车架和车身上时,不但会加剧汽车机件的损坏,还会使乘客感到不舒服或使汽车上的货物受到损伤。所以,为了缓解冲击,除了采用有弹性的充气轮胎外,还要充分利用悬架系统使车架(或车身)和车桥(或车轮)之间形成的弹性连接来吸收振动能量。

2)减振器

减振器起衰减振动的作用。弹簧吸收冲击后会产生振动甚至引起共振,应尽快消减振动恢复原状,否则容易使乘客感到不舒服和疲劳。因此在悬架系统中要有减振器使车身的振动迅速衰减(振幅迅速减小),提高汽车的行驶平顺性。

3)导向机构

前面已提到,悬架要在车架和车轮间传递各种力,这种传递力的构件——导向机构必然是刚性件。这样,车轮在上下跳动时会有一特定的运动轨迹。研究表明,车轮(特别是转向轮)的这一运动轨迹应符合一定的要求,否则将影响到汽车的驾驶性能(特别是操纵稳定性)。因此悬架系统中的导向机构不但要传递各种力和力矩,更主要的是,要确保车轮按照一定轨迹相对于车架和车身跳动,导向机构由此得名。摆臂就是悬架系统中控制车轮运动轨迹的导向机构。

4)横向稳定器

除了以上三种元件外,在大多数轿车和客车的悬架系统中还设有横向稳定器,其作用是防止车身在转向等情况下发生过大的横向倾斜。

需要指出的是,并不是每一个悬架系统都必须设置所有上述装置。例如在装有钢板弹簧的汽车上,由于钢板弹簧不但起到缓冲作用,当它在汽车上纵向安置,并且一端与车架作固定铰接时,还可起到传递所有力矩和决定车轮运动轨迹的作用,所以就不必再设置导向机构。此外钢板弹簧本身就有一定的减振能力,所以在对减振要求不高时,这类汽车可以不装减振器。例如,一般中型货车的后悬架和重型货车的前、后悬架可不装减振器。

2.3 簧载质量和非簧载质量

1)簧载质量

由悬架弹性元件所支承的汽车质量称为簧载质量,如发动机、变速器、离合器、车身、车架等。簧载质量是汽车质量的主要组成部分,有时也称为悬架(或悬挂)质量,如图2-1-2所示。

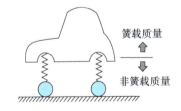

图 2-1-2 簧载质量和非簧载质量

2)非簧载质量

不由弹性元件支承的元件的质量称为非簧载质量,如悬架系统的一部分、车轮、车轴、传动轴、固定在非独立悬架车桥上的主减速器和差速器等,有时也称为非悬架质量,如图2-1-2所示。非簧载质量相对整车来说较小。

2.4 悬架的分类

1)按左右车轮关联程度分

悬架结构与车轮运动关系密切,根据汽车左右两侧车轮的运动是否相互关联,基本上可分为两大类。

（1）非独立悬架。非独立悬架如图2-1-3a)所示,其结构特点是汽车两侧车轮安装在一根整体式车轴的两端。一侧车轮上下跳动时,必然会影响到另一侧车轮的定位参数(主要是车轮外倾)的改变,但车轮轮距不会变动。非独立悬架通常总是和非断开式车桥联系在一起,又称整体桥悬架或刚性悬架。

（2）独立悬架。独立悬架如图2-1-3b)所示,左右两侧车轮之间没有刚性的车轴,车轮独自通过悬架的弹性元件和导向杆件与车架相连。在左右车轮的运动关系上,当一侧车轮跳动时,对另一侧车轮的定位参数不产生影响,因此称为独立悬架。

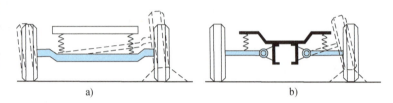

图2-1-3　非独立悬架与独立悬架
a)非独立悬架；b)独立悬架

此外,目前还有一种悬架结构,左右车轮间也有车轴,但车轮间的关联程度比非独立悬架要小(一侧车轮跳动时,另一侧车轮的外倾角改变要小一些),因此有时也被称为半独立悬架,其详细情况见单纵臂扭转梁式悬架。

2）按控制形式分

根据对悬架性能控制的状况,汽车悬架又可分为两大类:被动式悬架和主动式悬架。

（1）被动式悬架。被动式悬架是指汽车悬架的刚度和阻尼事先确定,汽车在行驶中无法依据路面状况随时调节这些参数以获得最佳性能。被动式悬架目前为绝大多数汽车上所采用。

（2）主动式悬架。主动式悬架可以根据路面和行驶工况动态地自适应调节悬架的性能,使悬架系统始终保持在最佳状态。该系统通常由传感器、控制单元、执行机构组成。

2.5　非独立悬架

非独立悬架因其结构简单、工作可靠、易于维修和使用寿命长等优点而受到青睐。尤其是钢板弹簧非独立悬架,钢板弹簧可兼起导向机构的作用,并有一定的阻尼减振作用,更使悬架结构大为简化,故而广泛地为载货汽车的前、后悬架所采用。在轿车中,非独立悬架仅用于后桥,且弹性元件为螺旋弹簧。

非独立悬架结构所采用的弹性元件,除了钢板弹簧之外,还可用螺旋弹簧和气体弹簧。采用螺旋弹簧、气体弹簧时,需要有稍复杂的导向机构。

1）纵置钢板弹簧非独立悬架

钢板弹簧式非独立悬架中,钢板弹簧通常是纵向布置的,如图2-1-4所示,装有双向作用筒式减振器。钢板弹簧的中部用两个 U 形螺栓固定在前桥上。钢板弹簧的前端卷耳用钢板弹簧销与前支架相连,形成固定铰链支点,起传力作用。钢板弹簧后端采用吊耳销与可在车架上摆动的吊耳相连,形成摆动的铰链支点,它能够使钢板弹簧变形时,两端卷耳中心线间的距离做相应的改变。也有的钢板弹簧后端采用直接插入后支架的滑动支撑方式,多用于副簧的支撑。

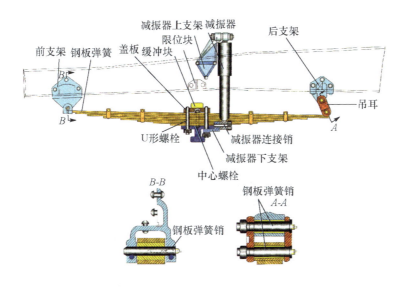

图 2-1-4　纵置钢板弹簧非独立悬架

纵置钢板弹簧非独立悬架主要应用于货车,但是,有些乘用车上如奥迪的后悬架也是采用这种类型。

2) 螺旋弹簧非独立悬架

螺旋弹簧、空气弹簧和油气弹簧,它们的工作特性不完全一样,但有一共同之处,即只能承受垂直荷载,因此在用它们作弹性元件时,都需要有专门的传力杆件以传递纵向力、侧向力及有关力矩。如图 2-1-5 所示为典型的螺旋弹簧式非独立悬架(后悬架),这种非独立悬架一般只用作轿车的后悬架。如一汽生产的小红旗轿车的悬架采用的即为此种结构。

螺旋弹簧上端装在车身上的支座中,下端装在纵向下推力杆上。由于螺旋弹簧只能承受垂直荷载,所以必须设置导向装置(图中纵向推力杆、横向推力杆)来承受并传递纵向力

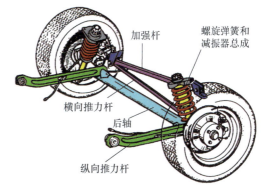

图 2-1-5　螺旋弹簧非独立悬架

和横向力。纵向推力杆的一端均与车身铰接,另一端则与后桥铰接,其作用是传递驱动力、制动力等纵向力及其力矩。当车轮行驶中因路面颠簸而上下跳动时,纵向推力杆可绕其与车身的铰接点做上下纵向摆动。

横向推力杆的一端与车身铰接,另一端与后桥铰接,以传递车身到车轮的横向力,如汽车转向时的离心力等。当后桥跳动时,横向推力杆依靠铰接头可做上下横向摆动。为了避免车身和后桥在横向产生过大的相对位移,要求横向推力杆与后桥之间的空间夹角尽可能小,即横向推力杆与后桥尽可能保持平行。

加强杆的作用是,把通过车桥传来的横向力同时分配给另一侧车身,使车身受力更均衡。

20世纪70年代以后出现了纵臂扭转梁式复合悬架,我国的桑塔纳、捷达轿车的后悬架就采用了它。悬架的弹性元件为螺旋弹簧,如图2-1-6所示。它有一根V形(或U形)断面的整体横梁(板厚为6mm),它相当于后车轴体,在车轴体两端焊接上变截面的管状纵臂形成一个整体构架(后轴体)。在纵臂的前端通过后轴体支架与车身做铰式连接,后轴体支架内部实际为橡胶—金属支承。纵臂的后端与轮毂、减振器相连。

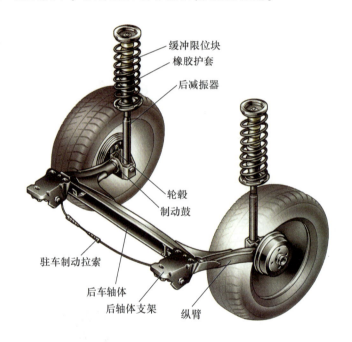

图2-1-6 纵臂扭转梁式半独立悬架

当汽车行驶时,车轮连同后轴体相对车身以橡胶—金属支承为支点做上下跳动。扭力横梁将把来自车身上的侧向力传给车轮,当两侧悬架变形不等时,则后轴体的V形断面横梁会发生扭转变形,因该横梁有较大的扭转弹性,故它可起横向稳定器的作用。这里要指出的是,纵臂扭转梁式复合悬架并不像普通带有整体轴的非独立悬架那样,一侧车轮的跳动完全影响另一侧车轮,但还是有一定程度的影响。从严格意义上来说,该悬架属于非独立悬架,但两车轮间的相关程度又稍弱一些,故又有人认为它是半独立悬架。

该悬架结构的另一特点是,由于橡胶—金属支承是不对称的橡胶楔形结构,其径向弹性小、轴向弹性大,因此,当汽车转弯行驶时,在侧向力的作用下,可以认为后轴只有轴向移动,而没有绕垂直轴线的偏转。也就是说，消除了后轴的自转向动作，从而保持了原设计的汽车转向特性。

单纵臂扭转梁式半独立悬架结构简单、性能可靠、悬架质量不会比独立悬架大。从安装角度来看，整个悬架很容易安装和拆卸；需要空间小；不需要任何控制臂和杆；只有较少的部件需要装配；只有两个衬套安装点，它们几乎对车轮跳动没有影响；横梁具有稳定杆的功能，不需要另设横向稳定器，其制造成本低。故它在前置前驱式中小型轿车上作为后桥（支持桥）得到广泛的应用。但不同厂商对该悬架的叫法并不统一，如H形扭力梁式悬架（广州本田飞度）、扭力梁式半独立悬架（上海通用雪佛兰乐驰）、拖曳臂式悬架（一汽丰田花冠）、复合扭转梁式半独立悬架（上海大众帕萨特、领驭）等。

2.6 独立悬架

在汽车悬架系统中，尤其是在轿车的前悬架中已无例外地采用了独立悬架，前后悬架均采用独立悬架的情况也越来越常见。

前已述及，独立悬架的结构特点是两侧的车轮各自独立地与车架或车身弹性连接，如图2-1-3b）所示，因而具有以下优点。

（1）在悬架弹性元件一定的变形范围内，两侧车轮可以单独运动，而互不影响，减小了对车身的影响，有利于提高舒适性。

（2）减少了汽车的非簧载质量。非簧载质量越小，悬架所受到的冲击荷载也越小，采用独立悬架可以提高汽车的平均行驶速度。

（3）左右车轮间无车桥直接联系（所谓采用断开式车桥），发动机总成的位置高度可以大大降低，使汽车的高度和质心下降，提高了汽车行驶稳定性。

（4）独立悬架允许前轮有较大的跳动空间，便于选择较软的弹性元件，有利于提高汽车行驶平顺性。

以上优点使独立悬架广泛地被应用在现代汽车上。独立悬架结构复杂，制造成本高，在使用中要定期维修、检查车轮定位（现笼统称作四轮定位）以维持汽车有良好的行驶性能和安全。否则，车轮定位参数的变化，如车轮外倾角、前束的改变，也会造成轮胎磨损加剧。

独立悬架中现多采用螺旋弹簧、扭杆弹簧或气体弹簧等作为弹性元件。独立悬架的结构类型也不少，通常按导向机构引导车轮运动形式的不同，分成以下五类，如图2-1-7所示：

（1）横臂式独立悬架：车轮在汽车横向平面内摆动的悬架，如图2-1-7a）所示。

（2）纵臂式独立悬架：车轮在汽车纵向平面内摆动的悬架，如图2-1-7b）所示。

（3）烛式悬架：车轮沿主销移动的悬架，如图2-1-7c）所示，侧向力全部由套在主销上的长套筒和主销承受，套筒与主销之间的摩擦阻力大，磨损严重。因此，这种结构形式目前很少采用。

(4)滑柱连杆式独立悬架,又称麦弗逊式独立悬架:车轮横向平面内摆动并且在上下跳动时沿摆动的滑柱移动的悬架,如图 2-1-7d)所示。

(5)单斜臂式独立悬架:车轮在汽车的斜向平面内摆动的悬架,如图 2-1-7e)所示。

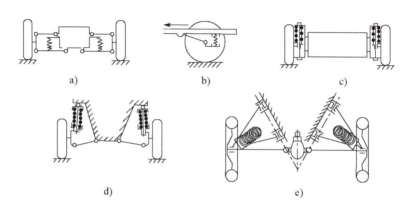

图 2-1-7 不同类型的独立悬架示意图

2.6.1 横臂式独立悬架

横臂式独立悬架分为单横臂式和双横臂式两种。

1)单横臂式独立悬架

单横臂式独立悬架的特点是当悬架变形时,车轮平面将产生横向倾斜,且改变两侧车轮与路面接触点间的距离——轮距,致使轮胎相对于地面有侧向滑移,破坏轮胎和地面的附着,如图 2-1-3b)所示。此外,这种悬架用于转向轮时,会使主销内倾角和车轮外倾角发生较大的变化,对于转向操纵有一定影响,因此目前在前悬架中很少采用。但是,由于结构简单、紧凑、布置方便等原因,在车速不太高的重型越野汽车上的后悬架也有采用。

2)双横臂式独立悬架

双横臂式独立悬架的两个摆臂长度可以相等,也可以不相等,如图 2-1-8 所示。图 2-1-8a)表明两摆臂等长的悬架,当车轮上下跳动时,车轮平面没有倾斜,但轮距却发生了较大的变化,这将增加车轮侧向滑移的可能性,加剧轮胎的磨损。在摆臂不等长的独立悬架中,如图 2-1-8b)所示,如将两臂长度选择适当,可以使车轮和主销的角度以及轮距的变化都不太大。不大的轮距变化在轮胎较软时可以由轮胎变形来适应,目前轿车的轮胎可容许轮距的改变在每个车轮上达到 4~5mm 而不致使车轮沿路面滑移。由此可见,摆臂不等长的双横臂式独立悬架既改善了汽车的乘坐舒适性和行驶平顺性,又保证了轮胎的寿命,所以在轿车前轮上的应用非常广泛。

从图 2-1-9 中可看到,摆臂不等长的双横臂式独立前悬架采用球头结构代替主销,变成无主销式结构,上、下球头销的连心线相当于主销轴线,转向时车轮即围绕此轴线偏转。奥迪 A4 轿车应用的就是不等长双横臂式独立悬架,参见图 2-1-1。

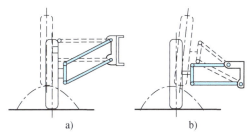

图 2-1-8 双横臂式独立悬架示意图
a）两摆臂等长的悬架；b）两摆臂不等长的悬架

图 2-1-9 双横臂式独立悬架

2.6.2 纵臂式独立悬架

纵臂式独立悬架分为单纵臂式和双纵臂式两种。

1）单纵臂式独立悬架

转向轮采用单纵臂独立悬架时，车轮上下跳动将使主销后倾角产生很大变化。因此，单纵臂式独立悬架一般多用于不转向的后轮。

如图 2-1-10 所示为神龙汽车有限公司生产的爱丽舍轿车的后悬架，它的弹性元件用的是扭杆弹簧。这种结构的两侧车轮不是各自独立地直接与车身弹性连接，而是通过组装成后桥总成（它包括左、右扭杆弹簧支承架，左、右扭杆弹簧，横向稳定杆套管等）后，用前、后自偏转弹性垫块将它与车身做弹性连接。两个单纵臂通过左、右扭杆弹簧与后桥总成弹性连接。当汽车转弯行驶时，在路面对车轮的侧向反力作用下，前、后自偏转弹性垫块产生侧向弹性变形。由于前、后自偏转弹性垫块的变形不同，使两后轮产生与两前轮转向相同的不太大的偏转角，从而减小了后轮的侧偏角，增强了不足转向特性。转弯行驶速度越高，不足转向特性越好，因此该车高速行驶的操纵稳定性更好些。这种后轮随前转向轮按同一方向稍做偏转的特性，称为后桥的随动转向功能。它是法国轿车最具独创性的特点。东风雪铁龙赛纳轿车及标致 307 的后悬架与该结构完全相同。

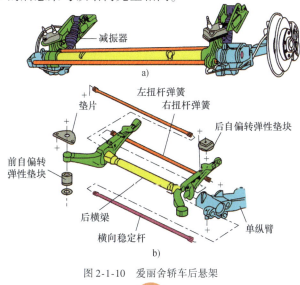

图 2-1-10 爱丽舍轿车后悬架

2)双纵臂式独立悬架

双纵臂式独立悬架的两个纵臂长度一般做成相等,形成平行四连杆机构。这样,在车轮上下跳动时,主销的后倾角保持不变,因此这种形式的悬架适用于转向轮。但由于占用空间较大,因此较少采用。

2.6.3 单斜臂式独立悬架

单斜臂式独立悬架(图 2-1-11)是介于单横臂和单纵臂之间的一种悬架结构形式,单斜臂的摆动轴线与汽车纵轴线成一定夹角 $\theta(0°<\theta<90°)$。适当地选择夹角 θ,可以调整轮距、车轮倾角、前束等使之变化最小,从而可获得良好的操纵稳定性。有的单斜臂式独立悬架在单斜臂上安装了一根辅助拉杆,称为控制前束杆,以控制前束的变化。

单斜臂式独立悬架兼有单横臂和单纵臂式独立悬架的优点,多用在后轮驱动汽车的后悬架上,如图 2-1-12 所示为采用空气弹簧单斜臂式独立悬架的梅赛德斯—奔驰 V 级的后桥。

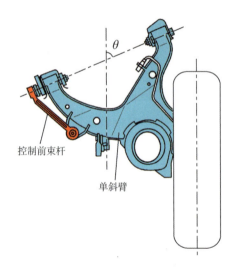
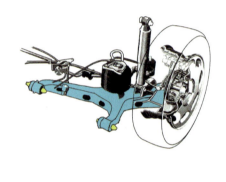

图 2-1-11　单斜臂式独立悬架　　　　图 2-1-12　梅赛德斯—奔驰 V 级的后桥

2.6.4 麦弗逊式独立悬架

麦弗逊式悬架也称滑柱连杆式悬架,它是由滑动立柱和横摆臂组成的。它是以国外汽车公司的工程师 Earle S. McPherson 的名字命名的。

图 2-1-13 所示为捷达轿车的麦弗逊式前独立悬架。筒式减振器的外面为滑动立柱(筒体),悬架横摆臂的内端通过铰链与车身相连,其外端通过球铰链与转向节相连。减振器的上端通过减振器内的柱塞连杆上的带轴承的隔振块总成(可看作减振器的上铰链点)与车身上的车轮翼子板相连,减振器的下端由外面的滑动立柱与转向节固定连接在一起。当车轮上下跳动时,减振器的下支点要随横摆臂摆动,同时减振器的滑动立柱要沿活塞连杆上下移动。

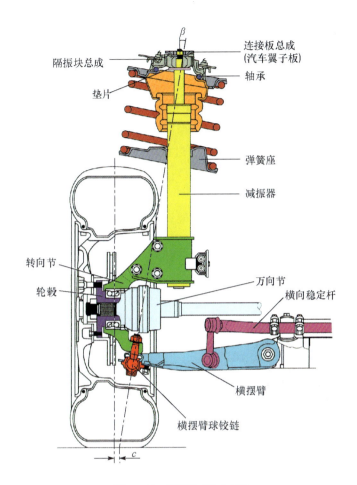

图 2-1-13 麦弗逊式独立悬架

该悬架突出的优点是增大了两前轮内侧的空间,便于发动机和其他一些部件的布置。在前置发动机前轮驱动的汽车上,当发动机横向布置时,发动机舱内部需要有足够的横向空间,特别是采用双横杆独立悬架要缩短其上臂长度,缩至极限就成为麦弗逊式悬架。从运动学的角度来看,麦氏悬架可看作为双横臂悬架的变形。麦弗逊式悬架将部分导向机构和减振器集成在一起,简化了结构、减轻了重量。作为前悬架,其主销轴线不是筒式减振器的轴线,而是由减振器上球铰中心与横摆臂外端的铰链中心的连线构成,所以也属于无主销结构。正因为球铰中心的外移,主销接地距可较小,甚至成为负值。

麦弗逊式悬架是目前前置前驱轿车和某些轻型客车首选的较好的悬架结构形式。

2.6.5 多连杆式独立悬架

独立悬架中多采用螺旋弹簧,对于侧向力及纵向力需加设导向装置即采用杆件来承受和传递,因而一些轿车上为减轻车重和简化结构采用多连杆式独立悬架。这种悬架是双横臂式独立悬架的改进。

通过多连杆可以增加约束条件,减少车轮的自由度,从而减少车轮在跳动过程中的定位参数的变化。因此多杆悬架系统应用范围越来越广。

多连杆悬架的优点：可以自由独立地确定主销偏移距，减小因径向荷载引起的干扰力和力矩；很好地控制了在制动和加速期间车的纵向点头运动；有利于控制车轮的前束、外倾和轮距宽度变化，因此具有良好操纵稳定性；可有效地降低轮胎的磨损，延长其使用寿命；从弹性运动学角度来看，在侧向力和纵向力条件下前束角的改变以及行驶舒适性都能得到精确的控制；车轮受力点分散，因此连杆可以制作得较细小，减轻了质量。多连杆悬架的缺点：由于连杆和衬套增多，导致费用增加；悬架运动过程中过约束的可能性增加。因此，在车轮垂直和纵向运动过程中衬套必须有必要的变形，对连接衬套的磨损比较敏感；对于相关的几何体位置和衬套硬度公差要求较高。

图 2-1-14 所示为雪铁龙 C5 轿车的后悬架。该悬架为多连杆机构，可调整前束，减少了非常规驾驶造成的磨损。多连杆机构具有很好的韧性，车身不易变形，操控性强。

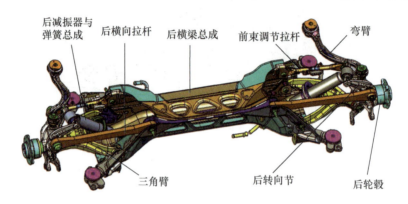

图 2-1-14　雪铁龙 C5 轿车后悬架

3 任务实施

3.1　准备工作

阅读维修手册，制订拆装方案，准备所需仪器、设备和工具。

3.2　操作流程

（1）拆下车轮。
（2）断开转向节与摆臂的球铰连接。
（3）拆下摆臂与副车架的连接螺栓，取下摆臂。
（4）按倒序安装新摆臂。

3.3　操作提示

更换新摆臂后，要重新调整车轮定位。

复习与思考题

1. 摆臂胶套损坏的故障现象是什么？
2. 什么是悬架？它由哪几部分组成？
3. 说明悬架如何分类。
4. 独立悬架有哪些优点？
5. 麦弗逊式独立悬架的主销轴线位置在哪里？

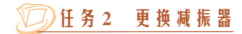

① 任务引入

车辆在颠簸路面上行驶时，底盘没有弹性，振动冲击明显，在颠簸路行驶一段时间后减振器外壳温度没有变化，而且外部发现有油污，经诊断为减振器损坏，需更换减振器。

② 相关理论知识

前已述及，悬架系统中的导向机构主要是承受来自地面对车轮的各项力及力矩，并控制车轮的运动轨迹，它工作性能的好坏主要是影响到车辆的操纵稳定性。而影响到车辆行驶的平顺性及乘坐的舒适性的悬架部件主要是弹性元件、减振器及横向稳定器。下面我们对这三个部件进行研究分析。

2.1 弹性元件

悬架采用的弹性元件常见的有钢板弹簧、螺旋弹簧、扭杆弹簧、空气弹簧和油气弹簧。钢板弹簧的有关知识可参见上一任务中钢板弹簧式非独立悬架的相关内容，这里不再赘述。我们这里介绍其他几种弹簧的结构特点。

2.1.1 螺旋弹簧

螺旋弹簧是在前后悬架中最常用的弹簧，它是弹簧钢杆卷制而成。可做成等螺矩或变螺矩的，前者刚度不变，后者刚度是可变的。除圆柱形外，也可制成圆锥形。在螺旋弹簧上施加荷载时，随着弹簧的收缩，整条钢杆扭曲，便储存了外力的能量，缓冲了振动。螺旋弹簧作为弹性元件，广泛地应用在汽车独立悬架中和有些轿车的后非独立悬架中。

螺旋弹簧与钢板弹簧相比，具有如下特点：
(1) 螺旋弹簧无须润滑，防污能力强。
(2) 螺旋弹簧单位质量的能量吸收率较高、质量小。
(3) 螺旋弹簧本身无减振作用，必须另装减振器。
(4) 螺旋弹簧只能承受垂直荷载，必须装设导向装置。

2.1.2 扭杆弹簧

扭杆弹簧通常简称为扭杆,它是用自身的扭转弹性来抵抗扭曲力的弹簧钢杆。扭杆的一端固定在车架或其他构件上,另一端连接在悬架的摆臂上。扭杆通常为纵向安装的,如图2-2-1所示。但也有一些是横向安装的,如图2-1-10所示。当车轮在不平路面行驶时,摆臂上下运动,使扭杆弹簧发生扭转变形,吸收来自路面的冲击。

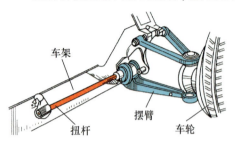

图2-2-1 扭杆弹簧

如通过改变扭杆弹簧固定端的角度,就改变了悬架系统的刚度。若将扭杆弹簧固定端转过一个角度,则摆臂的初始位置将相应地改变,这样不但可以改变悬架的刚度,还可以调节车架与车轮间的垂直距离(即调节车身高度)。

在制造过程中,对扭杆弹簧要预先施加扭转力矩,使杆内产生预应力以保证其疲劳强度,所以扭杆弹簧是有方向性的。左、右扭杆弹簧预加扭转力矩的方向与扭杆弹簧安装在车上后承受荷载时扭转的方向相同,不能互换,所以在左、右扭杆弹簧上都刻有"L""R"的标记,以示区别。

扭杆弹簧比钢板弹簧甚至比螺旋弹簧能储存更多的能量,因此它的质量更小。扭杆弹簧又有无须润滑以及安装所占空间小等特点。扭杆弹簧不能控制振动,所以需要与减振器一起使用。

2.1.3 气体弹簧

气体弹簧主要有空气弹簧和油气弹簧两种。气体弹簧是以空气作为弹性介质,即在一个密闭的容器内装入压缩空气(气压为 0.5~1MPa),利用气体的压缩弹性实现弹簧的作用。气体弹簧随着荷载的增加,容器内的压缩空气压力升高,其刚度也随之增加;荷载减少,刚度也随空气压力的降低而下降,因而这种弹簧具有较好的变刚度特性。空气弹簧可分为囊式和膜式两种,如图2-2-2所示。

囊式空气弹簧由夹有帘线的橡胶制成的气囊和密闭在其中的压缩空气构成。气囊外层由耐油橡胶制成单节或多节,节数越多弹簧越软,节与节之间围有钢质腰环,防止两节之间摩擦。气囊上下盖板将空气封于囊内。

膜式空气弹簧由橡胶片和金属压制件组成。它比气囊空气弹簧的弹性曲线更为理想,固有频率更低些,且尺寸小,便于布置,因而多用于轿车上。但其造价较贵,寿命较短。

油气弹簧的结构如图2-2-3所示,以气体(如氮等惰性气体)作为弹性介质,用油液作为传力介质,利用气体的可压缩性实现弹簧作用。图2-2-3b)所示为不带隔膜式的油气弹簧,这是一种简单的油气弹簧;图2-2-3a)所示为带隔膜式的油气弹簧,它将气体和液体分开,便于充气并防止油液乳化。

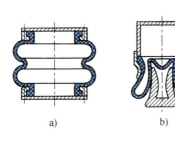 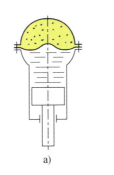 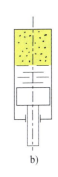

图 2-2-2　空气弹簧
a)囊式空气弹簧；b)膜式空气弹簧

图 2-2-3　油气弹簧
a)油气分隔式；b)油气不分隔式

油气弹簧具有良好的行驶平顺性，而且体积小、质量轻。但是对密封性要求很高，维护相对麻烦。目前这种弹簧多用于重型汽车和部分小型客车上。

由于气体弹簧只能承受垂直荷载，因此采用这种弹簧的悬架也必须加设导向装置和减振器。

2.1.4　橡胶弹簧

当橡胶弹簧由于外力而变形时，便产生内部摩擦，以吸收振动。橡胶弹簧的优点包括：可以制成任何形状；使用时无噪声；不需要润滑。但橡胶弹簧不适于支撑重荷载。所以，橡胶弹簧主要用作辅助弹簧，或用作悬架部件的衬套、垫片、垫块、挡块及其他支撑件。

2.2　减振器

汽车在行驶中四个车轮在垂直方向上会受到不同力的作用，悬架系统中的弹性元件受冲击会相应产生振动，因此需要在悬架中与弹性元件并联安装减振器，以衰减振动，提高汽车行驶的平顺性。

汽车悬架系统中通常采用液力减振器，其工作原理是当车架（或车身）与车桥（或车轮）间受振动出现相对运动时，减振器内的活塞上下移动，减振器内的油液便反复地从一个腔经过不同的空隙流入另一个腔内。此时，孔壁与油液间的摩擦和油液分子间的内摩擦消耗了振动的能量，而对振动形成阻尼力，使汽车振动能量转化为油液热能，再由减振器吸收散发到大气中。在油液通道载面等因素不变时，阻尼力随车架与车桥（或车轮）之间的相对运动速度的增减而增减，并与油液黏度有关。

弹性元件与减振器承担着缓冲和减振的任务，若阻尼力过大，振动衰减变得过快，使悬架的弹性元件的缓冲作用变差，甚至使减振器连接件及车架损坏。为解决弹性元件与减振器之间的这一矛盾，对减振器提出如下要求：

（1）在悬架压缩行程中（车桥和车架相互靠近），减振器阻尼力应较小，以便充分发挥弹性元件的弹性作用，缓和冲击。这时，弹性元件起主要作用。

（2）在悬架伸张行程中（车桥和车架相互远离），减振器阻尼力应较大，以迅速减振。此时减振器起主要作用。

(3) 当车架（或车身）与车桥（或车轮）间的相对运动速度过大时，要求减振器能自动加大流液量，使阻尼力始终保持在一定限度之内，以避免车架或车身承受过大的冲击荷载。

在汽车悬架系统中广泛采用的液力减振器是筒式减振器，由于其在压缩和伸张行程中均能起减振作用，因此又称为双向作用筒式减振器。

双向作用筒式减振器的工作原理如图 2-2-4 所示。外面的钢筒是防尘罩，上部有一圈环与车架（车身）连接。中间的钢筒是储油缸，内部装有一定量的减振器油，下部有一圈环与车桥相连。最里面的钢筒是工作缸，内部装满减振器油。在工作缸的内部，通过与防尘罩和上部圆环制成一体的活塞杆，其底端固定着活塞。活塞上装有伸张阀和流通阀，在工作缸的下部底座上装有压缩阀和补偿阀。为了使减振器能够满足工作要求，流通阀和补偿阀的弹簧相对比较软，较小的油压便可以打开或关闭。而压缩阀和伸张阀的弹簧相对比较硬，只有当油压增大到一定的程度时，才能打开；而只要油压稍有下降，阀门立刻关闭。

双向作用筒式减振器的工作过程如下：

压缩行程时，减振器被压缩，汽车车轮移近车身，减振器内的活塞向下移动，下腔的容积减小，油压升高。大部分油液冲开流通阀流入上腔，由于上腔被活塞杆占去了一部分空间，因而上腔增加的容积小于下腔减小的容积，于是另一部分油液就推开压缩阀，流回到储油缸内。油液通过阀孔时，所形成的节流作用就产生了对悬架受压缩运动的阻尼作用。

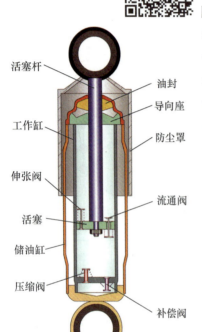

图 2-2-4　双向作用筒式减振器

伸张行程时，减振器受拉伸，车轮远离车身，这时减振器的活塞向上移动，上腔油压升高，流通阀被关闭，上腔内的油液压开伸张阀流入下腔。由于活塞杆的存在，自上腔流来的油液不足以充满下腔增加的容积，促使下腔产生一定的真空度，这时储油缸中的油液推开补偿阀流进下腔进行补充。这些阀的节流就对悬架在伸张运动时起到阻尼作用。

由于伸张阀弹簧的刚度和预紧力设计得大于压缩阀，在同样力的作用下，伸张阀及相应的常通缝隙通道的截面积总和少于压缩阀及相应常通缝隙通道的截面积总和，这使得减振器伸张行程产生的阻尼力大于压缩行程时产生的阻尼力，从而达到迅速减振的要求。

2.3　横向稳定器

现代轿车悬架很软，即固有频率很低。汽车高速行驶转弯时，车身会产生较大的侧向倾斜和侧向角振动。为了提高悬架的侧倾角刚度，减小侧倾，常在悬架中加设横向稳定器，如图 2-2-5 所示。

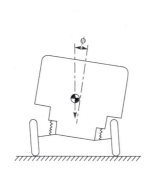 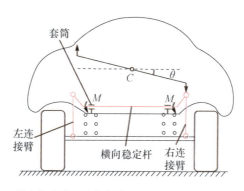

图 2-2-5　横向稳定器结构示意图

由弹簧钢制成的横向稳定杆呈 U 形，安装在汽车紧靠悬架的前端或后端（有的轿车前后都装有横向稳定器）。稳定杆的中部自由支撑在两个固定于车架上的橡胶套筒内，而套筒固定在车架上，稳定杆两侧纵向部分的末端通过支杆与悬架下摆臂上的弹簧支座相连。

当车身受到振动而两侧悬架变形量相等时，横向稳定杆在套管内自由转动，此时横向稳定杆不起作用。当两侧悬架变形量不等，车身相对路面发生倾斜时，弹性的稳定杆产生扭转内力矩就阻碍了悬架弹簧的变形，从而减小了车身的侧倾和侧向角振动。即车架的一侧移近弹簧下支座，稳定杆的同侧末端就相对车架向上抬起，而另一侧车架远离弹簧座，相应一侧横向稳定杆的末端应相对车架下移。同时，横向稳定杆中部对于车架没有相对运动，而稳定杆两边的纵向部分向不同方向偏转，于是稳定杆被扭转。

普通横向稳定器避免了汽车在正常行驶过程中出现过大的横向倾斜，由于横向稳定杆的扭转刚度不可变，因此存在以下的缺点：当汽车行驶在凹凸不平的路面时，横向稳定器的存在，阻碍了左右车轮间的相对上下跳动，增加了车身的颠簸，反而削弱了独立悬架的平顺性。可采用主动式横向稳定器解决以上问题。

图 2-2-6 给出了宝马 E60 主动横向稳定控制系统，图 2-2-7 给出了该车主动稳定控制双向液压阀的结构和工作原理。该系统包括双向液压阀、电子控制单元、液压油泵、主动式横向稳定液压控制阀以及前后轴车身位置传感器等。

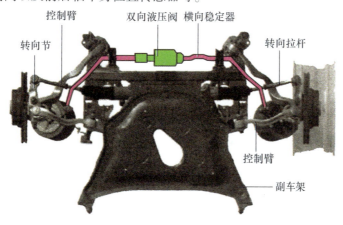

图 2-2-6　宝马 E60 主动横向稳定控制系统

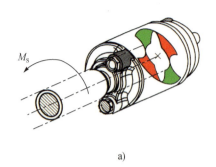
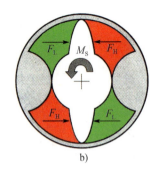

图 2-2-7　宝马 E60 主动稳定控制双向液压阀的结构和工作原理

该系统的横向稳定器被分为两段,中间通过一个双向液压阀连接,横向稳定器的一段与双向液压阀的阀芯相连。双向液压阀阀芯上的叶片把阀体分成四个液压室:液压室被分为两组,对角液压室相通,压力相同,分别与液压控制阀连接;相邻液压室通过油封隔断。双向液压阀通过控制系统可以完成以下动作。

(1) 两组液压室压力不同(F_H,F_L),在横向稳定器内建立扭矩 M_S,以此平衡车身的侧倾力力矩,液压差大则侧倾刚度大,实现双向可变横向稳定刚度控制,即车速高、离心力大时抗侧倾刚度大,车速低、离心力小时抗侧倾刚度小,从而满足汽车在普通行驶状态下对横向稳定功能的要求。

(2) 两组液压室无压力,横向稳定器实际断开不起作用,满足汽车在颠簸的路况下减少车身摇摆的要求。

(3) 系统失灵时进入保护模式,两组液压室被关闭,压力相同,此时系统与普通横向稳定器的功能相同。

3 任务实施

3.1 准备工作

阅读维修手册,制订拆装方案,准备所需仪器、设备和工具。

3.2 操作流程

(1) 在举升机上支稳车辆。
(2) 卸下车轮。
(3) 拆下减振器总成。
(4) 对于减振器与螺旋弹簧套在一起的,再用专用工具将二者分开。
(5) 更换新的减振器时,按与拆卸相反的顺序安装。

3.3 操作提示

(1) 拆装减振器与弹簧组件时,专用工具与弹簧的卡紧必须可靠,确保安全。

（2）弹簧与减振器和上弹簧盖的相互安装位置必须正确,符合技术要求。

复习与思考题

1. 减振器损坏的故障现象有哪些？
2. 悬架所采用的弹性元件常见的有哪几种？
3. 扭杆弹簧安装时需要注意哪些问题？
4. 横向稳定器的作用是什么？
5. 简述宝马 E60 主动横向稳定控制系统的双向液压阀的结构和工作原理。

任务3　更换与修补轮胎

1 任务引入

轮胎达到磨损极限或使用周期必须更换新胎,轮胎扎伤需对其修补。

2 相关理论知识

通常所说的汽车车轮实际上应称为车轮总成,它包括两个部分：车轮与轮胎。车轮根据所用的材料不同有钢质和铝合金之分,它由轮辋和轮辐组成,如图 2-3-1 所示。轮辋用来安装轮胎,轮辐用来连接轮辋和轮毂,轮辐有辐板式和辐条式两类。辐板式的轮辐上通常开有几个大孔,便于拆装、轮胎充气及制动鼓散热等,同时也减轻了重量。

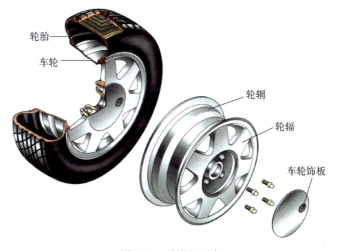

图 2-3-1　车轮的组成

汽车车轮总成,特别是轮胎对汽车的行驶、使用性能有很大影响,应对它们有充分的了解。

2.1 轮胎的结构

轮胎(这里主要指无内胎轮胎或有内胎轮胎的外胎)的结构基本上分成两类：斜交胎和

子午线胎。两者结构基本一致,只是帘布层排列上的差异,而造成了一些差别。

2.1.1 斜交胎

斜交胎在发达国家一般不再采用。斜交胎的侧壁不易受损,这是它的最大的优点,因此在道路很不好的地区仍有采用。

斜交胎的结构基本上由胎面、缓冲层、帘布层和胎圈四部分组成,如图2-3-2所示。

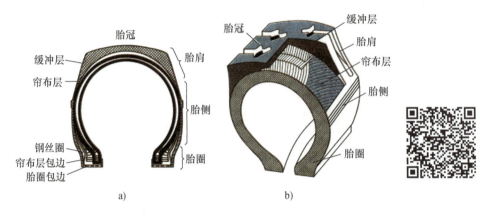

图 2-3-2 外胎结构

a) 外胎剖视图;b) 外胎名称图

1) 胎面

它是轮胎的外表面,包括胎冠、胎肩和胎侧三部分。

胎冠也称行驶面,用耐磨的橡胶制成,它直接承受摩擦和全部荷载,并保护胎体免受机械损伤。为了使轮胎与地面有良好的附着性能和排水性能,防止纵横向滑移等,在胎冠上有着各种形式的花纹。

胎肩是较厚的胎冠和较薄的胎侧间的过渡部分,一般也制有花纹,以利于散热。

胎侧是贴在胎体帘布层侧壁的薄橡胶层,它的主要作用是保护胎侧部分的帘布层免受机械损伤及水分侵蚀。胎侧不与地面接触,一般不磨损,但在行驶过程中,不断地在荷载作用下弯曲变形,所以要求它具有良好的耐疲劳性能和抗老化性能。

2) 帘布层

它是轮胎承载的骨架,也称为胎体,主要材料有棉线、人造丝、尼龙、聚酯纤维和钢丝等。其主要作用是承受负荷(汽车重力、路面冲击和内部气压)、保持轮胎外缘尺寸和形状。帘布层通常由多层胶化的棉线或其他纤维编织物所叠成。帘布层的帘线按一定的角度交叉排列,如图2-3-3所示。斜交胎的帘线一般与轮胎中心平面成小于90°角排列,一般为20°~40°,并且从一侧胎边穿过胎面到另一侧胎边,层层相叠,成为胎体的基础,所以称为斜交轮胎。为使其负荷均匀分布,帘布层数多为偶数。帘布层数越多轮胎强度越大,但是其弹性越

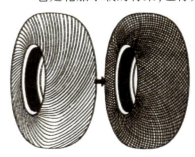

图 2-3-3 斜交胎帘布层帘线排列方式

低。帘布层多少要根据轮胎承受的负荷、内压以及轮胎的类别和用途来确定。

3) 缓冲层

它位于胎冠和帘布层之间,是用富有较大弹性的橡胶和两层或数层挂胶稀帘布制成,质软而弹性大。其作用是加强胎冠和帘布层的结合,防止轮胎在转动或制动过程中因胎冠和帘布层之间变形相差过大而出现剥落现象,并且直接缓和路面传来的各种冲击。

4) 胎圈

它是帘线末端折起将钢丝环包住形成的,是帘布层(胎体)的根基,它有较大的刚度和强度,使轮胎牢固地装在轮辋上,由钢丝圈、帘布层包边和胎圈包布组成。

斜交轮胎的优点是:轮胎噪声小,外胎面柔软,价格也较子午线轮胎便宜。

它的缺点是:转向行驶时,接地面积小,胎冠滑移大,抗侧向力能力较差,滚动阻力较大,油耗偏高,高速行驶时稳定性和承载能力也不如子午线胎。

2.1.2 子午线胎

目前轿车上几乎都装用子午线胎,其结构与斜交胎基本相同,只是因为帘布层的排列方式不同而使其具有如下结构特点。

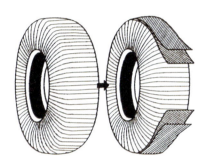

图 2-3-4 子午线胎帘布层帘线排列方式

(1) 帘布层帘线排列的方向与轮胎的子午断面(横截面)一致,即与轮胎中心平面成 90°角,如图 2-3-4 所示。由于帘线如此排列,使其强度得到充分利用。子午线轮胎的帘布层数一般可比普通斜交胎减少 40%~50%,其胎体较柔软。

(2) 帘线在圆周方向上只靠橡胶来联系,因此,为了承受行驶时产生的较大切向力,子午线胎具有若干层帘线与子午断面呈大角度(交角为 70°~75°)、高强度、不易拉伸的周向环形的类似缓冲层的带束层。带束层通常采用强度较高、拉伸变形很小的织物帘布(如玻璃纤维、聚酰胺纤维等高强度材料)或钢丝帘布制造。

子午线胎和斜交胎的结构相比,子午线胎帘布层帘线排列的方向与轮胎的子午断面一致,即帘线排列成辐射状,所以强度大,层数少,胎侧部分较柔软。但是,由于胎面内侧有带束层,从而提高了外胎面(胎冠)的刚度。而斜交胎的帘布层帘线是按斜线交叉排列的,因而从外胎面(胎冠)到胎侧的柔软度是均匀的。

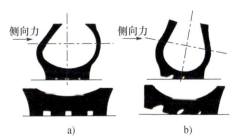

图 2-3-5 子午线胎和斜交胎在承受侧向力时的变形状况
a) 子午线胎; b) 斜交胎

子午线胎由于外胎面(胎冠)刚性大,而胎侧部分柔软,所以在侧向力的作用下,胎侧变形较大,胎冠的接地面积基本不变,如图 2-3-5a) 所示。而斜交胎在侧向力的作用下胎侧变形不大,但使整个轮胎发生倾斜,结果使轮胎胎冠的接地面积减小,如图 2-3-5b) 所示。可见,轮胎在承受侧向力时,子午线胎具有明显的优越性。

综上所述,子午线胎的优点是:

(1)接地面积大,附着性能好,胎面滑移小,抗湿滑能力强。

(2)胎冠较厚且有坚硬的带束层,不易刺穿,安全性好;行驶时变形小,滚动阻力小,可降低油耗3%~8%。

(3)因为帘布层数少,胎侧薄,所以散热性能好,适于长时间行驶。

(4)径向弹性大,缓冲性能好,有利于提高汽车行驶平顺性。

它的缺点是:因胎侧较薄,胎冠较厚,在其与胎侧的过渡区易产生裂口,汽车超载和胎压不正确会使轮胎早期损坏,特别是轮胎气压超过标准气压时易爆胎;由于胎侧柔软,受侧向力时变形较大,导致汽车横向稳定性差;制造技术要求高,成本也高。

由于子午线胎性能明显优越于斜交胎,因此在轿车上被普遍采用,在货车上也越来越多地被采用,如东风EQ1090E型、东风EQ2080E型、解放CA1091型等载货汽车和越野汽车上的轮胎,均为子午线胎。

2.1.3 内胎

以上提到的斜交胎或子午胎,都属轮胎的外胎,实际上除了重型专用工程机械采用实心轮胎外,现代汽车几乎全部采用充气轮胎。充气轮胎可分成有内胎和无内胎两种。若轮胎内无内胎,则轮胎胎体内表面有一层厚1.5~3.0mm的胶质气密层,它具有很高的抗气体渗透能力。此外,无内胎轮胎的胎圈结构,应保证它与车轮轮辋(钢圈)间具有气密性极好的紧密配合。这就要求它有更精良的制造工艺,材料要求也更高。如果做不到,只能采用单独的内胎充气。所谓内胎实际上为环形的橡胶气囊,装于轮胎胎体之中,充入压缩空气后形成胎压,使轮胎富有弹性而获得承载和缓冲的能力。

无内胎轮胎与有内胎轮胎相比较具有如下特点:

(1)无内胎轮胎穿孔时压力不会急剧下降,仍然能继续安全行驶。

(2)无内胎轮胎中由于没有内胎,故不存在内外胎的摩擦和夹卡而引起的损坏。

(3)无内胎轮胎可以直接通过轮辋散热,所以轮胎工作温度低,使用寿命长。

(4)无内胎轮胎结构简单,质量较小。

无内胎轮胎近年来应用非常广泛,轿车几乎均使用无内胎轮胎。

2.2 轮胎花纹

轮胎胎面和地面接触,它除了要保护轮胎滚动中胎体免受地面的伤害以外,还希望有很好的抓地能力,为轮胎提供足够的牵引力、制动力、抗侧滑的横向力,以便汽车能在各种路面情况下(平坦和粗糙的硬路面、干或湿的路面、泥泞路、冰雪路面、沙地等)可靠行驶。轮胎所具有的抓地能力除了和胎面材料的性质有关外,在很大程度上还要靠胎面的花纹来保证。由于路面情况复杂,单一的胎面花纹适应能力有限,为了保证汽车在不同路面上良好的行驶能力,胎面上的花纹有多种形状。

总的来说,轮胎胎面花纹起两个主要功能:
(1)在轮胎上作用有纵向和横向力时,能较好地咬住地面。
(2)在有水的路面,能将水排挤走,不会形成水膜使轮胎失去附着。

以上两个功能,总的目的是使轮胎在路面上滚动时尽量减少滑溜。为了确保以上两个功能,轮胎花纹基本要素有以下这些:

(1)胎面花纹条——胎面花纹连续成条状的凸起部分,如图2-3-6a)、b)所示。

(2)胎面花纹块——胎面花纹相互之间有一定距离,而又各自独立或部分连续凸起成块状部分,如图2-3-6c)、d)所示。

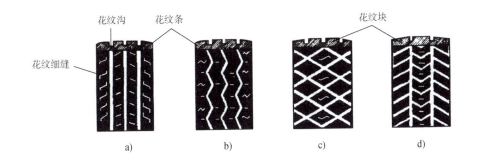

图 2-3-6 轮胎花纹要素

a)周向花纹直沟、胎面花纹有细缝;b)周向花纹折沟、胎面花纹有细缝;c)菱形花纹块斜沟、中间花纹有细缝;
d)斜花纹块条沟、中部 V 形花纹块有细缝

胎面的花纹条和花纹块在行驶或制动过程中抵抗摩擦力,保护胎体。

(3)胎面花纹沟——胎面花纹块或花纹条之间的凹下部分,主要作排水用,如图2-3-6a)、b)、c)、d)所示。

(4)胎面花纹细缝——胎面花纹凸起部分上的细缝,其宽度通常不超过1.5mm。如图2-3-6a)、b)、c)、d)所示。从图中可以看到这种细缝像刀的切口呈直线或者呈"z"字形,其主要作用是使车辆在高转矩和高侧向力下有较好的纵向断面弹性。

依据上面这些花纹要素,结合汽车的不同行驶路面状况,形成花样很多的轮胎花纹,但是,主要有三种类型:普通花纹、混合花纹和越野花纹。普通花纹的特点是花纹细而浅,花纹块接地面积大,因而耐磨性和附着性较好,适用于较好的硬路面,如图2-3-7a)所示。越野花纹的特点是凹部深而宽,在软路面上与地面的附着性好,越野能力强,适用于矿山、建筑工地以及其他一些松软路面上使用的越野汽车轮胎,如图2-3-7b)、c)、d)所示。当安装人字形越野花纹轮胎时,如图2-3-7d)所示,驱动轮胎面花纹的尖端与车辆前进时旋转方向一致,以免花纹之间被泥土所填塞。越野花纹轮胎不宜在较好的硬路面上使用,否则行驶阻力加大且加速花纹的磨损。混合花纹的特点介于普通花纹与越野花纹之间,兼顾了两者的使用要求,既适用于在城市的硬路面上又适用于在乡村之间的土路面上行驶的汽车轮胎,如图2-3-7e)所示。

　　　a)　　　　　b)　　　　　c)　　　　　d)　　　　　e)

图 2-3-7　轮胎花纹

a)普通花纹轮胎；b)、c)、d)越野花纹轮胎；e)混合花纹轮胎

2.3　轮胎的规格及标记

2.3.1　轮胎的规格

轮胎的规格可用外胎直径 D、轮辋直径 d、断面宽 B 和断面高 H 的名义尺寸代号表示，如图 2-3-8 所示。

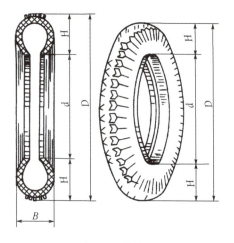

图 2-3-8　轮胎尺寸标记

（1）斜交轮胎规格：我国采用国际标准，斜交轮胎的规格用 $B\text{-}d$ 表示，载货汽车斜交轮胎和轿车斜交轮胎的尺寸 B 和 d 均用 in（英寸）为单位，B 是轮胎名义断面宽度代号，d 是轮辋名义直径代号。示例如下：9.00—20，其中 9.00 表示轮胎断面宽度为 9.00in，20 表示轮辋直径为 20in。

（2）子午线轮胎规格：国产子午线轮胎规格用 BRd 表示，其中 R 代表子午线轮胎（即"Radial"的第一个字母）。国产轿车子午线轮胎断面宽 B 已全部改用公制单位 mm，载货汽车轮胎断面宽 B 有英制单位 in 和公制单位 mm 两种，而轮辋直径 d 的单位仍用 in。

随着轮胎的扁平化，仅用断面宽 B 和轮辋直径 d 已不能完全表示轮胎的规格。即在断面宽 B 相同的情况下，断面高 H 随不同扁平率而变化。轮胎按其扁平率（高宽比）划分系列，目前国产轿车子午线轮胎有 80、75、70、65 和 60 等 5 个系列，数字分别表示断面高 H 是断面宽 B 的 80%、75%、70%、65% 和 60%。显然，数字越小，胎越矮，即轮胎越扁平。示例如下：175/70R13，其中 175 表示轮胎的断面宽度为 175mm，70 表示 $H/B \times 100 = 70$，即扁平率为 70%，R 表示子午线轮胎的标记，13 表示轮辋直径为 13in(33.02cm)。

（3）无内胎轮胎规格：按国标 GB/T 2977—2016《载重汽车轮胎规格、尺寸、气压与负荷》规定，载重汽车普通断面子午线无内胎轮胎规格用 BRd 表示。有些子午线轮胎，采用在规格中加 TL 标志。例如：轮胎 195/70R14TL 表示轮胎的断面宽度为 195mm，扁平率为 70%（$H/B \times 100 = 70$），子午线轮胎，轮辋直径为 14in，最后"TL"表示无内胎轮胎。

2.3.2 轮胎的速度等级

近年来,汽车和轮胎的性能都有很大的提高,要求轮胎的速度性能和汽车的最高速相匹配。为此,轮胎需表明其速度等级。国际标准化组织(ISO)制定的,并且已为一些国家所采用的速度标号标志的特点是对各种速度均给一个代号,见表2-3-1。该表规定的速度等级代号既适用于轿车轮胎,也适用于货车轮胎,但是它们的含义不完全相同。对于轿车轮胎(P到S级),是指不许超过的最高速度;对于货车轮胎(F到N级),是指随负荷降低可以超过的参考速度。

我国参照采用了国际标准化组织(ISO)规定的速度标志。根据GB/T 2978—2014《轿车轮胎规格、尺寸、气压与负荷》规定,轿车轮胎采用表2-3-1中速度标志符号及对应的最高行驶速度。同时还要求对于不同轮辋直径的轮胎,最高行驶速度应符合表中的规定。

速度符号与最高速度对应表　　　　表2-3-1

速度标志	速度(km/h)	速度标志	速度(km/h)
C	60	P	150
D	65	Q	160
E	70	R	170
F	80	S	180
G	90	T	190
J	100	H	210
K	110	V	240
L	120	W	270
M	130	Y	300
N	140	—	—

例如:轿车子午线轮胎185/70R13S规格中的S即表示速度等级为S,允许的最高行驶速度为180km/h。

2.3.3 轮胎的负荷能力

轮胎的负荷能力是指在一定行驶速度和相应充气压力时的最大载质量,它的表示方法有三种:

(1)以"层级"(PR)表示:这是最早的表示方法,轮胎上表示的层级并不代表实际的帘线层数,只代表近似于棉帘线层数的载质量。例如:9.00—20—14层级全钢丝子午线轮胎,实际胎体钢丝帘线只有一层,但它的载质量却相当于14层棉帘线9.00—20斜交轮胎。

(2)以"负荷指数"表示:这是目前国际上子午线胎普遍采用的表示方法,以阿拉伯数字标记在轮胎侧面。如9.00R20原来14层级的子午线胎,如今在轮胎胎侧上标为900R20140137,表示单胎负荷指数为140,相当于载质量2500kg,双胎负荷指数为137,相当于载质量为2300kg。

(3)以"负荷级别"表示:这是美国为了避免"层级"这种表示方法容易同实际层数混淆而采用的替代方法,以拉丁字母表示。例如:"G"表示相当于同规格轮胎14层级的载质量。负荷级别与层数的对应关系见表2-3-2。

负荷级别与层数的对应关系　　　　　　　表2-3-2

负荷级别	对应层数	负荷级别	对应层数	负荷级别	对应层数
A	2	E	10	J	18
B	4	F	12	L	20
C	6	G	14	M	22
D	8	H	16	N	24

我国国家标准规定以"层级"表示负荷能力。但用引进技术生产的子午线胎,以及有的国内轮胎厂生产的子午线轮胎,还同时标明"负荷指数"或"负荷级别"。

在这三种表示方法中,因为"负荷指数"直接代表载质量,而且可以在轮胎上同时标明单胎和双胎的"负荷指数",所以对使用者来讲是最方便的。而要知道每一个轮胎规格的"层数"和"负荷级别"所代表的载质量,还要查每个轮胎规格的标准规定,相对较麻烦。

2.3.4　轮胎的胎侧标志

根据国际的有关规定,也为了方便使用者维修与购置,每条外胎两侧上必须模刻上规格、制造厂商和厂名(或地点)、标准轮辋、生产编号、骨架材料及结构代号;轿车轮胎还须标有速度级别代号和胎面磨耗标志位置的符号;载货汽车轮胎还须标有层级;胎面花纹有行驶方向的,还须有行驶方向标志。

(1)轮胎规格、速度级别代号和层级等的含义如前所述。

(2)轮辋的种类,通常可分为平式、半深式和深式三种。标准轮辋指每种规格的轮胎应配用的轮辋。其型号的表示方法是,一般前面的数字表示宽度(单位为in),中间的英文字母表示边缘高度与弧度半径,最后的数字表示直径(单位为in)。而在直径前面的符号,平式轮辋一般用"-"、深式及半深式用"×"表示。

图2-3-9　轮胎磨损指示标志

(3)生产编号是用生产年、月和连续顺序号组成的一串数字来表示。

(4)骨架材料指帘布材料,一般用字母表示。

(5)胎面磨耗标志或称防滑标记,即是稍微高出轮胎花纹沟槽底部的凸台,如图2-3-9所示。随着轮胎行驶里程增加、轮胎磨损、花纹沟槽变浅,此时露出凸台,说明轮胎花纹即将磨尽,若不更换,可能造成行驶中轮胎打滑,引发交通事故。因此,为了便于检查轮胎的磨损,通常在磨耗标志对应的胎肩处标记出"△"或"TWI"等符号。

2.4 轮胎的换位

按时进行轮胎换位可使轮胎磨损均匀,延长其使用寿命。一般按照《车主手册》上规定的行驶里程数间隔和换位方法来进行轮胎换位,或者当目测检查出过度的或者不均匀的胎面磨损之后进行换位。通常,每行驶10000km进行一次轮胎换位。

轮胎换位应根据轮胎的不同特点采用不同的换位方法。常用的有单边换位和交叉换位两种方法,如图2-3-10所示。需要注意的是,当轮胎表面花纹具有方向性或者是不对称花纹时,必须采用单边换位法,如图2-3-10c)所示。

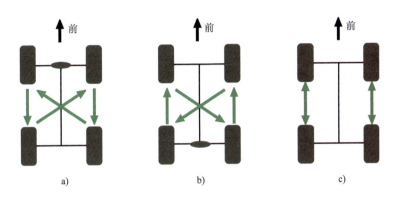

图2-3-10 四轮两桥轿车轮胎换位法
a)前驱车辆;b)后驱及四驱车辆;c)所有车辆

现代轿车所配置的备胎多为非全尺寸备胎,所以此类备胎不参与轮胎换位。有少数车辆备胎为全尺寸备胎,方可参与轮胎换位,方法是:轮胎换位时,把备胎安放在右后轮的位置处,将应该换到右后轮的轮胎换下作备胎。

轮胎换位后,应按照前后位置的不同要求,重新调整气压。

现代汽车厂商为了节约成本,有些乘用车的备胎尺寸与行车用轮胎不一样,这种情况的备胎不参与换位。

轮胎换位时及换位后应注意什么问题呢?轮胎换位一定要注意"四同",即同一厂型、同一尺寸、同一花纹、同一规格(胎体帘线层数、允许充气压力与负荷能力)。也就是说,如果车辆因爆胎等其他因素仅将个别轮胎更换了厂型或花纹,也有的车主使用了尺寸稍有变化的备胎,这时就不能简单地进行轮胎换位,只有在厂型、尺寸、花纹、规格四者相同的情况下方可进行轮胎换位,否则也会造成跑偏等现象。轮胎换位时要注意因漏气补过的轮胎尽量做备胎或安装于非驱动轮使用,保证把状况最好的轮胎装于驱动轮,以避免爆胎导致方向失控。

此外,轮胎换位之后,最好做一次动平衡和四轮定位。轮胎换位的同时,也要进行动平衡测试,如果轮毂两侧的配重不平均,能导致车辆在行驶中,转向盘抖动,车身不稳。所以通常情况下,轮胎换位与动平衡是同时进行的。再有就是轮胎的首次轮换非常重要,请不要忘记在每次轮胎换位后根据车辆制造商的建议调整胎压。

2.5 车轮与轮胎的平衡

车轮与轮胎是高速旋转的组件,如果不平衡,会使其在超过某一速度行驶时产生共振,造成轮胎爆破,引发交通事故。不平衡也会引起底盘总成零部件损伤,使转向节上的磨损增加,减振器和其他悬架元件的变形。就车轮本身而言,由于装有气门嘴,同时还与轮胎和传动轴等传动装置旋转部件组装在一起,产生不平衡在所难免,必须进行平衡的检测与调整。

2.5.1 静平衡

静平衡是质量围绕车轮等量分配,简单地说就是车轮在静止时平衡。实际上,不管将车轮垂直装在主轴或平衡机上,还是水平装在平衡机上,车轮在车轴上处于任何位置都能保持不转动,这就达到了静平衡。静不平衡的车轮旋转时会造成跳动,可能引起轮胎的不均匀磨损。

静不平衡的车轮总有转动趋向,直到重的部分转到最下方才能静止,为了对重的部分进行平衡,可将一块配重直接加到车轮重的部分的对面,就是通过增加平衡块来进行静平衡的调整。可以将平衡块放在车轮内侧或车轮外侧,还可以将重的部分的对面车轮内外侧各放一块相等的平衡块。

2.5.2 动平衡

动平衡是在中心线每一侧使质量等量分配,简单地说就是使车轮在运动中平衡。轮胎旋转时,没有从一侧移到另一侧的趋势,就达到了动平衡。动不平衡的车轮会引起车轮摆动和磨损,关键是存在着不平衡质量所产生的力和力偶的作用。为了纠正动不平衡,在不平衡点处,互成180°放置相等的平衡块,一块在车轮内侧,一块在车轮外侧。这样可纠正由于质量不平衡而致使车轮摆动的力偶作用。注意既要达到动平衡又要保证静平衡不受影响。

2.6 智能轮胎

智能轮胎内装有计算机芯片,或将计算机芯片与胎体相连接,它能自动监控并调节轮胎的行驶温度和气压,使其在不同情况下都能保持最佳的运行状态,既提高了安全系数,又节省了开支。

3 任务实施

3.1 准备工作

阅读维修手册,制订拆装方案,准备所需仪器、设备和工具。

3.2 操作流程

3.2.1 轮胎维修

在轮胎拆卸机上拆下轮胎,进行轮胎修补。修补的方法基本上有三种:

（1）塞修理。塞修理是最普遍的方法，将一个稍大于扎伤孔尺寸的塞放在工具上的眼中，从轮胎内侧将塞插入被扎伤的孔中，同时夹住并拉紧塞的长端。该塞必须伸出胎和内衬里表面。如果该塞一下子很容易穿过，则应将其抛弃并重复插入，卸掉工具，修剪该塞至内衬里表面距离 1/32in。剪切时，不要拉动该塞。

（2）冷补片修理。采用冷补片时，注意仔细清除补片背面。在刺伤区涂敷补胎液，稍干后将补片贴在刺伤区，并使其与轮胎结合牢靠。修理子午线帘布层轮胎时，必须采用符合要求的专用补片，这些专用补片有成排的箭头，必须与径向帘布层平行。

（3）热补片修理。轮胎热补片的用法和冷补片相似，区别是将热补片夹在刺伤区加热使补片粘牢。

3.2.2 车轮动平衡的检测及调整

轮胎修补之后破坏了原胎的动平衡，需要重新对其进行检测。轮胎动平衡检测仪如图 2-3-11 所示。

车轮动平衡的检测及调整方法如下：

（1）从车上卸下轮胎（车轮组件），对被测车轮进行清洁，去掉泥土、砂石，拆掉旧平衡块。

（2）将轮胎充气至规定气压值。

（3）将车轮安装在平衡机上。

（4）打开电源开关，检查指示装置是否正确指示。

（5）键入轮辋直径、宽度，测出轮边缘到机箱之间的距离并键入。

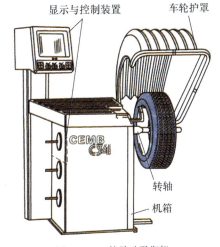

图 2-3-11　轮胎动平衡仪

（6）放下防护罩，按下启动键，开始测量。

（7）当车轮自动停转后，从指示装置读出车轮内、外动不平衡量和位置。

（8）用手慢慢旋转车轮，当动平衡机指示装置发出信号时，停止转动车轮。

（9）将动平衡机显示的动不平衡量按内、外位置，置于车轮十二点位置的轮辋边缘并装卡牢固。

（10）重新起动动平衡机，进行动平衡试验，直至动不平衡量 <5g，机器显示合格。

（11）最后取下车轮，关闭电源，测试结束。

由于动平衡的车轮一定处于静平衡状态，因此，只要检测了动平衡，就没有必要检测静平衡。

3.3 操作提示

（1）拆卸轮胎时不要划伤胎圈，以防影响密封。

（2）全车轮胎拆下做动平衡时，要做标记，防止影响轮胎换位。

复习与思考题

1. 轮胎包括哪些部件？
2. 轮胎花纹有哪些种类？安装人字形花纹需要注意的问题是什么？
3. 说明轮胎规格：225/60R17H。
4. 车轮静不平衡和动不平衡引起的故障现象有什么不同？
5. 简述车轮动平衡的检测和调整方法。

任务4　更换轮毂轴承

❶ 任务引入

车辆行驶时车轮有异响而且轮毂发热，经诊断为轮轴承损坏所致，需对其更换。

❷ 相关理论知识

车轮的轮毂通过轴承安装在车桥两端的短轴上，因前桥通常为转向桥具有转向节，其轮毂轴承的装配与后桥不同。另外，车桥可以与独立悬架匹配，也可以与非独立悬架匹配，更换轮毂轴承的拆装过程也不相同。我们分别予以分析。

2.1　前桥

2.1.1　与非独立悬架匹配的前转向桥

汽车非独立悬架的前桥结构大体相同，主要由前轴、转向节、主销等几个部分组成。如图2-4-1所示为非独立悬架汽车转向桥（常用于货车）。前轴的工字梁在两端加粗的拳部有通孔，通过主销和转向节连接。转向节前端用内外两个圆锥滚子轴承，与轮毂和制动鼓连接，并通过锁止螺母，前轮毂轴承调整螺母与转向节安装成一体。轮毂与车轮用螺栓连接，其内端轮毂轴承采用润滑脂润滑。为防止润滑脂侵入制动鼓，影响制动功能，在内端轴承内侧装有油封和油封垫圈，外轴承外端用轮毂盖加以防尘。内外轮毂轴承的预紧度是需要调整的，方法是将调整螺母拧紧使轮毂转动困难，再将调整螺母退回1/6～1/4圈，感到轮毂转动灵活即可。调好后用锁止垫圈、锁圈和锁紧螺母锁紧即可。前轴工作时主要承受垂直弯矩，因而前轴采用工字形断面以提高前轴的抗弯强度，同时减轻自重，另外在车辆制动时，前轴还要承受转矩和弯矩，因此从弹簧处逐渐由工字形断面过渡到方形（或圆形）断面，以提高扭转刚度，同时保持断面的等强度。在前轴上平面加工有钢板弹簧座，其平面略高于前轴平面，并通过U形螺栓将钢板弹簧固定。左右两端安装转向节，转向节两耳部有通孔，通过主销与前轴两端相接。车轮可绕转向主销偏转，从而实现汽车转向。转向节内端两耳部通孔内压入减磨青铜衬套,销孔端部用盖板封住,并通过转向节上的滑脂嘴注入润滑脂。下耳于前轴拳部之间装有推力轴承,减少转向阻力,使转向轻便;上耳于前轴拳部之间装有调整垫片,用来调整转向节叉的轴向间隙。靠转向节根部有一方形凸缘,用以固定制动底板。左转向节两耳上端的锥形孔用来安装转向节上臂,下端的锥形孔分别用以安装左右转向梯形臂。

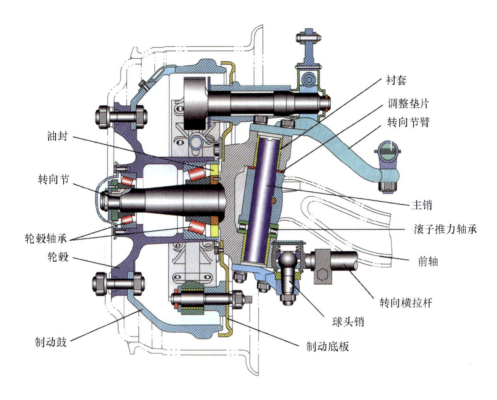

图 2-4-1　非独立悬架前转向桥

2.1.2　与独立悬架匹配的前转向桥

现代轿车大部分采用独立悬架的结构形式后,两左右前轮之间已不存在车桥实体,它已和独立悬架的结构融合在一起,如图 2-4-2 所示。但是对于前置前驱布置形式的轿车而言,为了叙述方便,习惯上仍称为前桥。前轮轴承就装于前桥的前轮轮毂和转向节(也称为轴承座)之间。前桥既是转向桥,又是驱动桥。其转向节部分结构如图 2-4-3 所示,主要由转向节、轮毂总成及与转向节相连的断开式传动轴总成等组成。前轮毂通过轴承和转向节压合在一起,传动轴外半轴上的外花键和前轮毂的内花键相连,然后通过轴头螺母将前轮毂和传动轴外半轴固定连在一起。前轮毂外端和制动盘及车轮总成连在一起。转向节的上端通过螺栓与悬架弹簧及减振器组件相连。转向节的下端通过转向球头与悬架控制臂相连。此外转向节上还安装有转向横拉杆,其连接方式为球铰连接。

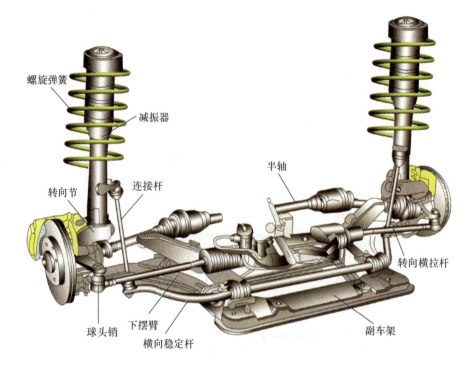

图 2-4-2 独立悬架前转向桥

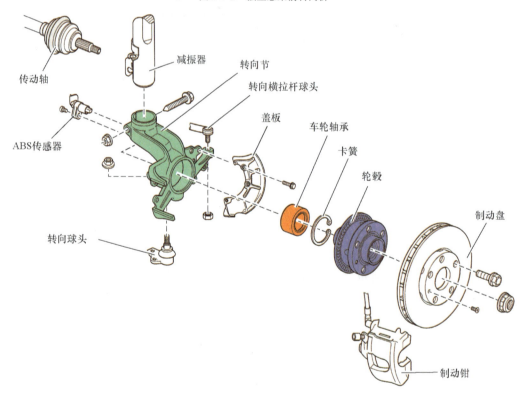

图 2-4-3 独立悬架转向节结构

2.2 后桥

轿车后桥通常为从动桥,一般采用非独立悬架。如图 2-4-4 所示,整个后桥通过两个纵摆臂及后悬架与车身相连。纵摆臂端头有凸缘用来固定轮毂轴。轮毂轴上装有轴承内圈和带有轴承的轮毂,轮毂上安有制动盘,在制动器处于非制动状态下制动盘能自由转动。轮毂轴外端部加工有螺纹,将轮毂装上,然后拧上自锁螺母。最外端安装的是防尘盖,以防止灰尘和泥水进入轴承,也可防止轴承润滑脂外溢。

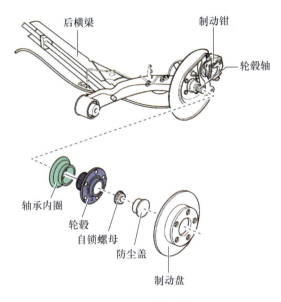

图 2-4-4 后桥轮毂的结构

3 任务实施

3.1 准备工作

阅读维修手册,制订拆装方案,准备所需仪器、设备和工具。

3.2 操纵流程

车轮轴承的拆卸:
(1)拆下车轮。
(2)拆下车轮轴承座(或轮毂)。
(3)拆下轴承。
车轮轴承的安装以相反顺序进行。

3.3 操作提示

(1)自锁螺母每次拆卸后要更换新件。

(2) 不允许损坏轮毂轴的螺纹。
(3) 防尘盖每次拆卸后更换,并保证安装后的防尘盖密封可靠。
(4) 维修前悬架时,不要松开制动管,并用金属线将制动钳挂起。
(5) 如果前轮更换了车轮轴承座,则汽车必须进行定位检测。
(6) 安装车轮轴承或轮毂时,一定要压到止点位置。

复习与思考题

1. 轮毂轴承损坏的故障现象是什么?
2. 简述非独立悬架前转向桥的结构。
3. 简述轮毂内外圆锥滚子轴承预紧度的调整方法。
4. 简述独立悬架转向节部分的结构。
5. 简述更换轮毂轴承的注意事项。

任务5 检查与调整车轮定位

1 任务引入

轮胎偏磨或车辆行驶时跑偏,需对车轮定位进行检查,必要时进行调整。

2 相关理论知识

2.1 车轮定位

为了保证汽车直线行驶的稳定性和操纵的轻便性,并保证转向轮在每一瞬间均为纯滚动,减少轮胎和其他机件的磨损,汽车的转向轮、转向节、前轴这三者在车架上的安装应保持一定的相对位置关系,这种安装位置就称为车轮定位。车轮定位通常是指汽车转向轮的定位,由于大多数汽车均采用前轮转向,因此车轮定位又被称为前轮定位。

汽车的前轮定位参数包括主销后倾角、主销内倾角、前轮外倾角和前轮前束。这些定位参数的共同作用是:使汽车保持直线行驶的稳定性;使汽车的转向操纵轻便;使转向轮在每一瞬间均接近向正前方滚动而无滑动,以减轻轮胎的磨损。

现代汽车的材料质量、零部件制造精度、装配工艺等与以前相比均有了极大的提高,尤其是乘用车的车速越来越高,路面质量越来越好,而且大部分乘用车均为前轮驱动,并采用压力很低的子午线轮胎,这些因素决定了现代汽车的车轮定位参数与传统汽车的车轮定位参数相比有了很大的差异,其定位机理也发生了相应的变化。

2.1.1 主销后倾角

主销后倾角是主销轴线(转向轴线)向后倾斜的角度,即从汽车纵向平面观察时,转向轴线与垂直线之间的角度,用 γ 表示,一般为 2°～3°,如图 2-5-1 所示。主销后倾角一般是将前轴连同悬架安装在车架上,使前轴向后倾斜而形成的。

车辆向左或向右转向时,车轮会围绕转向轴线转动,对于独立悬架而言,因结构较非独立悬架发生了根本的变化,已不存在主销实体,转向轴线为通过减振器上支撑轴承圆心和下悬架支臂球节球心之间假想的直线。

由于主销具有后倾角,使主销轴线与路面的交点 a(转点)位于转向轮与路面的交点 b(力点)之前,这样,力点到主销轴线之间就有一距离 L 称为主销后倾移距。在汽车直线行驶中,当转向轮偶遇外力作用而偏转做曲线运动时,由

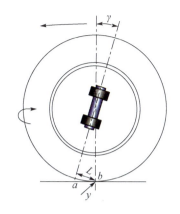

图 2-5-1　主销后倾

于汽车本身离心力的作用,路面对车轮产生的侧向推力 y 将会对转向轮产生一个绕主销轴线作用的回正力矩 yL,其方向与车轮的偏转方向相反。在此力矩作用下,转向轮回复到原来的中间位置,而保持了汽车直线行驶的稳定性。

由此可见,决定由主销后倾角引起的车轮回正力矩大小的因素有两个:一是主销后倾角的大小,二是汽车行驶速度的高低。显然,主销后倾角越大,回正力矩也越大,汽车直线行驶的稳定效应就越强。但是,回正力矩过大,将引起转向轮回正过猛,从而加剧转向轮的振摆。并且,为了克服此稳定力矩,驾驶员在转向时必须在转向盘上施加较大的力,即转向沉重。另外,现代汽车的设计车速越来越高,加上公路的路面条件越来越好,汽车的行驶速度在不断提高,因此汽车高速通过弯路时由主销后倾角引起的回正力矩也越来越大。为了避免汽车在高速时转向沉重,所以主销后倾角在不断地减小,接近于零,有的甚至主销轴线向前倾斜称为负主销后倾角。

2.1.2　主销内倾角

在汽车的横向平面内,主销上部向内倾斜一个角度,这个主销轴线与垂直线之间的夹角 $β$ 称为主销内倾角,如图 2-5-2a)所示。通常,主销内倾角不大于 8°。主销内倾角是通过前桥及悬架的结构设计来保证。主销轴线与地面的交点到车轮中心平面与地面交线的距离 c,称为接地距。接地距有正负之分,接地距在车轮中心内侧为正,在外侧为负。

主销内倾角有使车轮自动回正的作用,如图 2-5-2b)所示。当转向轮在外力作用下由中间位置发生偏转一角度(为了解释方便,图中画成 180°,即转到轴对称位置)时,车轮的最低点将陷入路面以下 h 处,但实际上车轮是不可能陷入路面以下的,而是将转向轮连同整个汽车前部向上抬起一个相应的高度。这样,汽车本

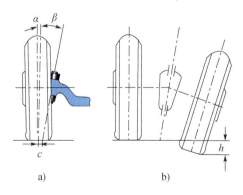

图 2-5-2　主销内倾

身就具有了一定的重力势能,一旦外力消失,转向轮便在汽车重力势能的作用下回复到原来的中间位置,即自动回正效应。

此外,主销的内倾还使得接地距 c 减小,如图 2-5-2a)所示。从而使转向时路面作用于前轮上的阻力矩减小(因力臂 c 减小),使转向操纵轻便,同时也可减小因路面不平而从转向轮传到转向盘上的冲击力,对延长转向系统的使用寿命有一定的好处。但 c 值也不宜过小,如当 $c=0$ 转向时,车轮绕主销偏转的过程中,轮胎的滚动受到阻碍,而变成轮胎胎面的擦地滑动,因而增加了轮胎与路面间的摩擦阻力。这不仅使转向变得沉重,而且加速了轮胎的磨损。因此,一般内倾角不大于 $8°$,接地距 c 一般为标准轮胎宽度的 10%~25% 较为合适。

现代汽车的速度比以前有了很大的提高,为了具有良好的高速行驶稳定性,其主销内倾角均较大。例如,东风雪铁龙 C4L 型轿车的主销内倾角为 $13°$。有些现代高速汽车的主销内倾角甚至大到使接地距为负值,这样一来,在按对角线布置的双管路制动系中,如果左右车轮处的路面附着情况不一样,使左右两侧车轮的制动力不相等,制动力就会形成一个与汽车跑偏方向相反的抗偏力矩,从而抵消或减轻汽车在紧急制动时的跑偏现象,提高汽车高速行驶时的安全性。

为了分析主销接地距 c 对车辆制动时的稳定性的影响,我们设定三种情况:零接地距、正接地距和负接地距。假设左轮制动力大,右轮小,由于汽车惯性的存在,其向前的惯性力作用于汽车质心处。车辆在这些外力作用下,将因接地距的不同而显现不同的后果。

(1)对于零接地距的车辆,由于左轮制动力大于右轮,其合力偏向于左,它和惯性力形成力偶,有使汽车向左跑偏的趋势,如图 2-5-3 所示。

(2)对于正接地距的车辆,除了上面的跑偏力矩外,左轮上的制动力对于主销轴线还要形成向左的跑偏力矩(右轮制动力小略去不计),这样更加重向左跑偏,如图 2-5-4 所示。

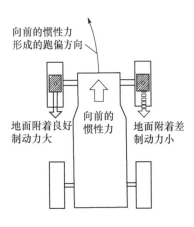

图 2-5-3 零接地距制动跑偏图

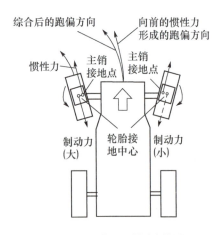

图 2-5-4 正接地距制动跑偏图

(3)对于负接地距的车辆,恰好和正接地距的情况相反,左轮有向右跑偏的趋势,综合了第 1 种情况后,跑偏的因素相互抵消,维持了汽车的直行,如图 2-5-5 所示。

原则上说，主销接地距最好是负值，但这势必要增加主销的内倾角，过大的内倾角对转向操纵不利，因此许多车辆的前轮接地距仍为正值。但是要指出，制动系中双管路采用 X 形布置时（详见制动系），通常都是负接地距。因为此种布置形式，若一条管路失效，虽然另一条对角线方向上的两个车轮（必是一前一后），即左前右后或左后右前，能保证左右各有一个车轮产生一个围绕质心旋向相反的力矩，但是，由于制动时质心前移而使得前轮的制动力大于后轮的，所以前轮对汽车质心产生的旋转力矩也大于后轮的，而使得左右两个车轮对汽车质心产生的两个方向相反的旋转力矩大小不能互相

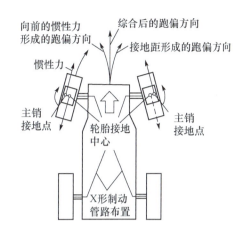

图 2-5-5　负接地跑制动不跑偏

抵消，仍有使汽车向有制动作用的前轮侧跑偏的趋势。主销的负接地距能使有制动作用的前轮产生向内侧（即无制动作用的前轮侧）回转的力矩，从而有效地减小制动跑偏。

2.1.3　前轮外倾角

从汽车的前、后方向看车轮，车轮并非是垂直安装的，而是稍微有些倾斜的。在横向平面内，前轮中心平面向外倾斜的角度称为前轮外倾角，如图 2-5-6 所示。车轮呈"八"字形张开时称为负外倾角，车轮呈"V"字形张开时称为正外倾角。前轮外倾角是由转向节的设计及装配保证。设计时使转向节轴颈与水平面成一角度，该角度即为前轮外倾角。对于独立悬架，外倾角可通过调整予以校正。

正外倾角的作用是使前轮在重负荷时接近垂直路面滚动而无滑动，减小了轮胎的偏磨，也可以减小转向阻力，使转向操纵更轻便。同时，正外倾角减小了重载时车轮内倾时路面对车轮的垂直反作用力沿轮毂的轴向分力对轮毂外端小轴承的负荷，增加了它们的使用寿命，提高了前轮工作的安全性。

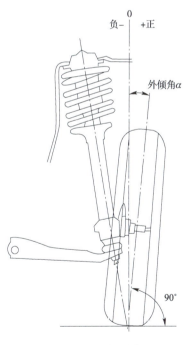

图 2-5-6　前轮外倾

正外倾角的情况主要适用于应用斜交轮胎的时期。在现代汽车上，扁平的子午线轮胎不断普及，由于子午线轮胎的特性（轮胎花纹刚性大，胎体比较软，外胎面比较宽），若仍设定较大的外倾角，会使轮胎发生偏磨，缩短轮胎的使用寿命。

汽车高速化后，高速转向时离心力增大，使得外侧悬架和轮胎负荷增大，加剧了外侧轮胎的"滚锥"变形（因为轮胎是软的，在车轮外倾或车身因转向而产生侧倾时，实际滚动的车

轮为内侧直径大而外侧直径小的锥体,所以称为滚锥变形),而内侧车轮滚锥变形减小,使内、外侧车轮在滚动的同时必然发生滑动,加速了轮胎的不均匀磨损,增加了行驶阻力,同时还会造成转向不足,降低汽车的转向性能。因此,高速化汽车的急转向工况要求前轮外倾角减小,甚至为负外倾角,以改善转向性能,增强汽车的转向稳定性。

2.1.4 前轮前束

俯视汽车的车轮,两个前轮的旋转平面并不是完全平行的,而是稍微带有一些角度,这种现象称为前轮前束,如图 2-5-7 所示。对于前轮前束的度量有两种方法:左右两车轮前后轮缘的差值,即 $A-B$;或前束角 δ(车轮中心平面和汽车纵向平面的夹角)。前束有正负之分,像内"八"字形一样前端小后端大的称为前束或正前束,像外"八"字形一样后端小前端大的称为后束或负前束。前轮前束可通过改变横拉杆的长度来调整。

前轮前束的作用是消除由于车轮外倾引起的前轮"滚锥效应"。当车轮具有外倾角后,滚动时就类似于圆锥滚动,从而导致两侧车轮向外滚开,但由于转向横拉杆和车桥的约束,车轮不可能向外滚开,所以车轮将在地面上出现边滚边向内滑移的现象,增加了轮胎的横向偏磨,增大了轮毂轴承的负荷。为了消除车轮外倾带来的这种不良后果,在安装车轮时,采取了使两前轮的中心平面不平行的措施,即两前轮前边缘的距离小于后边缘的距离,这样就可以使车轮在每一瞬间滚动时方向都接近于正前方,从而在很大程度上减轻和消除了由于前轮外倾而引起的不良后果,如图 2-5-8 所示。

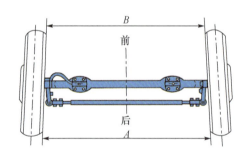

图 2-5-7 前轮前束

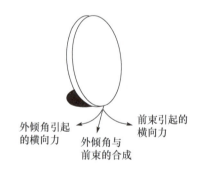

图 2-5-8 前束的作用

前轮前束与前轮外倾角有较大的相关性,二者必须协调作用,才能保证前轮在汽车行驶中纯滚动而无滑动。现在既然前轮外倾角减小了,有时甚至为负外倾角,那么前轮前束也就相应地减小了,有时甚至为负前束。

几种车型前轮定位值见表 2-5-1 所列。

几种车型前轮定位数据　　　　　　表 2-5-1

车　　型	主销后倾角	主销内倾角	前轮外倾角	前轮前束值
大众迈腾	7°23′±30′	—	−32′±30′	10′±10′
丰田 RAV4	2°45′±45′	11°26′±45′	5°50′±45′	1±2mm
丰田皇冠	6°45′±45′	8°50′±45′	0°10′±45′	1±2mm

续上表

车　　型	主销后倾角	主销内倾角	前轮外倾角	前轮前束值
蒙迪欧致胜	4°10′~2°6′	—	0°27′~-1°59′	1.4±2.5mm
一汽奔腾 B70	3°35′±1°05′	6°36′	-0°16′±39′	2±2mm
雪铁龙 C4L	5.2°±0.5°	13.0° (+0.4°/-0.6°)	-0.3° (+0.6°/-0.4°)	-2.5±1mm

2.2 后轮也要定位

车轮定位参数通常都针对汽车的前转向轮而言。但是，随着汽车技术的发展，汽车的行驶速度越来越高，特别是有些前置前驱的高速轿车在进行前轮定位的同时后轮也需要定位，也就是通常所说的四轮定位。后轮定位通常包括外倾角和前束，其定位机理与前轮一样。后轮定位的好坏，对轮胎磨损和汽车的操纵性也有很大影响。如图 2-5-9，汽车的驱动力 F 通过纵臂或车身作用于后轴上。如果车轮没有前束角，当汽车高速行驶时，在很大的驱动力 F 作用下，后轴将产生一定弯曲，使车轮出现前张现象，而预先设置的前束角

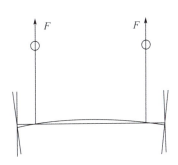

图 2-5-9　驱动力作用在后轴上的示意图

就是用来抵消这种前张的。后轮外倾角也设置成负值，它有两个作用：

（1）由于外倾角是负值，可增加车轮接地点的跨度，增加汽车的横向稳定性；

（2）负外倾角是用来抵消当汽车高速行驶且驱动力 F 较大时，车轮出现的负前束（前张），以减少轮胎的磨损。后车轮前束角和外倾角有的车可调整，有的车不可调整，依车型而定。

另外，有的车辆加载后悬架下沉就会引起车轮外倾角改变。为了对荷载进行补偿，采用独立后悬架的车辆有的也设有一个较小的正后轮外倾角。后轮外倾角的正负及大小，与悬架、车辆设计等多方面因素有关。但是，理想状态是 4 个车轮的运动外倾角和运动前束均为零，这样轮胎和路面接触良好，从而得到最佳的牵引性能和操纵性能。

在汽车使用过程中，转向机构与车桥的配合副磨损、零件变形或松动以及车身变形等，都将引起原来已确定的车轮定位角发生变化，甚至使其超限。因此，在汽车使用过程中，必须定期检测和调整车轮定位参数，以保证行车安全。

3 任务实施

3.1 准备工作

阅读维修手册，制订拆装方案，准备所需仪器、设备和工具。

3.2 操作流程

（1）将车开到举升机上，使车轮位于转盘中心，拉紧驻车制动手柄，取下转盘锁销。

(2)固定卡爪，安装传感器，并调整为水平位置。

(3)转向盘摆正后，用转向盘锁定杆锁定，然后制动杆下端抵住制动踏板，上端卡在座椅上，使汽车处于制动状态。

(4)起动电脑，选择车系和车型。

(5)选择检测项目，确定后电脑进行检测，并将结果显示在屏幕上。

(6)根据屏幕上显示的结果对各车轮定位进行调整，直到合格为止。

(7)合格后完善车辆信息连同结果存档并打印。

3.3 操作提示

(1)在被测车辆开上举升机之前，需要检查四个车轮的胎压是否符合标准胎压，轮胎花纹是否严重磨损。

(2)确保转角盘和后滑板的固定销都插好之后，再将被测车辆开上举升机。

(3)注意在传感器的定位轴上要涂抹稀的润滑油（不能涂黄油），以防止长时间插拔后造成定位轴磨损，无法准确安装到位，影响测量精度。

(4)前轮外倾角的调整按照车辆底盘的结构可分为两种，一种是需要举升前轴使前轴车轮悬空才能调整外倾角；另一种是不需要举升前轴就可调整外倾角。

(5)调整后检测：将举升机降回到调整前测量时的高度，将举升机锁止在水平安全位置。进入调整后测量步骤，此时屏幕上显示出当前的两前轮的单独前束值。按F3键前进，其余步骤与调整前检测的步骤相同。

如果在此步骤中显示的两前轮的单独前束值与定位调整过程中调整好的前束值有较大差别，原因可能是因为在调整结束后，将车辆落下来的过程中，转向盘位置发生了改变，导致两前轮的位置改变。因此每个车轮的单独前束值会与定位调整时的值不同，但前轮总前束不会改变。但由于进入调整后检测时所显示的前轮单独前束值会被记录，并在最后的测量结果中显示出来，从而使得调整结果报告中的前轮单独前束值有可能为不合格。而实际情况是前轮总前束是合格的，只是因为转向盘没有对中而导致单独前束值处在允许范围之外。为防止这种情况出现，在调整后测量步骤中，如果发现所显示的每个车轮的单独前束值与定位调整时的值有较大不同时，按F3键前进，直到屏幕上出现对中转向盘的图示后，依图示对中转向盘。然后按F4键退出调整后检测步骤，再重新进入调整后检测步骤。此时因为有了前一步的转向盘对中，所以屏幕上显示的应为转向盘对中情况下的前束值，正是我们所需要的值。如果这时候的前束值在允许范围之内，则表明定位调整合格，如果此时前束值仍不合格，则表明上一步的定位调整没有做好，还需要再回到定位调整步骤中再进行一遍调整。

复习与思考题

1. 车轮定位不准的故障现象是什么？
2. 什么是车轮定位？车轮定位包括哪些参数？它们的作用是什么？

3. 前轮前束有哪些度量方法？如何调整前轮前束？
4. 前轮前束和前轮外倾的关系是什么？
5. 简述车轮定位检查和调整流程。

任务6　检测电控悬架

1 任务引入

制动时，车身出现"点头"现象，经检测为悬架的 ECU 故障，需要更换新的悬架 ECU。

2 相关理论知识

2.1 电控悬架的类别

汽车的悬架一般由弹性元件、减振器和导向元件组成。其作用是连接车身与车轮，以适当的刚性支撑车轮，并吸收路面的冲击，改善车辆的舒适性和平顺性；还可以稳定汽车行驶，改善操纵性。悬架作用中的平顺性与操纵稳定性有着相互矛盾的关系。若想改善汽车的舒适性和平顺性而采用较软的弹性元件，那么就会增加转弯时的侧倾及加速或制动时的前后颠簸，从而使操纵稳定性变差。同样，若想改善汽车的操纵稳定性而采用较硬的弹性元件，那么将增加汽车对路面不平度的敏感性，从而降低平顺性。如何解决两者之间的矛盾，只能根据汽车的用途按经验和优化设计的方法加以确定。对于传统悬架，当其结构确定后，就具有固定的悬架刚度和阻尼系数，在汽车行驶的过程中不能根据行驶条件人为地或者自动地进行动态调节，因此称为被动悬架。

随着电子技术的发展，电子控制悬架系统（简称电控悬架）出现了。它是通过电子控制单元（ECU）来控制相应的执行元件，改变悬架特性以适应各种复杂的行驶工况对悬架系统的不同要求，从而使舒适性、平顺性和操纵稳定性同时得到改善。电控悬架可以根据行驶条件主动地调节悬架刚度和阻尼系数，突破被动悬架的局限区域，因此，电控悬架是一种主动悬架。电控悬架在其电子控制装置的控制下，能根据接受的外界信息或车辆本身状态的变化，进行动态的自适应性调节，即电控悬架没有固定的悬架刚度和阻尼系数，这样可以随着道路条件的变化和行驶需要的不同要求自动调节，从根本上解决平顺性和操纵稳定性之间的矛盾，提高汽车的使用性能。

电控悬架按其是否包括动力源可分为主动悬架（有源主动悬架）和半主动悬架（无源主动悬架）两大类。

半主动悬架又称无源主动悬架，因为它没有一个动力源为悬架系统提供连续的能量输入，所以在半主动悬架系统中改变弹簧刚度要比改变阻尼状态困难得多，因此半主动悬架通常不考虑调节悬架刚度，而只对悬架的阻尼系数进行调节。半主动悬架系统的优点是工作时几乎不消耗动力，结构简单，而且有能达到与全主动悬架相近的性能，故应用较广泛。

半主动悬架按阻尼级别又可分成有级式和无级式两种。

(1) 有级式半主动悬架：它是将悬架系统中的阻尼分成两级、三级或更多级，可由驾驶员选择或根据传感器信号自动进行选择所需要的阻尼级。也就是说，可以根据路面条件（好路或坏路）和汽车的行驶状态（转弯或制动）等，来调节悬架的阻尼级，使悬架适应外界环境的变化，从而可较大幅度地提高汽车的行驶平顺性和操纵稳定性。

(2) 无级式半主动悬架：它是根据汽车行驶的路面条件和行驶状态，对悬架系统的阻尼在几毫秒内由最小变到最大进行无级调节。

主动悬架是一种具有做功能力的悬架，它包括传感器、电子控制单元（ECU）、执行器以及能源系统。因此，主动悬架需要一个动力源（液压泵或空气压缩机等）为悬架系统提供连续的动力输入。当汽车荷载、行驶速度、路面状况等行驶条件发生变化时，主动悬架系统能自动调整车身高度、悬架刚度，从而同时满足汽车的行驶平顺性和操纵稳定性等各方面的要求。目前，主动悬架系统根据控制的介质可分为主动空气悬架、主动油气悬架和主动液力悬架三种，但见到最多的是主动空气悬架。主动悬架的控制机构是由ECU和传感器等组成的闭环控制系统，通过传感器监测道路条件、汽车的运行状况和驾驶员的需求，按照设定的控制规律向执行机构（空气弹簧、动力源等）适时地发出控制信号，以调节车身高度、悬架刚度和阻尼系数。

2.2 电控悬架的功用

电控悬架的功用可以概括为下面两点：
(1) 弹簧弹性系数（刚度）与阻尼系数（减振力）的控制。
(2) 高度调整功能。

2.3 电控悬架的工作原理

电控悬架的传感器包括车高传感器、车速传感器、节气门位置传感器、转向传感器和制动开关、停车灯开关、车门开关等，这些传感器将相关信号转变成电信号传给电控单元，电控单元通过运算处理，控制空气弹簧等执行器进行适应性调节，保持车辆平顺性和操纵稳定性。空气压缩机产生的压缩空气送入空气弹簧的空气室中，ECU根据汽车高度信号，控制压缩机和排气阀充气或排气，使空气弹簧伸长或压缩从而达到控制车辆高度。同时ECU根据车速、转向、加速、制动、车高等信号，通过控制阀改变空气弹簧主、副气室间的流通面积，进行弹簧刚度的调节；并通过控制减振器中的旋转阀，通、断油孔改变节流孔的数量，使阀体中减振液的流通快慢发生变化，从而改变减振器的阻尼系数。

2.4 电控悬架的控制逻辑

丰田的TEMS（TOYOTA Electronic Modulated Suspension的英文缩写）系统采用的是主动式空气悬架，我们以它为例阐述电控悬架的控制逻辑，其组成如图2-6-1所示。该系统对车高、弹簧刚度和减振器阻尼力可同时控制，且各自可以取三种数值：软（低）、中、硬（高），其所取数值由电子控制单元根据当时的运行条件和驾驶员选定的控制方式决定。驾驶员可以通过安装在中间操纵盒内的选择器开关,选择想要的控制模式:NORMAL(标准)——常规值自动控制;SPORT(运动)——高值自动控制。

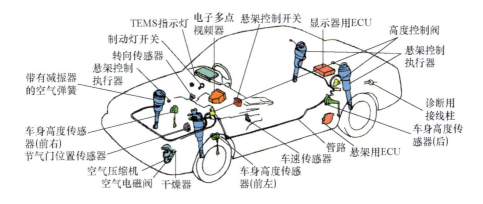

图 2-6-1　主动式空气悬架的构成

1)利用弹簧刚度/减振器阻尼力进行控制

(1)抗"后坐":通过传感器检测加速踏板移动速度和位移。当车速低于 20km/h 且加速度大时(急起步加速),ECU 通过执行器将弹簧刚度和减振器阻尼力调到高值,从而抵抗汽车起步时车身"后坐"。如果此时驾驶员选择了"常规值自动控制"状态,则弹簧刚度和减振器阻尼力由软调至硬;如果此时驾驶员选择了"高速行驶自动控制"状态,则刚度和阻尼力由中调至硬。

(2)抗侧倾:由装于转向轴的光电式转向传感器检测转向盘的操作状况。在急转弯时,ECU 通过执行器使弹簧刚度和减振器阻尼力转换到高(硬)值,以抵抗车身侧倾。

(3)抗"点头":在车速高于 60km/h 时紧急制动,ECU 通过执行器使弹簧刚度和减振器阻尼力调到高(硬)值,而不管驾驶员选择了何种控制状态,以抵抗车身前部的下俯。

(4)高速感应:当车速大于 110km/h 时,系统将使弹簧刚度和减振器阻尼力调至中间值,从而提高高速行驶时的操纵稳定性。即使驾驶员选择了"常规值自动控制"状态(刚度和阻尼处于低、软值),系统也将刚度和阻尼力调至中间值。

(5)前、后关联控制:车速在 30～80km/h 范围内时,若前轮车高传感器检测出路面有小凸起(例如前轮通过混凝土路面接缝等),则在后轮越过该凸起之前,系统将使弹簧刚度和减振器阻尼力调到低(软)值,从而提高汽车乘坐舒适性。此时即使驾驶员选择了高速行驶状态(刚度和阻尼力为中间值),系统仍将刚度和阻尼力调至低(软)值。为了不影响高速时的操纵稳定性,这种动作在车速为 80km/h 以下才发生。

(6)坏路、俯仰、振动感应:车速在 40～100km/h 范围内,当前轮车高传感器检测出路面有较大凸起时(例如汽车通过损坏的铺砌路面等),系统将弹簧刚度和减振器阻尼力调至中间值,以抑制车体的前后颠簸、振动等大动作,从而提高汽车的乘坐舒适性和通过性,而不管驾驶员选择了何种控制状态。

车速高于 100km/h 时,系统将使刚度和阻尼力调至高(硬)值。

(7)良好路面正常行驶:弹簧刚度和减振器阻尼力由驾驶员选择"常规值自动控制"状

态,刚度和阻尼力处于低(软)值;"高速行驶时自动控制"状态,则刚度和阻尼力为中间值。

2)车身高度控制

车身高度控制是在汽车行驶车速和路面变化时,悬架 ECU 对执行元件输出控制信号,控制调节车身的高度,以确保汽车行驶的稳定性和通过性。

(1)高速感应:当车速高于 90km/h 时,将车身高度降低一级,以减小风阻,提高行驶稳定性。如果驾驶员选择了"常规值自动控制"状态,则车身高度值由中间值(标准值)调至低值;如果驾驶员选择了"高值自动控制"状态,则车高由高值调至中间值(标准值)。在车速为 60km/h 时,车高恢复原状。

(2)连续坏路面感应:汽车在坏路面上连续行驶,车高信号持续 2.5s 以上有较大变动,且超过规定值时,将车高升高一级,使来自路面的突然抬起感减弱,并提高汽车的通过性能。

连续坏路且车速大于 40km/h 小于 90km/h 时,不论驾驶员选择了何种控制状态,都将车高调至高值,以减小路面不平感,确保足够的离地间隙,提高乘坐舒适性。

车速小于 40km/h 时,车高则完全由驾驶员选择,选择"常规值自动控制"时,车高为中间值(标准值);选择"高值自动控制"时,车高为高值。

在连续坏路面上,车速高于 90km/h 时,不管驾驶员选择了何种控制状态,车高都将调至中间值,这样做是为了避免车身过高对高速行驶稳定性产生不利影响。

另外,驻车时,车高控制功能也起作用。当汽车处于驻车状态时,为了使车身外观平衡,保持良好的驻车姿势,在点火开关断开后,ECU 即发出指令,使车身高度处于常规模式的低状态。

2.5 电控悬架系统主要部件的结构

2.5.1 传感器

1)车高传感器(图 2-6-2)

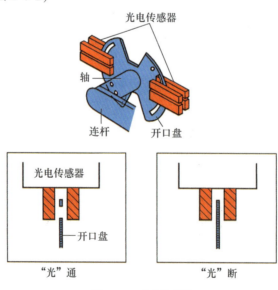

图 2-6-2 车高传感器

在每个悬架上都装有一只车高传感器,通过它监测车身与悬架下臂之间的距离变化,而检测汽车高度和因道路不平坦而引起的悬架位移量,其工作原理如下。

车高传感器由一个开口圆盘与连杆组合成一个组件一起上下旋转,两个光电传感器在开口圆盘的两侧,车高变化时由于开口圆盘位置的变化,使发光二极管发出的光线被开口圆盘遮挡或通过,从而检测出不同的车高信号,并将它们转换送至ECU。

2)转向传感器(图2-6-3)

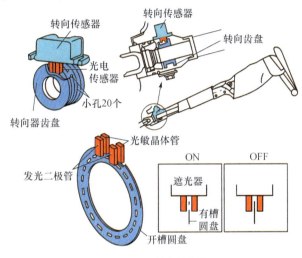

图2-6-3 转向传感器

转向传感器装在转向器上,用来检测转向时的转向角度和汽车转弯的方向,主要为转弯时提高操纵稳定性防止侧倾,向ECU提供车态信号。其外形和工作原理如下。

转向传感器由一个有槽圆盘和两个光电传感器组成。有槽圆盘随转向一起转动,并在圆盘上开有20个孔,圆盘的两侧有发光二极管和光敏晶体管组成的光电传感器,它们两者之间的光线变化随着圆盘遮挡转换成"通"或"断"信号。当操纵转向盘时,有槽圆盘随着一起转动而引起发光二极管发出光线的"通"或"断"信号,这种信号是与转向盘转动成正比的数字信号,并通过判断两个光电传感器信号的相位差判断转弯方向。此时,当ECU判断转向盘的转动角度和车速大于设定值时,ECU会使弹簧刚度和减振力增加。

3)其他传感器和开关

车速传感器安装在车轮上,检测出转速信号,ECU利用此信号,计算出车身的侧倾程度。

节气门开度传感器可以间接检测汽车加速度信号。ECU利用此信号作为防"下坐"控制的一个工作状态参数。

车门传感器是为了防止行驶过程中车门未关闭而设置的。

高度控制开关用来选择汽车高度,ECU检测高度控制开关的状态使汽车高度上升或下降。有的车辆上还有高度控制ON/OFF开关,用于停止车高控制。

模式选择开关用来选择悬架的"软""中"或"硬"状态,ECU检测到开关的状态后,操纵悬架控制执行器,从而改变弹簧刚度和减振器的阻尼系数。

踩下制动踏板时,制动灯开关(停车灯开关)便接通,ECU接收这个信号作为防点头控制用的一个起始状态。

2.5.2 电子控制单元

电子控制单元 ECU 包括一个 8 位微型计算机、输入接口电路和输出驱动电路。其功能主要有以下几项：

(1) 传感器信号放大。用接口电路将输入信号中的干扰信号除去，然后放大、变换极值，比较极值，变换为适合输入控制装置的信号。

(2) 输入信号的计算。电子控制装置根据预先写入只读存储器 ROM 中的程序对各输入信号进行计算，并将计算结果与内存的数据进行比较后，向执行机构发出控制信号。

(3) 驱动执行机构。电子控制装置用输出驱动电路将输出驱动信号放大，然后输送到各执行机构。

(4) 故障检测。电子控制装置用故障检测电路来检测传感器、执行器、线路等的故障，当发生故障时，将信号送入控制装置，便于使悬架系统安全工作，也容易确定故障所在位置。

2.5.3 执行器

1) 空气弹簧

电控悬架用空气弹簧代替传统悬架的螺旋弹簧或钢板弹簧，空气弹簧在其气室内装入空气而具有弹性功能，关键是用 ECU 对汽车行驶的状态进行车高、弹簧刚度和阻尼系数的调节，使车辆的性能得到提高。

空气弹簧由主气室、副气室、弹簧刚度调节执行机构、阻尼转换执行机构和液压减振器等组成，如图 2-6-4 所示。弹簧刚度调节执行机构在主气室与副气室之间，在减振器的上部安装有阻尼转换执行机构，减振器的内部有阻尼旋转阀，因此弹簧刚度是通过主气室与副气室进行调节，阻尼系数是通过减振器进行调节。

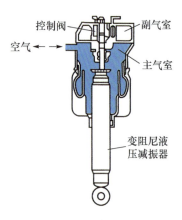

图 2-6-4 空气弹簧结构

弹簧刚度的调节：弹簧刚度越小，即弹簧柔软，振动就较小，乘坐舒适性、平顺性就越好；弹簧坚硬，操纵稳定性得到提高。弹簧刚度的调节通过弹簧刚度执行机构，开闭主气室与副气室的隔板，改变气室的容积而改变弹簧的刚度，增大容积使刚度变小，减小容积可增加刚度。ECU 根据车辆状态信号及时调节弹簧刚度，高速行驶转换为大刚度，低速行驶转换为小刚度。在制动时使前弹簧刚度增加，在加速时使后弹簧刚度增加。而在转弯时使左右弹簧刚度调节以减少侧倾。例如有的车辆可以实现弹簧刚度的"软中硬"的有级转换控制。在城镇公路或高速公路行驶，弹簧刚度调节为"软"；在高速行驶（速度大于 110km/h）或在弯曲道路上行驶时弹簧刚度调节为"中"；而在加速、转弯情况时，弹簧刚度调节为"硬"，以减少汽车高度的变化，从而提高操纵稳定性。一般减小空气弹簧刚度会使汽车增大侧倾、后坐或点头，因此弹簧刚度的控制多数情况下是和汽车高度和阻尼系数的调节相结合使用的，以便于从总体上改善平顺性。

车高控制：是指汽车高度可以根据乘员人数、载质量变化和汽车的状态自动调节（图 2-6-5）。就是当乘员人数和载质量增加或减少时，汽车高度自动保持一定使汽车行驶平稳；当在高低不平的路面上行驶时，为防止发生车架与车身之间的撞击，ECU 控制悬架弹簧的行程在一定的范围内；当高速行驶时，为减少空气阻力而降低车高；而当汽车停车后，乘员下车或货物卸完后车高会增加，ECU 会控制空气弹簧在几秒钟内将空气少量排出，为的是保持汽车外形的美观而降低车高保持标准车高。因此，车高控制可以归纳为如下功能：自动高度控制、高速行驶时车高控制、驻车时车高控制。

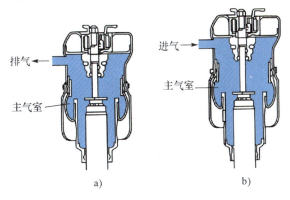

图 2-6-5　车高控制原理
a) 车高为"低"；b) 车高为"高"

车高控制主要是利用空气弹簧中主气室空气量的多少来进行调节。当 ECU 接到车高传感器、车门开关等传来的信号，经过处理判断，若是增加车高，则控制执行机构向空气弹簧主气室充气增加空气量，使汽车高度增加；若是降低车高，则控制执行机构打开排气装置向外排气，使空气弹簧主气室的空气量减少而降低汽车高度。

2）减振器

电控悬架中的减振器一改过去固定阻尼系数的特点，而变为连续变化阻尼系数和有级变化阻尼系数两种。目前，电控悬架多用后者，又称为半主动阻尼控制。这种阻尼控制是在减振器结构中采用简单的控制阀，通过在最大、中等、最小的通流面积之间的变换，改变减振液的流通快慢，达到阻尼系数的有级调节。减振器的结构原理如图 2-6-6 所示。在空气悬架的下边，与控制杆连接的旋转阀上有三个阻尼孔（油孔），旋转阀外面的活塞杆上有两个阻尼孔（油孔），控制机构可以带动控制杆使旋转阀旋转，从而改变阻尼孔的开闭组合，实现

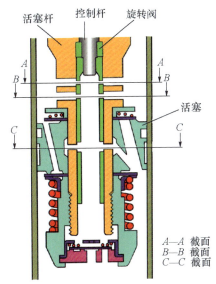

图 2-6-6　减振器的结构原理图

阻尼系数"软中硬"的有级转换。具体的调节过程（图 2-6-7）：当需要将阻尼系数调节为"软（低）"状态时，控制杆带动旋转阀旋转一角度，三个截面的阻尼孔全部开通，悬架的阻尼系数

小;若需要将阻尼系数调节为"中(运动)"状态时,同样控制杆带旋转阀又旋转一角度,此时只有 B 截面中的小阻尼孔开通,而其他两个截面中阻尼孔被关闭,悬架阻尼系数处于中间;若需要将阻尼系数调节为"硬(高)"状态时,同样控制杆带动旋转阀又旋转一角度,此时三个截面的阻尼孔全部关闭,仅靠减振器中的止回阀产生阻尼,悬架阻尼系数为最大。因此,电控悬架 ECU 根据转向操作、节气门位置、速度、加速度等信号调节悬架阻尼系数的"软中硬",控制汽车制动、加速、急转弯时产生的汽车姿态变化,从而提高汽车的平顺性和操纵稳定性。

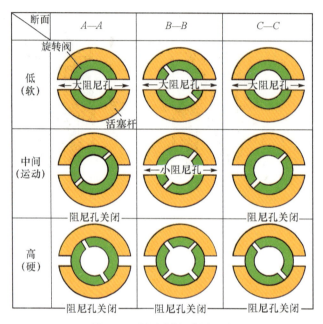

图 2-6-7 阻尼系数调节原理图

3)阻尼转换执行机构(图 2-6-8)

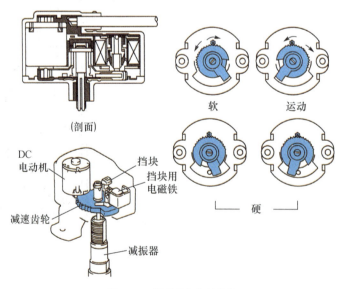

图 2-6-8 阻尼转换执行机构

阻尼转换机构装在减振器的上部,它由直流电动机、减速齿轮、控制杆、电磁铁和挡块等组成。电控悬架 ECU 根据接收到的信号,使直流电动机驱动扇形的减速齿轮左右转动,通过控制杆带动减振器中的回转阀旋转,有级地改变阻尼孔的开闭,从而改变阻尼系数(减振阻力)。

4)弹簧刚度调节执行机构(图 2-6-9)

弹簧刚度执行机构由刚度控制阀和执行机构等组成。执行机构位于减振器的顶部,与阻尼系数控制机构组装在一起。刚度控制阀(图 2-6-10)装在空气弹簧副气室的中部,由空气阀、阀体和空气阀控制杆组成,空气阀在截面上有一个空气孔,外部的阀体在截面上有不同大小的空气孔。

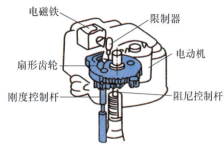

图 2-6-9 弹簧刚度调节执行机构

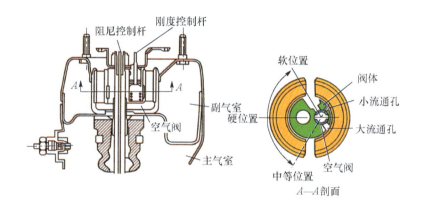

图 2-6-10 刚度控制阀

当空气阀由电动机驱动的控制杆带动旋转到"软"的位置时,空气弹簧主气室的气体经过空气阀的中间孔,阀体侧面的大空气孔(大通流孔)与副气室的气体相通,此时参与工作的气体容积最大,因此悬架刚度处于最小状态;若当空气阀被旋转到"中"位置时,主气室与副气室的气体,经过空气阀的中间孔与阀体侧面的小空气孔相互流通,主、副气室之间的气体流量较小,因此悬架刚度处于中等状态;如果当空气阀被旋转到"硬"位置时,主气室与副气室的空气通道被空气阀挡住,此时仅仅靠主气室中的气体承担缓冲任务,因此悬架刚度处于最大状态。

2.5.4 空气压缩机和高度控制阀

在电控悬架中除上面讲述的一些装置外,还有空气供给装置与调节高度的空气压缩机、高度控制等装置。汽车的高度控制执行机构除上面讲过的空气悬架中的主气室外,还有空气压缩机和空气阀等。空气压缩机(图 2-6-11)由驱动电动机、排气阀、干燥器等组成。高度控制阀(图 2-6-12)是一个二位二通电磁阀,通过向空气弹簧的主气室内进气和排气,从而控制汽车的高度。

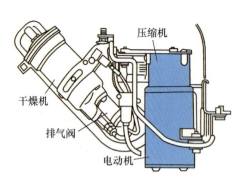
图 2-6-11 空气压缩机

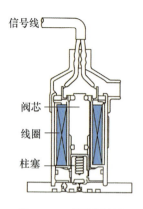
图 2-6-12 高度控制阀

电控悬架 ECU 根据车高传感器送来的信号和控制模式指令,向高度控制阀下令。当车高需要升高时,高度控制阀打开,压缩空气进入空气弹簧的主气室,车身升高;高度控制阀关闭时,空气弹簧主气室的空气量保持不变,车身维持一定的高度不变;当车身需要降低时,压缩机停止工作,高度控制阀打开,此时排气阀也打开,悬架的主气室中的空气通过高度控制阀、管路,最后由排气阀排出,车身高度下降。

3 任务实施

3.1 准备工作

阅读维修手册,制订拆装方案,准备所需仪器、设备和工具。

3.2 操作流程

(1)在开始 TEMS 的故障排除分析之前,首先要进行以下初步检查,以确定故障确实发生在 TEMS 中,而不是在另一有关系统中。

①检查轮胎气压。

②检查悬架和转向杆系的润滑。

③检查底盘至地面的净高度和车轮定位。

④检查蓄电池电压,应在 12V 以上。

⑤检查所有连接器,应都牢固。

(2)如初步检查结果都正常,用"减振力检查功能"检查减振器的减振力是否被执行器改变。正常情况下减振力不能设置在"硬"位置,这一功能却能强制做到这一点,以便对其进行检查。

①找到自诊断插座,连接 T_S 端子和 E_1 端子,如图 2-6-13 所示;然后,接通点火开关。这使 ECU 的 CHK 端子搭铁,将其电压变为 0V,如图 2-6-14 所示。

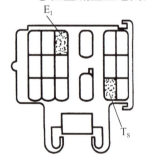
图 2-6-13 诊断插座(丰田)

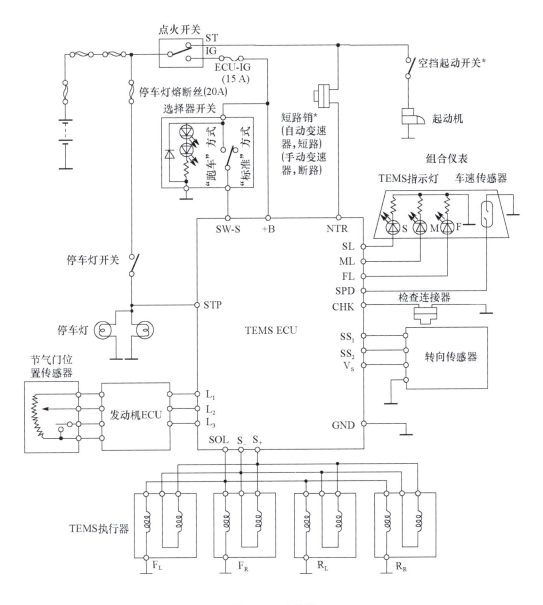

图 2-6-14 电路图

②将选择器开关设置在 SPORT 方式。这使蓄电池电压输入至 ECU 的 SW-S 端子。这两个条件满足时,电流就流至执行器,将减振器设置在"硬"位置。

③使车辆行驶并使其摇晃,就能检查减振力。

(3)如果减振力正常,检查 TEMS 系统。检查的相关项目按由易到难的顺序为:制动灯开关及电路、车速传感器及电路、悬架 ECU。如果最后确定是悬架 ECU 故障,则更换新件。

3.3 操作提示

更换悬架 ECU 后,要用故障诊断仪进行匹配。

复习与思考题

1. 电控悬架的种类有哪些？
2. 电控悬架的作用是什么？
3. 简述电控悬架空气弹簧的弹簧刚度调节原理。
4. 电控悬架车高控制有几种情况？如何调节车高？
5. 简述减振器阻尼系数的调节过程。

知识点小结

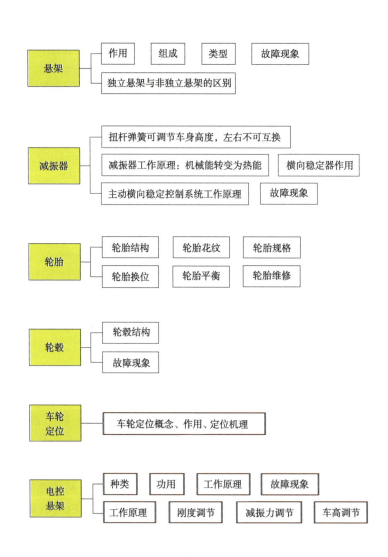

项目 3
转向系的构造与维修

 概　　述

汽车在行驶过程中,由于行驶路线、道路方向的改变,或为了避让行人、障碍物等多种因素,汽车的行驶方向需要经常改变或不断修正。为此,汽车设立了一套专门的机构,来使转向轮绕主销轴线偏转一定角度,直到新的行驶方向符合驾驶员的要求时,再将转向轮恢复到直线行驶位置。这种用来改变或恢复汽车行驶方向的专设机构,称为汽车转向系统,简称转向系。汽车转向系一般都是由转向操纵机构、转向器和转向传动机构三个基本部分组成,如图 3-0-1 所示。

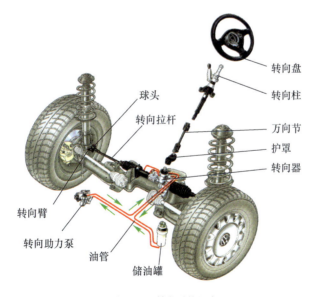

图 3-0-1　转向系的组成

转向操纵机构是驾驶员操纵转向器的工作机构,主要由转向盘、转向轴、转向柱管等组成。

转向器是将转向盘的转动变为转向摇臂的摆动或齿条轴的直线往复运动,并对转向操纵力进行放大的一种特殊的减速机构。转向器固定在汽车车架或车身上,转向操纵力通过转向器后一般还会改变运动方向。

转向传动机构是将转向器输出的力和运动传给车轮(转向节),并使左右车轮按照一定的关系进行偏转的机构。

汽车转向系按动力源的不同,分为机械转向系和动力转向系两大类。机械转向系完全以驾驶员的体力(手力)作为转向能源,驾驶员需要对转向盘施加较大的力才能转动转向盘实现转向。动力转向系是兼用驾驶员体力和发动机动力(或蓄电池的电力)为转向动力的转向系,它是在机械转向系的基础上加设一套转向动力装置而形成的。

动力转向系统按控制方式的不同,可分为普通动力转向系统和电子控制动力转向系统。普通动力转向系统全是液压式的转向系统,按液流形式,分为常压式和常流式两种,其中液压常流式动力转向系统应用广泛;按控制阀阀芯的运动方式,分为滑阀式和转阀式两种。电子控制动力转向系统根据动力源的不同又可分为液压式电子控制动力转向系统和电动式电子控制动力转向系统。液压式电子控制动力转向系统根据控制方式的不同,可分为流量控制式、反力控制式和阀灵敏度控制式三种形式。此外,有些高级轿车还采用了四轮转向系统,它可以让汽车的前轮和后轮同时发生偏转。在汽车低速行驶时,前轮和后轮的偏转方向相反,可提高汽车转向灵敏性;高速行驶时,前轮和后轮的偏转方向相同,可提高汽车操纵稳定性。

任务1 更换转向柱万向节

1 任务引入

车辆静止停放,转向盘左右来回转动时,有"咯噔"的声音,经检测为转向柱十字轴式万向节间隙过大,需更换十字轴式万向节。

2 相关理论知识

2.1 转向操纵机构的结构

转向操纵机构由转向盘、转向轴、支撑转向轴的转向柱管、转向传动轴等组成,它将驾驶员操纵转向盘的运动传给转向器。

传统汽车的转向器输入轴与转向盘通常是同轴线布置的,因此,转向盘下的转向轴可以通过柔性万向节或直接与转向器的输入轴连接。如今,汽车形式多样化,由于汽车底盘和车身(驾驶室)总体布置的要求,往往需要将转向器和转向盘的轴线布置得相交成一定角度,甚至处于不同平面内。为此,在转向操纵机构中要采用万向传动装置。另外,采用万向传动装置对提高驾驶员的安全性也有好处。轿车传动轴上多用等速万向节,而普通十字轴式万向节因其结构简单、传动可靠、效率更高,常用于货车传动系中。除此之外,普通十字轴式万向节也广泛地应用在车辆转向系的转向传动轴上,它能允许相邻两轴在最大夹角为15°~

20°的情况下工作。但是,为了能在转向盘和转向器之间等速传动,往往采用两个十字轴式万向节,来消除十字轴式万向节的不等速特性,如图3-0-1所示。

2.1.1 普通十字轴式万向节的结构

如图3-1-1所示,万向节叉上的孔分别套在十字轴的四个轴颈上。当主动叉转动时,从动叉随之转动,同时又绕十字轴中心在任意方向摆动,在十字轴轴颈与万向节叉孔之间装有滚针和套筒,采用滚针轴承,是为了减小摩擦损失,提高传动效率。用带有锁片的螺钉和轴承盖来将套筒固定在万向节叉上,进行轴向定位。为了减小摩擦,润滑轴承,十字轴内钻有油道,如图3-1-2所示,且与注脂嘴、安全阀相通。

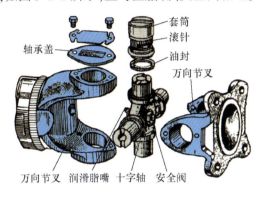
图3-1-1 十字轴式刚性万向节

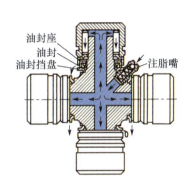
图3-1-2 十字轴润滑油道及密封装置

为避免润滑脂流出及尘垢进入轴承,十字轴轴颈的内端套装带金属壳的毛毡油封(或橡胶油封)。安全阀的作用是当十字轴内腔润滑脂压力超过允许值时,阀打开润滑脂外溢,使油封不会因油压过高而损坏。十字轴式万向节的损坏程度是以十字轴的轴颈和滚针轴承的磨损为标准的,润滑和密封直接影响着万向节的使用寿命。为了提高它的使用寿命,现代汽车多采用橡胶油封,当油腔内的润滑油压力大于允许值时,多余的润滑油从油封内圆表面与十字轴轴颈接触处溢出,故无须安装安全阀。

万向节轴承的常见定位方式,除上述盖板式外,还有内、外弹性卡环固定式。

2.1.2 普通十字轴式万向节的速度特性

当十字轴式刚性万向节的主动叉是等角速转动时,从动叉是不等角速的,其运动情况用图3-1-3来分析。

假设主动叉轴以等角速度 ω_1 旋转,当万向节处于图3-1-3a)所示位置时,A 点的瞬时圆周速度为

$$V_A = \omega_1 r = \omega_2 r\cos\alpha$$

所以 $\omega_2 = \omega_1/\cos\alpha$,此时 $\omega_2 > \omega_1$。

当主动叉轴转过90°至图3-1-3b)所示位置时,十字轴上 B 点的瞬时圆周速度为

$$V_B = \omega_1 r\cos\alpha = \omega_2 r$$

所以 $\omega_2 = \omega_1\cos\alpha$,此时 $\omega_2 < \omega_1$。

综上所述，当主动叉轴以等角速旋转时，从动叉轴是不等角速的，从图 3-1-3a)转图 3-1-3b)位置，从动叉轴的角速度由最大值 $\omega_1/\cos\alpha$ 变至最小值 $\omega_1\cos\alpha$。主动叉轴再转 90°，从动叉轴的角速度又由最小值变至最大值。可见，从动叉轴角速度变化的周期为 180°。从动叉轴不等速程度随轴间夹角 α 的加大而加大，而主、从动轴的平均转速是相等的，即主动轴转一圈从动轴也转一圈。所谓不等速是指在转动一圈内的角速度而言。

图 3-1-3c)为主、从动轴转角差($\varphi_1-\varphi_2$)随主动轴转角 φ_1 的变化关系。由图可见，主动轴转角 φ_1 在 0°~90°的范围内，从动轴转角相对主动轴是超前的，即 $\varphi_2>\varphi_1$，并且两转角差在 $\varphi_1=45°$ 时达到最大值，随后差值减小，即在此区间从动轴旋转的角速度是先加速后减速。当主动轴转到 90°时，从动轴也转到 90°，从 90°到 180°从动轴的转角相对主动轴是滞后的，即 $\varphi_2<\varphi_1$，并且两转角差在 φ_1 为 135°时达最大值，随后差值减小，即在此区间内从动轴旋转角速度是先减速后加速。当主动轴转到 180°时，从动轴也转到 180°。后半周情况与前半周相同。因此，如果主动轴以等角速转动，则从动轴转动时快时慢，此即单个十字轴万向节在有夹角时传动的不等速性。

由图 3-1-3c)还可看出，主、从动轴的夹角 α 越大，转角差($\varphi_1-\varphi_2$)越大，即万向节传动的不等速性越严重。

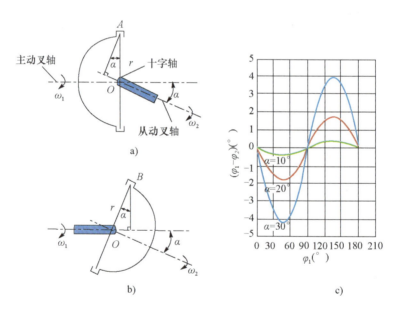

图 3-1-3 十字轴式刚性万向节的速度特性
γ-十字轴旋转半径(γ = OA = OB)；α-两叉轴夹角

单个普通万向节的不等速性会使从动轴及与其相连的传动部件产生扭转振动，产生附加的交变荷载，影响零部件使用寿命。

为了实现等角速传动，以消除不等速的影响，可将两个万向节按图 3-1-4 所示的排列方式串联安装，此时 $\alpha_1=\alpha_2$，这样就可使输出轴与输入轴的角速度相等。现在证明如下：

如图 3-1-4a)所示，从第一个万向节写出传动轴的角速度 $\omega_轴=\omega_入/\cos\alpha_1$。

从第二个万向节写出传动轴的角速度 $\omega_{轴} = \omega_{出}/\cos\alpha_2$。

由于 $\alpha_1 = \alpha_2$,所以 $\omega_入 = \omega_出$,即输出轴与输入轴角速度相等。因此,当输入轴和输出轴与传动轴的夹角相等($\alpha_1 = \alpha_2$);传动轴两端的万向节叉在同一平面内时,用两个万向节加一根传动轴就可以实现等角速度传动。

同理,将两个万向节按图 3-1-4b)所示的排列方式串联安装,也能实现等角速度传动。

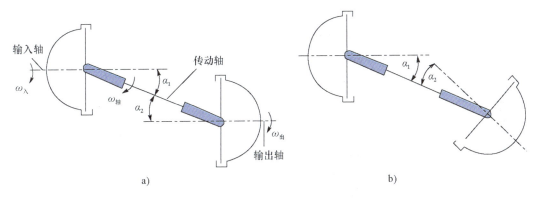

图 3-1-4 双万向节的等速排列方式
a)平行排列;b)等腰三角形排列

(1)平行排列。第一个万向节的从动叉和第二个万向节的主动叉与传动轴相连,且传动轴两端的万向节叉在同一平面内;输入轴、输出轴轴线平行,如图 3-1-4a)所示。

(2)等腰三角形排列。第一个万向节的从动叉和第二个万向节的主动叉与传动轴相连,且传动轴两端的万向节叉在同一平面内;输入轴、输出轴同传动轴三轴线成等腰三角形,如图 3-1-4b)所示。

通过正确的装配工艺可以保证与传动轴两端相连接的万向节叉在同一平面内。但是不可能在任何情况下都保证 $\alpha_1 = \alpha_2$,此时万向传动装置只能做到使传动的不等速尽可能小。

所谓等速传动是指对传动轴两端的输入轴和输出轴而言。对传动轴来说,只要夹角不为零,它就不等角速转动,与传动轴的排列方式无关。

2.2 转向操纵机构的角度及高度调整机构

驾驶员不同的驾驶姿势和身材对转向盘的最佳操纵位置有不同的要求,所以,一些汽车装设了可调节式转向柱,使驾驶员可以在一定范围内调节转向盘的位置。调节的形式分为倾斜角度调节和轴向位置调节两种。

图 3-1-5 所示为一种转向盘倾斜角度采用手动调整的机构。转向柱管的上端由与车身固定连接的调整支架夹持并通过锁紧螺栓固定,下端通过 U 形托架和枢轴与车身铰接。调整手柄拧在锁紧螺栓上。当向下推手柄时,锁紧螺栓的螺纹松扣,锁紧螺栓即可在调整支架的长孔中上下移动,以调整转向轴的倾斜角度。调整完毕,向上扳动调整手柄,即可将转向柱管锁紧定位。

一些豪华汽车上,采用了倾斜度自动调整机构,如图 3-1-6 所示。在转向柱管的上盖中,有调节倾斜度的电动机、传动机构、控制器及位置传感器。按下调节开关,转向轴倾角便连续变化;松开调节开关,转向轴即停止运动,同时控制器记下当前位置。当拔出点火钥匙时,转向盘会自动弹起,便于驾驶员上下车;只要将点火钥匙插进开关中,转向盘就会自动恢复到原来的位置。

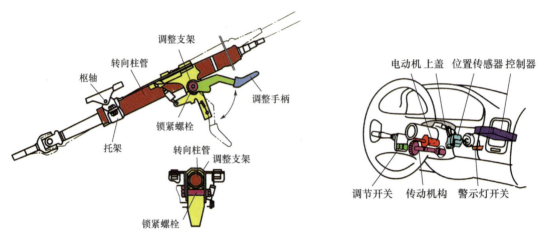

图 3-1-5　转向盘倾斜角度手动调整机构　　　　图 3-1-6　倾斜度自动调整机构

转向轴伸缩机构的应用没有像倾斜调整机构那样普遍,目前仅用在某些高级轿车上。图 3-1-7 所示是一种手动转向轴伸缩调整机构。转向轴分为上、下两段,二者通过花键连接。上转向轴由调节螺栓通过楔形限位块定位夹紧。调节螺栓的一端拧有调节手柄,当需要调整转向轴的轴向位置时,先向下推调节手柄,使限位块松开,轴向移动转向盘,调到合适的位置后,向上拉调节手柄,将上转向轴锁紧。在一些豪华汽车上,转向轴的伸缩调节也实现了自动化。

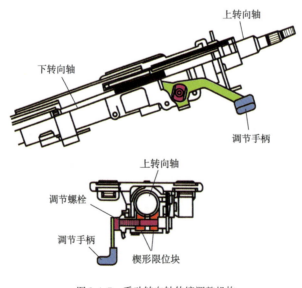

图 3-1-7　手动转向轴伸缩调整机构

2.3 转向操纵机构的安全装置

当汽车发生意外而产生正面碰撞时,车架(车身)的变形会导致转向器和转向操纵机构后移;而在巨大的惯性力作用下,人体会向前冲。这样,驾驶员很可能会碰撞转向盘而受到巨大伤害。因此,除安全气囊外,在转向操纵机构中须配置安全装置,以减轻或避免对驾驶员的伤害。安全装置的防护原理通常是转向轴或转向柱管采用可分离的结构并且受到碰撞后能够缓冲吸能。根据这一防护的根本思路,不同的汽车厂商采用了不同的结构形式,如钢球滚压吸能式、网状柱管式、波纹管吸能式。我们以日本丰田汽车的一些车型采用的钢球滚压吸能式安全防护装置为例予以说明。

图 3-1-8a)所示为一种用钢球连接的分开式转向柱。转向轴分为上转向轴和套在轴上的下转向轴两部分,二者用塑料销钉连成一体。转向柱管也分为上转向柱管和下转向柱管两部分,上、下转向柱管之间装有钢球,下转向柱管的外径与上转向柱管的内径之间的间隙比钢球直径稍小。上、下转向柱管连同柱管托架通过特制橡胶垫固定在车身上,橡胶垫则利用塑料销钉与托架连接。

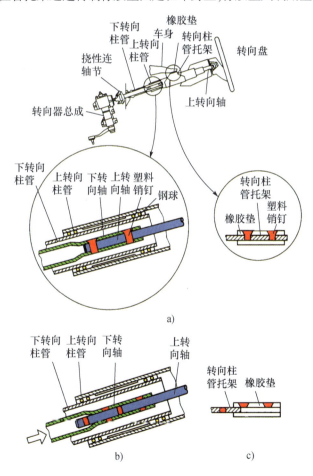

图 3-1-8 钢球连接分开式转向柱
a)转向柱结构;b)塑料销钉被切断;c)托架脱离橡胶垫

当汽车发生碰撞时,转向器总成对转向柱施加轴向冲击力(第一次冲击),将连接上、下转向轴的塑料销钉切断,下转向轴便套在上转向轴上向上滑动,如图3-1-8b)所示。在这一过程中,上转向轴和上柱管的空间位置没有因冲击而上移,故可使驾驶员免受伤害。如果驾驶员的身体因惯性撞向转向盘(第二次冲击),则连接橡胶垫与柱管托架的塑料销钉被切断,托架脱离转向柱管连同转向盘、托架一起,相对于下转向轴和下转向柱管向下滑动,从而减缓了对驾驶员胸部的冲击。在上述两次冲击过程中,上、下转向柱管之间均产生相对滑动。因为钢球的直径稍大于上、下柱管之间的间隙,所以滑动中带有对钢球的挤压,冲击能量就在这种边滑动边挤压的过程中被吸收。

3 任务实施

3.1 准备工作

阅读维修手册,制订拆装方案,准备所需仪器、设备和工具。

3.2 操作流程

(1)将转向柱万向节下部与转向器输入轴断开,上部与转向柱断开。
(2)拆下万向节与转向传动轴。
(3)安装以倒序进行。

3.3 操作提示

安装过程中,要保证车轮处于旋转平面与车辆纵轴线平行的位置,转向盘处于直行位置,这样才能保证安装后转向盘位置正确。

复习与思考题

1. 转向柱十字轴式万向节损坏的故障现象是什么?
2. 普通十字轴式万向节的速度特性是什么?
3. 普通十字轴式万向节如何实现等速传动?
4. 转向操纵机构的安全装置有哪些结构形式?
5. 拆装转向盘操纵机构时如何保证安装后转向盘位置正确?

任务2　更换机械转向器

1 任务引入

汽车行驶时前轮有偏摆,转向盘自由行程过大,转弯时有异响,经诊断为转向器损坏,需对其更换。

2 相关理论知识

2.1 转向器的功用、类型及传动效率

2.1.1 功用

转向器是转向系中的减速增力传动装置。其功用是增大由转向盘传到转向节的力,并改变力的传递方向。

2.1.2 类型

转向器的结构形式很多,由于道路条件的改善,目前广泛采用的转向器有齿轮齿条式和循环球式两种。齿轮齿条式转向器输出端的运动形式为线位移,循环球式转向器输出端的运动形式为角位移。

2.1.3 转向器的传动效率

转向器的输出功率与输入功率之比称为转向器传动效率。当功率由转向盘输入,从转向器输出轴输出时,所求得的传动效率称为正效率。反之则称为逆效率。

由于转向系各传动件之间都存在着装配间隙,而且这些间隙将随零件的磨损而增大,因此在一定的范围内转动转向盘时转向节并不随即同步转动,而是在消除这些间隙并克服机件的弹性变形后,才做相应的转动,即转向盘有一空转过程。转向盘为消除传动件的配合间隙、克服机件弹性变形所空转过的角度称为转向盘自由行程。转向盘自由行程对于缓和路面冲击及避免驾驶员过度紧张是有利的,但过大的自由行程会影响转向灵敏性。一般规定转向盘从直行中间位置向任一方向的自由行程不超过10°~15°。当零件磨损到使转向盘的自由行程超过25°~30°时,则必须进行调整,通常是通过调整转向器传动副的啮合间隙来调整转向盘自由行程。

2.2 转向器的构造和工作原理

2.2.1 齿轮齿条式转向器

图3-2-1a)所示为齿轮齿条式转向器。它主要由转向器壳体、转向齿轮、转向齿条等组成。转向器通过转向器壳体的两端用螺栓固定在车身(车架)上。

齿轮轴通过球轴承、滚柱轴承垂直安装在壳体中,其上端通过花键与转向轴上的万向节相连,其下部是与轴制成一体的转向齿轮。转向齿轮是转向器的主动件,与它相啮合的从动件转向齿条水平布置,齿条背面装有压簧垫块。在压簧的作用下,压簧垫块将齿条压靠在齿轮上,保证二者无间隙啮合。调整螺塞可用来调整压簧的预紧力。压簧不仅起消除啮合间隙的作用,而且还是一个弹性支撑,可以吸收部分振动能量,缓和冲击。

转向齿条的一端[有的是齿条两端,如图3-2-1b)所示]通过拉杆支架与左、右转向横拉

杆连接。转动转向盘时,转向齿轮转动,与之相啮合的转向齿条沿轴向移动,从而使左、右转向横拉杆带动转向节转动,使转向轮偏转,实现汽车转向。

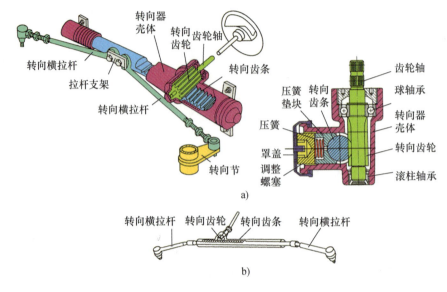

图 3-2-1　齿轮齿条式转向器

齿轮齿条式转向器结构简单;传动效率高,操纵轻便;质量轻;由于不需要转向摇臂和转向直拉杆,还使转向传动机构得以简化。在有效地解决了逆传动效率高和实现转向器可变速比等技术问题后,这种转向器在前轮为独立悬架的中级以下轿车和轻型、微型货车上得以广泛应用,如一汽捷达轿车、上海桑塔纳轿车及南京依维柯轻型货车均采用齿轮齿条式转向器。

2.2.2　循环球式转向器

循环球式转向器是目前国内外汽车应用最广泛的一种转向器。与其他形式的转向器相比,循环球式转向器在结构上的主要特点是有两级传动副。

图 3-2-2 为循环球——齿条齿扇式转向器。第一级传动副是转向螺杆——转向螺母;螺母的下平面加工成齿条,与齿扇轴内侧的齿扇相啮合,构成齿条——齿扇第二级传动副。显然,转向螺母既是第一级传动副的从动件,也是第二级传动副的主动件。通过转向盘转动转向螺杆时,转向螺母不能随之转动,而只能沿杆轴向移动,并驱使齿扇轴(摇臂轴)转动。

转向螺杆支撑在两个推力球轴承上,轴承的预紧度可用调整垫片调整。在转向螺杆上松套着转向螺母。为了减少它们之间的摩擦,二者的螺纹并不直接接触,其间装有许多钢球,以实现滚动摩擦。螺杆和螺母的螺纹都加工成截面近似为半圆形的螺旋槽,二者的槽相配合即形成截面近似为圆形的螺旋管状通道。螺母侧面有两对通孔,可从此孔将钢球塞入螺旋通道内。螺母外有两根钢球导管,每根导管的两端分别插入螺母侧面的一对通孔中。导管内也装满钢球。这样,两根导管和螺母内的螺旋通道组合成两条各自独立的封闭的钢球"流道"。当转动转向螺杆时,通过钢球将力传给转向螺母,使螺母沿杆轴向移动。同时,由于摩擦力的作用,所有钢球便在螺杆和螺母之间的螺旋通道内滚动。钢球在螺旋通道内绕行两周后,流出螺母而进入导管的一端,再由导管的另一端流回螺母内。故在转向器工作时,两列钢球只在各自的封闭流道内循环流动,而不会脱出。

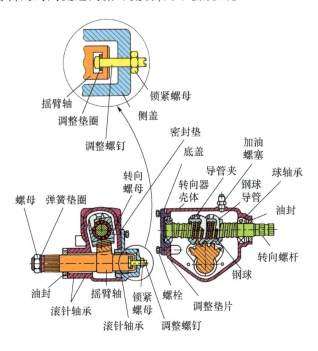

图 3-2-2　循环球式转向器

转向螺母下平面上加工出齿条,并且相对齿扇轴的轴线是倾斜的,与之相啮合的是变齿厚齿扇。只要使齿扇轴相对于齿条做轴向移动,便可调整二者的啮合间隙。调整螺钉旋装在侧盖上。齿扇轴靠近齿扇的端部切有 T 形槽,螺钉的圆柱形端头嵌入此切槽中,端头与 T 形槽的间隙用调整垫圈来调整。旋入螺钉,则齿条与齿扇的啮合间隙减小;旋出螺钉则啮合间隙增大。调整好后用锁紧螺母锁紧。转向器的第一级传动副(转向螺杆——转向螺母)因结构所限,不能进行啮合间隙的调整,零件磨损严重时,只能更换零件。

循环球式转向器传动效率高(正效率最高可达90%~95%),故操纵轻便,转向结束后自动回正能力强,使用寿命长。但因其逆效率也很高,故容易将路面冲击传给转向盘而产生"打手"现象,不过,随着道路条件的改善,这个缺点并不明显。因此,循环球式转向器广泛用于各类各级汽车。

2.3 转向系角传动比、转向时两轮的运动关系

2.3.1 转向系角传动比

转向盘的转角与安装在转向盘同侧的转向车轮偏转角的比值,称为转向系角传动比,用 i_w 表示。

2.3.2 转向时两轮的运动关系

汽车转向时,理论上要使各车轮都只滚动不滑动,各车轮必须围绕同一个中心点滚动,即各轮的旋转轴线必须交于一点 O,如图 3-2-3 所示,此交点称为汽车的转向中心。显然,这个中心要落到后轴中心线的延长线上。

从图 3-2-3 中可以看出,为了满足上述要求,汽车转向时内侧转向轮偏转角 β 大于外侧转向轮偏转角 α,α 和 β 的关系是

$$\cot\alpha = \cot\beta + B/L$$

式中:B——两侧主销延长线与地面交点的距离(略小于转向轮轮距);

L——汽车轴距。

这一关系是由转向梯形保证的,故上式也称为转向梯形理论特性关系式。转向梯形简图如图 3-2-4 所示,由转向横拉杆与两侧转向节的连接球头的球心 A、B 与两侧主销轴心 C、D 和所围成的梯形。迄今为止,所有汽车转向梯形的设计实际上都只能保证在一定的车轮偏转角范围内,使两侧车轮偏转角大体上接近以上关系式。

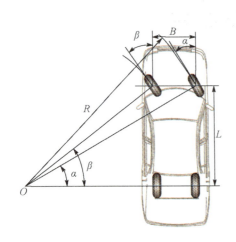

图 3-2-3 汽车转向时各车轮的运动轨迹

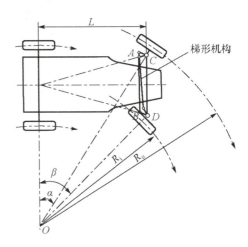

图 3-2-4 梯形机构及内外轮转角关系

从转向中心 O 到外侧转向轮与地面接触点的距离 R 称为汽车转弯半径。转弯半径 R 愈小,则汽车转向所需场地就愈小,汽车的机动性也愈好。从图 3-2-3 可以看出,当外侧转向轮偏转角达到最大值 α_{max} 时,转弯半径 R 最小。

汽车内侧转向轮的最大偏转角一般在 35°~42°之间。

2.4 转向传动机构

经转向器减速后的运动和增大后的力矩经转向横拉杆传到转向节梯形臂后,使转向节及装于其上的转向轮绕主销偏转。从转向器到转向节之间的传力部件总称为转向传动机构。如图 3-2-5 所示。梯形臂、转向横拉杆和前轴构成转向梯形,其作用是在汽车转向时,使内、外转向轮按一定的规律进行偏转,从而使各车轮围绕一个中心点滚动。另外,车轮定位

中的前束值是通过调整转向横拉杆的长度来得到的。

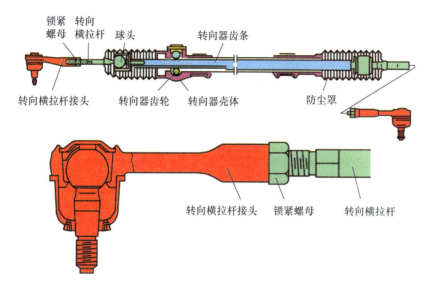

图 3-2-5　转向传动机构

为了避免转向轮的摆振、减缓传至转向盘上的冲击和振动,转向器上还装有转向减振器。一般情况下,转向减振器的一端与车身(或前桥)铰接,另一端与转向齿条或转向直拉杆铰接。

3 任务实施

3.1 准备工作

阅读维修手册,制订拆装方案,准备所需仪器、设备和工具。

3.2 操作流程

(1)拆下左右转向轮。
(2)断开转向器与转向轴之间的连接。
(3)断开转向器与转向节之间的球形铰链连接。
(4)拆下转向器后,断开转向器与转向横拉杆。
(5)安装以倒序进行。

3.3 操作提示

(1)连接转向器与转向节的球形铰链后,要调整横拉杆使前轮尽量处于直行位置。
(2)连接转向器输入轴与转向轴时,要在前轮处于直行位置时,并把转向盘也处在直行位置,才能连接。
(3)安装完转向器后,要重新调整前轮前束。

复习与思考题

1. 转向器损坏的故障现象有哪些？
2. 转向器的作用是什么？转向器常见的类型有哪些？
3. 什么是转向盘的自由行程？如何调整？
4. 什么是汽车转弯半径？
5. 哪些部件构成转向梯形？它的作用是什么？

任务3　更换普通液压动力转向器

❶ 任务引入

某装备有普通液压动力转向系统的轿车出现转向沉重且转向盘自由行程过大的现象，经检测液压动力转向器故障，需对其更换。

❷ 相关理论知识

转向轻便和转向灵敏对转向系角传动比 i_w 的要求是互相矛盾的。在机械转向系中，单靠选择 i_w 改善转向器本身的结构，以同时满足转向轻便和转向灵敏是很有限的。为了减轻驾驶员的疲劳强度，提高汽车行驶的安全性，目前，几乎所有乘用车和商用车都装备了动力转向系统。

本任务将以齿轮齿条式转向器和转阀式液压动力转向装置组合而成的普通液压动力转向系统为例对普通液压动力转向系统的结构及助力原理进行阐述。

2.1　主要部件结构

转阀式液压动力转向系统是在齿轮齿条式机械转向器的基础上加装了转阀式转向控制阀、转向动力缸、转向油罐、叶片式转向油泵、进回油管等部件，如图3-3-1所示。其中转阀式转向控制阀主要由扭杆、阀芯、阀体等部件组成，如图3-3-2所示。扭杆是在扭矩作用下可产生弹性变形的杆件，它从中空的阀芯中穿过，上端部通过销钉与阀芯上端的花键部分（连转向轴）连接，下端与小齿轮刚性连接。阀体下部又以销轴与小齿轮刚性连接，阀体呈圆筒形，其外圆柱表面开有七道环槽，其中四个窄且浅的是密封环槽，三个宽且深的是油环槽，油环槽和密封环槽相间布置。油环槽底部开有与内壁相通的油孔，中间油环槽的油孔较大，是进油通道。两侧油环槽的油孔较小，分别与动力缸的左右腔相通。阀体内表面的内壁开有6个（有的是8个或10个）不贯通的纵向凹槽。阀芯也制成圆筒形，其外圆表面和阀体滑动配合，在扭杆发生扭转变形时，阀芯与阀体能相对转动。阀体和阀芯的配合间隙很小，配合精度高，维修时不可单独更换。阀芯的外表面也开有6个纵向不贯通的凹槽，凹槽底部开有回油孔。相对于凹槽,阀芯外表面没开凹槽的地方也就形成了6个凸肩,装配后,和阀体的6个纵向凹槽相对应,凸肩的宽度比阀体凹槽的宽度小,因此每个凸肩左右与阀体纵向凹槽配合处都有间隙,这些间隙叫作预开间隙。

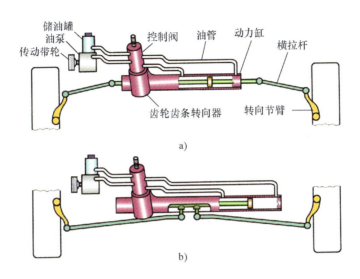

图 3-3-1 齿轮齿条液压动力转向系统示意图
a)两端输出式转向器;b)中间输出式转向器

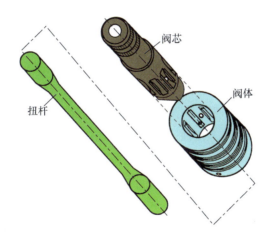

图 3-3-2 转阀式转向控制阀组成及结构

2.2 转阀式动力转向器的工作过程

当汽车直线行驶时,转阀处于中间位置,所有阀芯的凸肩和阀体的凹槽之间的预开间隙都相等,如图3-3-3所示。来自转向油泵的工作液向阀体的3个供油孔供油,油液通过两侧的预开间隙、阀芯的径向孔进入阀芯和扭杆之间的环形腔,流回储油罐。由于动力缸左、右腔都通过相等的预开间隙与储油罐相通,而处于开路状态,所以没有压力差,因此不产生助力作用。

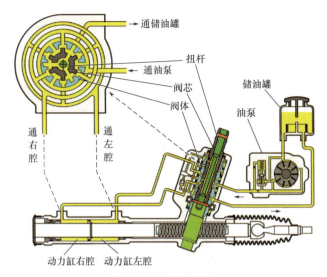

图 3-3-3　直线行驶时

当汽车转向时(假设向左转),转向盘带动转向轴转动,转向轴又带动阀芯转动,而阀芯通过销钉带动扭杆逆时针转动,如图 3-3-4 所示。因为扭杆下端和转向小齿轮刚性连接,即扭杆又要带动小齿轮逆时针转动。但由于转向阻力的存在,使扭杆与阀芯连接的上端和与小齿轮连接的下端出现相对扭转,就是上端相当于下端向前转过一个角度。而阀芯和扭杆上端同步运动,阀体通过销钉和小齿轮连在一起,即阀体和扭杆下端同步运动。因此阀芯相对于阀体向前转过一个角度。此时阀体进油口处通动力缸右腔的预开间隙被关闭,通左腔的预开间隙开度增大,与此同时,动力缸右腔通阀芯径向回油孔的预开间隙也增大,压力油压向动力缸左腔,使该腔压力升高(图中红色油路部分表示高油压,黄色油路部分表示低油压),活塞向伸出转向器方向移动,即将齿条推出转向器,这时起到了转向助力的作用,汽车向左转弯。动力缸右腔的油液被压出,通过阀体孔、阀芯径向回油孔、阀芯与扭杆间的间隙、回油道流回储油罐。同时小齿轮在齿条的带动下也逆时针转动,并带动与其刚性连接的阀体和扭杆下端一起转动,使扭杆变形量减小,即阀体和阀芯的相对角位移量减小。但是,只要转向盘继续转动,弹性扭杆的扭转变形便一直保持不变,阀体和阀芯之间的相对角位置也不变,转向助力作用就一直存在,转向轮将继续向左偏转。

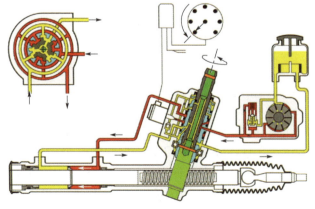

图 3-3-4　左转弯时

当汽车右转弯时,助力原理和左转弯是一样的,只不过是各相关部件的运动方向同左转弯时相反,同学们可以自行分析。

当转向盘停在某一位置不再继续转动时,阀体随小齿轮在液力和扭杆弹力的作用下,沿转向盘转动方向旋转一个角度,使之与阀芯的相对角位移量减小,左、右油缸油压差减小,但仍有一定的助力作用。此时的助力转矩与车轮的回正力矩相平衡,使车轮维持在某一转向位置上。

在转向过程中,转向盘转得越快,弹性扭杆的扭转速度就越快,阀芯相对于阀体产生角位移的速度也越快,从而使动力缸左、右两腔产生的油压差的速度加快,转向轮偏转的速度也相应加快。

由上述分析可知,转阀式动力转向装置能使转向轮偏转的角度随转向盘转角的增大而增大;转向轮偏转的速度随转向盘转动速度的加快而加快;转向盘停止转动并维持转角不动,转向轮也随之停止偏转并维持偏转角不动,因而具有随动作用。在正常情况下,驾驶员操纵转向盘所提供的转向力矩主要用来使弹性扭杆产生扭转变形,以控制转向过程,而克服路面转向阻力及转向传动机构摩擦阻力使转向轮偏转所需要的动力则主要由转向动力缸提供。

若在前述维持转向的位置上松开转向盘,被扭转变形的弹性扭杆上端将顺时针方向自动转过一定的角度而自动恢复自由状态,转阀则在随之同向转动的扭杆带动下回复到中间位置,动力缸停止工作,转向轮在回正力矩作用下自动回正。如果需要液压加力,驾驶员可以回转转向盘,使动力转向装置帮助转向轮回正。

当汽车直线行驶偶遇外界冲击力使转向轮发生偏转时,冲击力通过转向传动机构、齿轮齿条转向器、阀体下部销钉作用在阀体上,使之与阀芯之间产生相对角位移,这样使动力缸左、右腔油压不等,产生了与转向轮转向相反的阻力作用。在此力的作用下,转向轮迅速回正,保证了汽车直线行驶的稳定性。并且,助力装置减小了因转向轮的摆振而引起的转向盘的摆动,有效地避免了转向盘"打手"现象,因此,助力装置也起到了减振器的作用。

如图 3-3-5 所示,路面不平产生一个力 F_A,该力作用在前车轮上,并使前轮绕旋转中心 D 转动。由此产生作用在齿条上的作用力 F_Z,该力导致小齿轮和扭杆发生扭转,即阀体相对于阀芯相对转动,转动效果与汽车左转弯转动转向盘时,阀芯相对阀体的转动效果一样。于是通往动力缸左腔的供油口被打开,动力缸右腔与回油口相接,左右两腔产生油压差 F_R,活塞和齿条上的反作用力 F_R 会平衡掉 F_Z,从而可防止转向盘转动。

在转向过程中,动力缸中的油液压力是随转向阻力而变化的。而动力缸中油压的变化又受控于弹性扭杆的扭转变形量:转向阻力增大,弹性扭杆的扭转变形量也增大,阀芯相对于阀体的角位移量增大,从而使动力缸中油压升高;反之则动力缸中油压降低。显然,弹性扭杆的扭转变形量取决于转向阻力的大小。在此过程中,弹性扭杆因扭转变形而产生的反作用力(与转向阻力呈递增函数关系)传到转向盘上,使驾驶员能感觉到转向阻力的变化情况,所以这种转阀式动力转向装置具有"路感"作用。

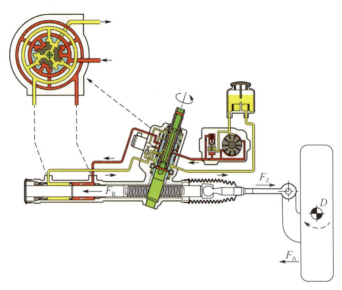

图 3-3-5　直行转向轮偶遇外力时

一旦液压助力装置失效,该动力转向器即变成机械转向器。此时若转动转向盘带动阀芯转动,同时通过扭杆带动阀套和小齿轮转动,以保证汽车转向。这时的动力转向器即变为机械转向器,转向变得沉重,转向盘自由行程增大。

为了保护扭杆不使其过载,在阀芯和阀套上装有限位机构。当阀芯相对阀套转过一个小角度(一般为5°~6°)后,限位机构即起作用,由阀芯直接带动转向齿轮旋转(扭杆不再进一步产生扭转变形)。常用的限位结构形式如图 3-3-6 所示。图 3-3-6a)所示的限位机构中,阀芯下端伸出的两个凸起插在阀套的两个缺口中限位;图 3-3-6b)所示的限位机构中,阀芯下端的菱形部分插在阀套中间的凹陷部位;图3-3-6c)、d)所示的机构中,则分别利用花键和凸台对阀芯转动进行限位。

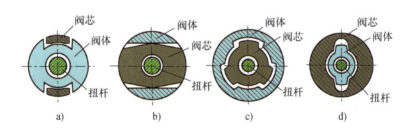

图 3-3-6　阀芯、阀体限位结构形式
a)凸起限位；b)斜面限位；c)花键限位；d)凸台限位

3 任务实施

3.1 准备工作

阅读维修手册,制订拆装方案,准备所需仪器、设备和工具。

3.2 操作流程

（1）断开转向器与转向轴的连接。
（2）用软管夹夹住油液软管。
（3）断开转向横拉杆与转向节的连接球头。
（4）断开连接转向器的油管。
（5）断开转向器与副车架的固定连接螺栓。
（6）取下转向器。不同车型，视实际拆卸难易情况可以拆下车轮，或降下副车架。
（7）安装顺序与拆卸顺序相反。

3.3 操作提示

（1）维修动力转向装置时，要求在无尘环境下实施。
（2）松开前彻底清洁连接处及周围地区。
（3）将零件放到清洁表面，若不能立刻安装，将其盖好。
（4）不要使用带线毛抹布。
（5）只有在安装前才能拆开零件包装。
（6）只能使用原装备件。
（7）转向器与油管断开后，要用塑料密封堵密封好动力转向器的螺纹孔。
（8）安装时使用新的软管密封环。
（9）安装时确保密封面清洁。
（10）油管和转向器之间必须留有符合厂家技术要求的一定量的间隙，防止工作过程中磕碰、磨损及产生噪声。

复习与思考题

1. 普通液压动力转向系统出现故障会有哪些现象？
2. 简述转阀式动力转向器工作时的助力原理。
3. 简述转阀式动力转向器保持直线行驶能力的原理。
4. 转阀式动力转向器阀芯、阀体限位结构形式有哪些？
5. 简述更换液压动力转向器需要注意的问题。

任务4 更换转向助力泵

1 任务引入

某装备有普通液压动力转向系统的轿车出现转向越来越沉重但转向盘的自由行程

正常的情况,经诊断为转向助力泵泵油压力不足,叶片和定子磨损加剧所致,需对其更换。

2 相关理论知识

2.1 转向油泵的构造及工作原理

转向油泵是液压式动力转向装置的能源,一般由发动机驱动,其作用是将输入的机械能转换为液压能输出。转向油泵有齿轮式、叶片式、转子式和柱塞式等几种形式。曾被广泛采用的齿轮式转向油泵的构造及工作原理与发动机润滑系中的齿轮式机油泵类似。叶片式转向油泵具有结构紧凑、输油压力脉动小、输油量均匀、运转平稳、性能稳定、使用寿命长等优点,现代汽车采用较多,故以下仅介绍叶片式转向油泵。

1)叶片式转向油泵的工作原理

叶片式转向油泵按其转子叶片每转一周的供油次数和转子轴的受力情况可以分为单作用非卸荷式和双作用卸荷式两种。

(1)单作用非卸荷式叶片泵。单作用非卸荷式叶片泵主要由端盖、驱动轴、转子、定子、叶片及壳体组成,如图3-4-1所示。

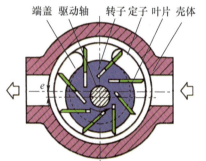

图3-4-1 单作用叶片泵工作原理

定子具有圆柱形内表面。转子上沿圆周均匀制有径向切槽。矩形叶片装在转子的切槽内,可在槽内移动;叶片沿转子轴向的两端分别压靠在两侧端盖的端面上,并可在端面上滑动。这样就由定子内表面、转子外表面、叶片和端盖构成若干个油腔。转子和定子中心不重合,有一偏心距 e。当转子旋转时,叶片在自身离心力的作用下紧贴定子的内表面,将上述各油腔密封,并在转子切槽内做往复运动。

当转子按图示逆时针方向转动时,右半转子上各叶片均沿切槽向外滑动而伸出,相邻两叶片之间油腔的工作容积均增大,因而具有吸油作用;而左半转子上各叶片则均沿切槽向内滑动而被压回,相邻两叶片之间油腔的工作容积均减小,因而具有压油作用。转子每转一周,叶片在切槽内做往复伸、缩运动各一次,完成吸油、压油各一次,故称为单作用叶片泵。由于右边吸油区的油压低,左边压油区的油压高,左、右两油区的压力差作用在转子上,使转子轴的轴承上承受较大的荷载,故称其为非卸荷式叶片泵。但是单作用叶片泵现已很少使用了。

(2)双作用卸荷式叶片泵。双作用卸荷式叶片泵也由转子、定子、叶片、端盖等组成,如图3-4-2所示。与单作用叶片泵的不同之处在于:双作用叶片泵的转子与定子的中心相重合;定子的内表面不是圆形而是一个近似的椭圆形,它由两条长半径 $R(ab,a'b')$ 和两条短半径 $r(cd,c'd')$ 所决定的圆弧以及4段过渡曲线所组成。当转子旋转,叶片由短半径 r 向长半径 R 处运动时,两叶片间油腔的工作容积逐渐增大,形成局部真空而吸油;而叶片由长半径

R向短半径r处运动时,两叶片间油腔的工作容积逐渐减小而压油。转子每转一周,叶片在转子切槽内往复运动两次,完成两次吸油和两次压油,故称为双作用叶片泵。由于两个吸油区和两个压油区各自的中心夹角对称,所以作用在转子上的油压作用力相互平衡,故又称为卸荷式叶片泵。为了使转子受到的径向油压力完全平衡,工作油腔数(叶片数)应当为偶数。

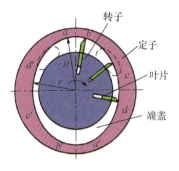

图 3-4-2 双作用叶片泵工作原理

2) 叶片式转向油泵的构造

如图 3-4-3 所示,左端盖和右端盖以外圆柱面与壳体的内孔滑动配合,配合表面之间分别装有 O 形密封圈,其中密封圈使右端盖的右侧(与油泵的压油腔、出油道均相通)与壳体的进油腔隔开。定子即位于左、右端盖之间的进油腔内,其两端与左、右端盖的接合端面靠弹簧的弹力压紧,弹性挡圈限制端盖在弹簧作用下向左轴向移动。

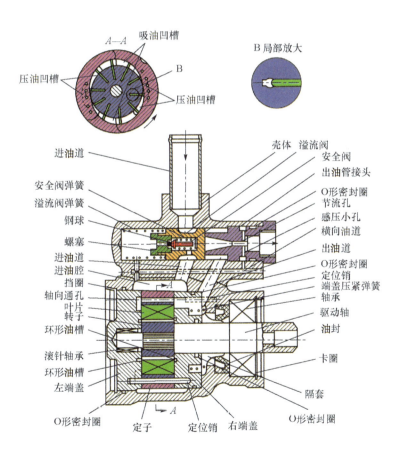

图 3-4-3 叶片式转向油泵结构图

在右端盖上开有两个对称的吸油凹槽，两凹槽均与进油腔相通，实现双边进油，以利于增大油泵的流量。此外，在左、右两端盖上还对称开有两个压油凹槽，转子工作腔内压出的高压油流入其中的左端盖压油凹槽后，经定子上的八个轴向通孔汇集于右端盖的压油凹槽内，右端盖的压油凹槽开有轴向通道，与出油道相通。两个定位销使定子与左、右端盖周向定位；右端盖又通过定位销与壳体周向定位，从而保证了端盖各油口以及壳体进、出油道之间正确的相对位置。

转子位于定子的内孔中，以三角形花键孔与驱动轴的花键轴段相配合。转子沿圆周方向均匀地开有条状径向切槽，每条槽内装有可沿槽径向滑动的矩形叶片，叶片两长边制成圆弧形，以利于与定子内表面良好接触，这种接触必须可靠，以保证油泵正常工作。为此，除依靠叶片本身的离心力外，还在叶片槽根部制有小油腔（其结构形状如图 3-4-3 中局部放大图 B 所示）；在左、右端盖与转子叶片槽根部相对应的圆周上分别开有环形油槽，高压油经端盖与转子之间的间隙进入环形油槽后，即可流入叶片槽根部的小油腔内，迫使叶片可靠地压向定子内表面。

驱动轴右部轴颈通过向心球轴承支撑在壳体上，轴的左端插入左端盖中的无内圈滚针轴承中，起支撑作用。轴的左中段制有三角形花键；轴的右端与传动带盘相配合，发动机传出的动力由此输入，通过花键带动转子旋转。

叶片式转向油泵的输出油量随转子旋转速度（从而随发动机转速）的升高而增大。转向油泵设计时一般须保证即使在发动机怠速运转状态下，油泵的输出油量也能满足快速转向所需的动力缸活塞移动速度。这样，当发动机转速高时，油泵的输出油量将过大，导致油泵消耗功率过多和油温过高。油泵的输出油压取决于液压系统的负荷（动力缸活塞所受的运动阻力，也可以理解为油液的流通阻力）。输出油压过高，将导致动力缸和油泵超载而损坏其零件。为此，在进、出油道之间装有控制流量的溢流阀和控制压力的安全阀。

当输出油量过大时，出油管接头内节流孔中油液的流速很高，其静压力相应很低，此压力经感压小孔、横向油道传到溢流阀的左侧，使阀左、右两侧压力差增大，在压力差作用下阀压缩弹簧在壳体内左移，使进油道与出油道相沟通，部分油液即在泵内循环流动，使输出油量减少。当输出油量不大，而输出油压过高（如油道堵塞等原因造成）时，过高的油压同样经小孔、油道传至阀左侧，迫使钢球和安全阀压缩弹簧而右移，则高压油可通过带滤网的螺塞的中心孔经进油道流回进油腔，从而降低了输出油压。

2.2 压力开关

在转向时尤其转向阻力较大时，转向油泵输出油压较高，负荷较大。转向油泵通常都是由发动机驱动的，这种大油泵负荷，会对发动机怠速造成一定的影响。为了保持发动机的怠速稳定，有的动力转向油泵在出油管接口处安装一压力开关（如装备 1.6L 汽油发动机的宝来轿车的转向油泵，即安有压力开关）。用以监测油压，进而间接地监测转向阻力。当阻力大时，油压高（如宝来车的转向油泵油压超过 4MPa）时，压力开关接通并将此信号传送给发动机 ECU，然后，发动机 ECU 提升发动机转速，以保持怠速稳定。

2.3 液压动力转向系统的排气

无论更换动力转向器，还是更换转向油泵，都会造成液压系统里进入空气，而导致助力功能减弱或失效。那么，我们就必须对液压转向系统进行排气。排气的方法如下：

(1) 换完转向助力泵后，将车落在地上，不起动发动机，左右转动转向盘到极限位置各10次。

(2) 将车升起，使前轮离开地面，起动发动机后，左右转动转向盘到极限位置，各约10次。

(3) 将车落到地面上，在发动机运转的情况下，左右转动转向盘到极限位置，各约10次。

(4) 在上述过程中，要时刻保持储液罐内油液不低于最低液面线，必要时补充油液。

3 任务实施

3.1 准备工作

阅读维修手册，制订拆装方案，准备所需仪器、设备和工具。

3.2 操作流程

1）拆卸
(1) 拆下驱动油泵的传动带。
(2) 用软管夹夹紧输油软管。
(3) 断开与油泵连接的输油管。
(4) 拆下油泵固定螺栓，取下油泵。

2）安装
(1) 通过供油管处向油泵注油，并用手转向传动带轮，直到助力油从出油管处流出。
(2) 将油泵固定在支架上。
(3) 连接油管。
(4) 对液压系统进行排气。

3.3 操作提示

(1) 安装供油管时，必须使管口标记与油泵上的铸造标记对正。
(2) 供油管口处的弹簧卡箍必须在规定处卡紧。
(3) 出油管口处的密封垫必须换用新的。

复习与思考题

1. 转向助力油泵损坏会有哪些故障现象？
2. 常用的转向油泵有几种类型？
3. 分别说明转向油泵里溢流阀、安全阀的工作过程。
4. 液压动力转向系统里压力开关的作用是什么？
5. 简述液压动力转向系统的排气方法。

任务5　更换液压式电控动力转向系统电脑

1 任务引入

某装备有液压式电控动力转向系统的轿车高速行驶时，转向操纵力太小，经诊断为电控动力转向系统电脑故障，需更换转向系统电脑。

2 相关理论知识

动力转向系统转向操纵灵活、轻便，能吸收路面对前轮的冲击，因此被许多汽车使用。但传统的动力转向系统仍然存在一些缺点，如果所设计的助力放大倍数是为了适应汽车在低速行驶状态下转动转向盘的操纵力，则当汽车以高速行驶时，转动转向盘的操纵力就显得太小，不利于对高速行驶的汽车进行方向控制。如果所设计的助力放大倍数是为了适应汽车在高速行驶状态下转动转向盘的操纵力，则当汽车停驶或低速行驶时，转动转向盘就显得非常吃力，即转向沉重。为了实现在各种转速下转向的操纵力都是最佳值，电子控制动力转向系统是最好的选择。它可以随行驶条件及时调整转向助力放大倍数，适合在轿车上使用。

电子控制动力转向系统简称为 EPS，即 Electronic Control Power Steering 的英文缩写。

电子控制动力转向系统根据动力源的不同又可分为两大类：一类是带液压系统的电控液压式动力转向系统（液压式 EPS）；一类是不带液压系统而直接采用电动机驱动的电动式动力转向系统（电动式 EPS）。液压式电子控制动力转向系统根据控制方式的不同，可分为流量控制式、反力控制式和阀灵敏度控制式三种形式。电动式 EPS 因为省去了液压系统，使结构更加简化；另外，因为电动机直接控制，响应性更好，所以在小型车特别是轿车上得到了广泛应用。液压式 EPS 因为能提供较大的动力，所以除了在小型上应用外，大型车上也多采用。

本任务主要针对液压式 EPS 系统常用的流量控制式和反力控制式进行分析。

2.1 流量控制式动力转向系统

流量控制式电子控制动力转向系统是根据车速传感信号，调节向动力转向装置供应压力油,改变油液的输入、输出流量,以控制转向力。控制流量的方法有两种:一是加旁通流量阀,即对油泵输出流量进行分流,控制流入转向助力系统的流量;二是直接改变油泵的输出流量。下面对这两种流量控制式液压助力转向系统分别加以叙述。

1)旁通流量式

图3-5-1a)所示为一种旁通流量控制式液压动力转向系统的结构和原理示意图,与普通液压动力系统相比该系统中增加了转向盘转速传感器、车速传感器、流量控制阀、电磁阀及电控单元等。在转向油泵与转向器之间设有旁通管路,在旁通管路中又设有旁通油量控制阀。按照来自车速传感器、转向角速度传感器的信号,电子控制单元向旁通流量控制阀发出控制信号以控制旁通流量,从而调整向转向器的供油量,如图3-5-1b)所示。

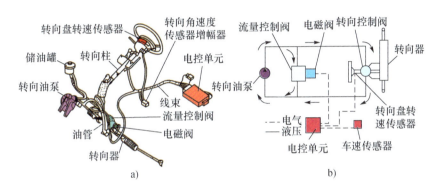

图3-5-1 流量控制式电子控制动力转向系统
a)结构图;b)原理图

当向转向器的供油量减少时,动力转向控制阀灵敏度下降,从而转向助力作用降低,转向力增加。如图3-5-2所示,为该系统旁通流量控制阀的结构示意图。在阀体内装有主滑阀和稳压滑阀,主滑阀的右端与电磁阀柱塞连接,主滑阀与电磁阀的推力成正比移动,从而改变主滑阀左端量孔的开口面积。调整调节螺钉可以调节旁通流量的大小。稳压滑阀的作用是保持量孔前后压差的稳定,以使旁通流量与流量主孔的开口面积成正比。当因转向负荷变化而使量孔前后压差

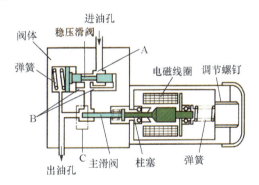

图3-5-2 旁通流量控制阀
A-节流孔;B-内部油道;C-量孔

偏离设定值时,稳压滑阀阀芯将在其左侧弹簧张力和右侧高压油压力的作用下发生滑移。如果压差大于设定值,则阀芯左移,使节流孔开口面积减小,流入到阀内的助力油量减少,前后压差减小;如果压差小于设定值,则阀芯右移,使节流孔开口面积增大,流入到阀内的助力油量增多,前后压差增大。量孔前后压差的稳定,保证了旁通流量的大小只与主滑阀控制的流量主孔的开口面积有关。

流量控制式电子控制动力转向系统的优点是在原来液压动力转向功能上再增加压力油

流量控制功能,所以其结构简单、成本较低。但是,当流向动力转向机构的压力油降低到极限值时,对于快速转向会产生压力不足、响应较慢等缺点,故使它的推广应用受到限制。

2) 电动泵式

上述旁通流量控制式液压助力转向系统,其转向油泵由发动机驱动,只要发动机在运转,即使汽车不转向,油泵也在工作,这无疑会增加发动机的附加燃油消耗。如果油泵的转速能随车速和转向盘转速的变化而改变,而且汽车不转向时油泵不工作或以较低转速运转,这样不仅能获得随车速而变化的路感,而且能减少由助力转向系统造成的附加燃油消耗。要做到这一点,只有采用电动机来驱动油泵。此时,由控制器根据车速和转向盘转速对电动机转速进行控制,从而改变流入液压助力转向系统的油液流量,达到改变操舵力大小的目的。由于这种液压助力转向系统中,电动机和油泵制成一体(称为电动泵),因此称为电动泵式液压助力转向系统。

图 3-5-3 给出了一种电动泵式液压动力转向系统的示意图。转向盘转速传感器安装在转向齿轮上。电动机、转向油泵、储油罐及电控单元制成一体,构成电动泵总成。系统通过 CAN 总线从电子车速表(位于仪表板中)获得车速信号,从发动机管理单元获得发动机转速信号,通过安装在转向齿轮上的转向盘转速传感器获得转向盘转速信号。安装在电动泵中的转向电控单元,根据上述信号对汽车的行驶状态进行判断,对电动机转速进行控制,使油泵输出与当前汽车行驶状态相适应的工作流量。

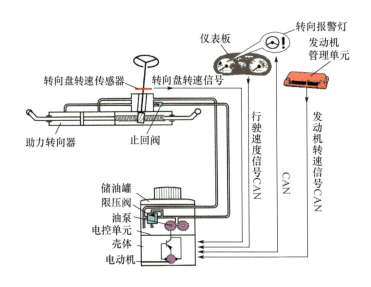

图 3-5-3 电动泵式液压动力转向系统示意图

例如,东风雪铁龙凯旋轿车的转向系统即采用电动泵式电控动力转向系统。因为助力泵完全是一个独立于发动机的电动泵,所以如果发动机熄火,也不会影响转向助力。另外,它的转速可以随车速变化而变化,低速时这个助力泵的转速是 3000r/min,而高速时就会降到 800r/min 左右。在高速行驶中,虽然助力减小了,但是仍有可能出现需要紧急避让的突发事件。为此,该系统设有助力转向紧急模式。转向盘转向柱上有一个角速度传感器,系统会根据打转向盘的速度来调整助力大小。在猛打转向盘时,电动泵会骤然把转速提高到接近 5000r/min,助力会瞬间扩大,顺利完成避险操作,这一点只有这种不依赖发动机转速的助力系统才能做到。

采用电动泵式液压动力系统,不仅能够获得随车速而变化的路感,而且能大大减少转向助力系统的功率消耗,其功率消耗仅为普通液压动力转向系统的 20% 左右。

2.2 反力控制式动力转向系统

反力控制式动力转向系统是能根据车速大小,控制反力室油压,改变输入、输出增益幅度,从而控制转向力大小。

如图 3-5-4 所示,为反力控制式动力转向系统的工作原理图。系统主要由转向控制阀、分流阀、电磁阀、转向动力缸、转向油泵、储油箱、车速传感器及电子控制单元等组成。转向控制阀是在传统的整体转阀式动力转向控制阀的基础上增设了油压反力室而构成。扭力杆的上端通过销子与阀芯相连,下端与小齿轮轴用销子连接,小齿轮轴的上端部通过销子与控制阀阀体相连。转向时,转向盘上的转向力通过扭力杆传递给小齿轮轴。当转向力增大,扭力杆发生扭转变形时,控制阀体和阀芯之间将发生相对转动,于是就改变了阀体和阀芯之间油道的通、断关系和工作油液的流动方向,从而实现转向助力作用。

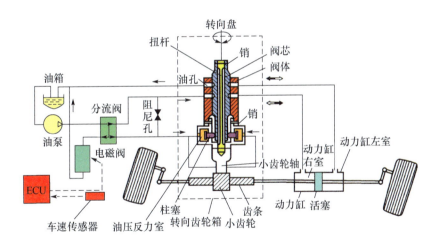

图 3-5-4 反力控制式动力转向系统的组成

分流阀是把来自转向油泵的油液向控制阀一侧和电磁阀一侧进行分流的阀。按照车速和转向要求,改变控制阀一侧与电磁阀一侧的油压,确保电磁阀一侧具有稳定的油液流量。阻尼孔的作用是把供给转向控制阀的一部分流量分配到油压反力室一侧。电磁阀的作用是根据需要让油压反力室一侧的油液流回储油箱。

电子控制单元(ECU)根据车速的高低,线性控制电磁阀的开口面积。当车辆停驶或速度较低时,ECU 使电磁线圈的通电电流增大,电磁阀开口面积增大,经分流阀分流的油液,通过电磁阀重新回流到储油箱中,所以作用于柱塞的背压(油压反力室压力)降低。于是柱塞推动控制阀阀芯的力(反力)较小,因此只需要较小的转向力就可使扭力杆扭转变形,使阀体与阀芯发生相对转动而实现转向助力作用。当车辆在中高速区域转向时,ECU 使电磁线圈的通电电流减小,从而电磁阀开口面积减小,所以油压反力室的油压升高,作用于柱塞的背压增大,于是柱塞推动转阀阀杆的力增大。此时需要较大的转向力才能使阀体与阀芯之间作相对转动(相当于增加了扭力杆的扭转刚度),实现转向助力作用,所以在中高速时可使驾驶员获得良好的转向手感和转向特性。

反力控制式动力转向系统的优点是具有较大的选择转向力的自由度,转向刚度大,驾驶员能确实感受到路面情况,可以获得稳定的操作手感等;其缺点是结构复杂,且成本较高。

3 任务实施

3.1 准备工作

阅读维修手册,制订拆装方案,准备所需仪器、设备和工具。

3.2 操作流程

(1)断开蓄电池负极。
(2)拆下转向系统电脑。
(3)更换新的转向电脑。
(4)作匹配。

3.3 操作提示

(1)在触摸电脑前将手触地释放静电荷。
(2)绝不要触摸 ECU 接头、集成电路接头的引脚或 ECU 电路板上的焊接件。
(3)不要拆解控制电脑。
(4)避免电脑沾水或油。

复习与思考题

1. 电控动力转向系统简称是什么?它可以随行驶条件调整什么参数?根据动力源的不同分为哪几种类型?
2. 流量控制式动力转向系统有哪两种?
3. 简述旁通流量式控制阀里的稳压阀的稳压原理。
4. 电动泵式动力转向系统如何改变操舵力的?
5. 简述反力控制式动力转向系统的工作原理。

任务6 更换电动式电控动力转向传感器

1 任务引入

某装备有电动式电控动力转向系统的轿车在行驶过程中,转向沉重,故障指示灯点亮,经检测为转向角传感器损坏,需对其更换。

2 相关理论知识

2.1 电动式电控动力转向系统(EPS)的结构

电动式电控动力转向系统是一种直接依靠电动机提供辅助转矩的动力转向系统,可以根据不同的使用工况控制电动机提供不同的辅助动力。图3-6-1所示为电动式EPS系统组成示意图,转向轴上装有转向角传感器和转向力矩传感器,电控单元根据来自电子车速表(或ABS控制器)的车速信号及转向角、转矩传感器的输出信号,判断驾驶员的操纵意图,从而控制电动机电流的大小和方向,使其输出适当的转矩。电动机产生的转矩通过减速器(通常为蜗轮蜗杆机构)直接施加在转向轴(或转向齿轮、齿条轴)上。驾驶员的转向操舵力矩和电动机的助力矩共同克服转向阻力矩,使车轮偏转。车速低,电动机助力大,转向操纵轻便;车速高,电动机助力减少,甚至产生阻力矩,使转向操纵变沉。

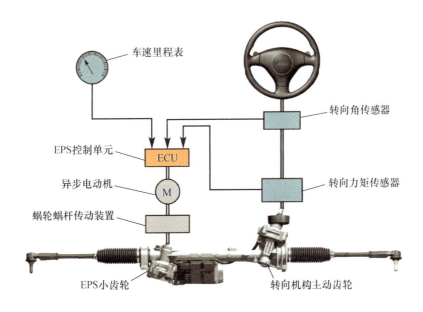

图3-6-1 电动式EPS系统组成示意图

按汽车前轴负荷的不同,电动式EPS系统电动机的安装位置有不同的方案,如图3-6-2所示。前轴负荷较轻[<6374N(650kgf)]时,电动机减速器总成通常安装在转向

轴上,称为转向轴助力式 EPS(C-EPS)系统;前轴负荷稍重[6374N(650kgf)~11768N(1200kgf)]时,电动机减速器总成通常安装在转向齿轮上,称为转向齿轮助力式 EPS(P-EPS)系统;前轴负荷再重[>11768N(1200kgf)]时,电动机减速器总成通常安装在齿条轴上,称为齿条轴助力式 EPS(R-EPS)系统,这种安装形式有的是电动机做成空心的(又称空心电机式),齿条轴从中心穿过,以螺杆螺母的传动形式传力,如本田雅阁。有的是电动机安在齿条壳体的外面通过小齿轮驱动齿条(又称双小齿轮式),如一汽大众速腾。目前,受车载蓄电池的限制,EPS 电动机的功率不能太大(<500W),因此 EPS 在商用车上的应用受到限制。

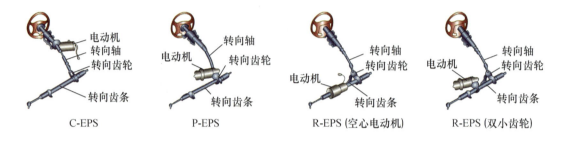

图 3-6-2 电动式 EPS 系统电动机的不同安装位置图

2.2 电动式 EPS 系统工作原理

电动式 EPS 系统是利用直流电动机作为动力源,ECU 根据各传感器提供的信号,控制电动机转矩的大小和方向,其工作原理框图如图 3-6-3 所示。

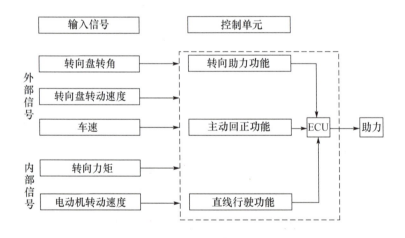

图 3-6-3 电动式 EPS 工作原理图

1)转向助力原理

当转动转向盘时,装在转向轴上转角传感器、转矩传感器不断地测出转向轴的转角、转矩信号,并与车速信号等同时输入到 ECU。ECU 根据这些输入信号,确定助力转矩的大小和方向,即选定电动机的旋转方向和助力电流的大小,并将指令传递给电动机,通过离合器和减速机构减速增扭后将辅助动力施加到转向系统中,从而得到一个与工况相适应的转向助力力矩。此力矩与驾驶员施加在转向盘上的力矩叠加在一起形成最终促动转向轮偏摆的有效力矩,如图3-6-4所示。

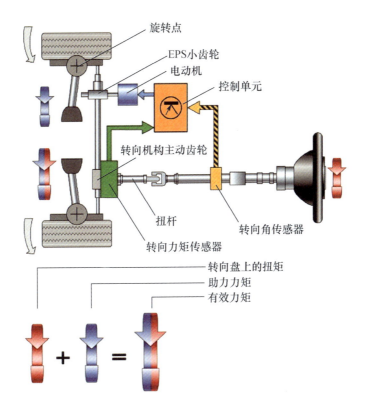

图3-6-4 电动式EPS转向助力原理

2)主动回正原理

由于车轮定位参数的原因,转向后在转向轮上会产生一个复位力,但是由于转向系统内部各铰接点及车轮和地面之间的摩擦,这个复位力不足以将车轮转到直线行驶位置。而电动式EPS的ECU会根据转向力矩、车速、发动机转速、转向角度、转向速度和存储在ECU中的特性曲线图,计算出复位所需要的力矩。据此,起动电动机,带动车轮回到直线行驶位置,如图3-6-5所示。

3)直线行驶功能

直线行驶功能是主动回正功能的一个扩展。当车辆行驶过程中,受到客观因素(如侧向风力、车在倾斜路面上的侧向分力等)影响,而使车轮偏摆,则电动式EPS的ECU会根据转向力矩、车速、发动机转速、转向角度、转向速度和存储在ECU中的特性曲线图,计算出直线行驶校正所需要的力矩。据此起动电动机,带动车轮回到直线行驶位置。所以,驾驶员就不需要进行不断地校正行驶方向了,从而减轻了疲劳强度。

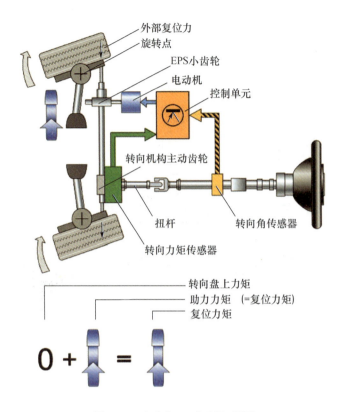

图 3-6-5 电动式 EPS 主动回正原理

2.3 电动式 EPS 系统主要构件的结构原理

1）转角传感器

转角传感器安装在转向柱上的转向开关与转向盘之间，与安全气囊时钟弹簧集成为一体，其实物如图 3-6-6 所示。

图 3-6-6 转角传感器实物图

转角传感器的作用是检测转向盘的转动角度和转动速度，是电动助力的依据之一。该传感器由转子、发光二极管、光敏二极管和放大器等组成。其工作原理如图 3-6-7 所示，发光二极管作为信号源，光敏二极管作为接收源。随着转子转动，当透光孔与发光二极管对正时，光线照射到光敏二极管上产生高电位，经放大电路放大后输送给 ECU，如图 3-6-7a）所示。当透光孔与发光二极管错开时，光线不能照射到光敏二极管上，光敏二极管无电压信号输出，产生低电位输送给 ECU，如图 3-6-7b）所示。如此反复，即形成图 3-6-7c）所示方波信号，并通过 CAN 总线将该信号传递给转向柱电控单元，经过分析处理后的转向盘转角信号、转角速度信号传递给转向辅助控制单元，结合转向力矩传感器、车速传感器信号、电动机转动速度信号进行处理,从而适时调整转向助力大小。

图 3-6-7 转角传感器工作原理图

a)光敏元件导通;b)光敏元件截止;c)信号盘连续转动

当发现信号失效时,故障指示灯常亮,启动应急程序,用一个替代值取代这个信号,电子助力转向依然起作用。

2)转向力矩传感器

电动 EPS 系统中的转向力矩传感器多为电位计式、滑动变压器式或电磁式。它们的共同特点是都采用扭杆作为弹性元件,扭杆的上端与输入轴固连,下端与输出轴固连。通过检测扭杆两端的相对转角来检测作用在其上的转矩,即转向盘与转向器之间的相对转矩,是电动助力的控制依据之一。

如图 3-6-8 所示为电磁式转向力矩传感器实物图,磁性转子和转向柱连接块为一体,磁阻传感元件和转向小齿轮连接块为一体。磁性转子由 24 个不同的磁极区交替排列组成,每次用两个磁极来估算力矩。当转动转向盘时,转向柱连接块和转向小齿轮连接块相对周向运动,即磁性转子和磁阻传感元件相对周向运动,发生磁场变化,在磁阻传感元件两端产生电位差。通过测量磁阻传感元件两端的电位差值,则转向力(矩)的大小可以被测量出来,其工作原理图如图 3-6-9 所示。

图 3-6-8 转向力矩传感器实物图

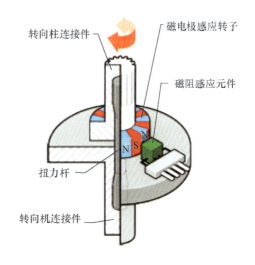

图 3-6-9 转向力矩传感器原理图

如果信号失效,转向助力系统将关闭,但并不是马上关闭,而是通过一个柔和的逐步的过程。在此过程中,故障指示灯呈红色亮起。转向助力的大小是由控制单元通过电动机转子速度和转向盘转角等信号计算出的值所代替的。

3)转向电动机

转向电动机是无刷式异步伺服电动机,具有无扭矩波动、低噪声、抗泥污、无额外摩擦、较宽的转速范围和温度范围等优点,其结构如图3-6-10所示,它通过蜗轮蜗杆机构和一个传动小齿轮与齿条啮合,蜗轮与EPS小齿轮通过摇摆减振器连接。电动机里面还有转子转速传感器,电控单元用此来确定转向速度,从而实现对电动机进行精确控制,这个传感器若是出现故障,则指示灯呈红色亮起。

转向电动机需要正反转控制,如图3-6-11所示为一种比较简单适用的控制电路,a_1、a_2为触发信号端。当a_1端得到输入信号时,三极管VT_3导通,VT_2得到基极电流而导通,电流经VT_2、电动机M、VT_3、搭铁而构成回路,于是电动机正转。当a_2端得到输入信号时,电流则经VT_1、电动机M、VT_4、搭铁而构成回路,电动机则因电流方向相反而反转。控制触发信号端电流的大小,就可以控制通过电动机电流的大小。

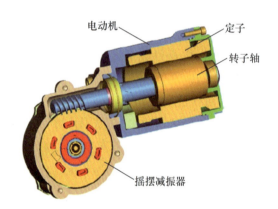

图 3-6-10 带减速机构的转向电动机结构图

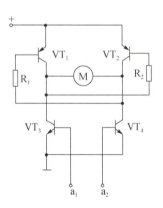

图 3-6-11 转向电动机电路图

异步电动机有一个优点:在不通电的情况下,转向机仍可使电动机转动。也就是说,即使该电动机出现故障(无转向助力了),那么只需稍微再多用点力仍可转动转向装置,而不会锁止。此时,故障灯会呈红色亮起。

4)转向助力控制单元

转向助力控制单元与转向电机固定连接在一起,出现故障后整体更换。控制单元内集成有温度传感器,用于检测转向系统的温度。若温度超过100℃,电动助力转向功能会逐渐降低,当降低到60%,警告灯呈黄色亮起,同时有故障记忆。

2.4 电动式 EPS 系统的优缺点

1)优点

(1)效率高、能量消耗少。

(2) 系统内部采用刚性连接,反应灵敏,滞后小,驾驶员的"路感"好。

(3) 结构简单,质量小。

(4) 系统便于集成,整体尺寸减小;省去了油泵和辅助管路,总布置更加方便。

(5) 无液压元件,对环境污染少。

2) 缺点

(1) 直接助力式电动转向系统提供的辅助动力较小,难以用于大型车辆。

(2) 减速机构、电动机等部件会影响汽车的操纵稳定性,正确匹配整车性能至关重要。

(3) 使用电动机、减速机构和转矩传感器等部件,增加了系统的成本。

3 任务实施

3.1 准备工作

阅读维修手册,制订拆装方案,准备所需仪器、设备和工具。

3.2 操作流程

(1) 拆卸驾驶员侧安全气囊及控制单元。
(2) 拆下转向盘。
(3) 拆下转向角传感器。
(4) 更换新的转向角传感器后,按以上倒序进行安装。
(5) 安装对转向角传感器进行基本设置,以标定零位。

3.3 操作提示

(1) 安装过程中确保转向盘及车轮处于直行位置。
(2) 安装时,要保证转向角传感器在正中位置,观察孔内黄色标记可见。
(3) 转向角传感器的校准,前驱车要在 ESP 控制单元中进行。四驱车在 EPS 控制单元中进行。

复习与思考题

1. 电动式 EPS 出现故障会有哪些现象?
2. 按汽车前轴负荷的不同,电动式 EPS 系统有哪几种类型?
3. 转角传感器安装在什么位置?它的作用是什么?信号失效的故障现象是什么?
4. 转向力矩传感器信号失效的故障现象是什么?
5. 简述电动式 EPS 转向电动机正反转控制原理。

知识点小结

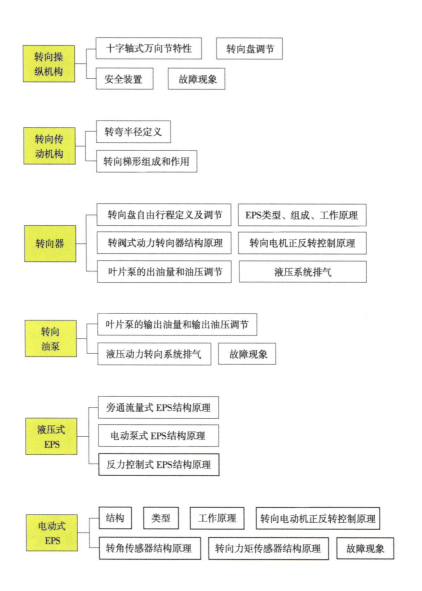

项目 4　制动系的构造与维修

1 制动系的功用

使行驶中的汽车减速甚至停车,使下坡行驶的汽车速度保持稳定,以及使已停驶的汽车保持不动,这些作用统称为汽车制动。汽车制动系是指在汽车上设置的一套(或多套)能由驾驶员控制的、产生与汽车行驶方向相反外力的专门装置。其作用是:使行驶中的汽车按照驾驶员的要求进行适时减速、停车或驻车,以及保持汽车下坡时行驶速度的稳定性。

2 制动系的组成及类型

2.1 制动系的组成

（1）供能装置:包括供给、调节制动所需能量以及改善传能介质状态的各种部件。人的肌体可作为制动能源。

（2）控制装置:包括产生制动动作和控制制动效果的各种部件,如图 4-0-1 所示的制动踏板。

（3）传动装置:包括将制动能量传输到制动器的各个部件及管路,如图 4-0-1 所示的制动主缸、轮缸及连接管路。

（4）制动器:产生阻碍车辆运动或运动趋势的力的部件。一般通过固定元件与旋转元件工作表面之间的摩擦作用来实现。

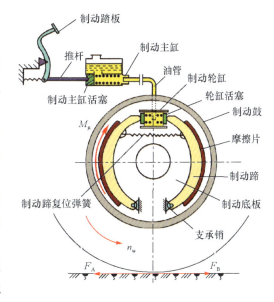

图 4-0-1　制动系

较完善的制动系还具有制动力调节装置、报警装置、压力保护装置等附加装置。

2.2 制动系的分类

汽车制动系按功用可分为行车制动系、驻车制动系、第二制动系、辅助制动系。行车制动系是使行驶中的汽车减速甚至停车的一套专门装置，在行车过程中经常使用。驻车制动系是使已停驶的汽车驻留原地不动的一套装置。第二制动系是在行车制动系失效的情况下保证汽车仍能实现减速直至停车的一套装置，也称为应急制动系统。辅助制动系是在汽车下长坡时用以稳定车速的一套装置。例如经常在山区行驶的汽车，若单靠行车制动装置来限制汽车下长坡的车速，将导致制动器过热而降低制动效能，甚至完全失效，故还应增设辅助制动装置。行车制动系和驻车制动系作为每辆汽车制动系的最低装备，部分汽车还设有辅助制动系和第二制动系。

按制动能源可分为人力制动系、动力制动系、伺服制动系。人力制动系以驾驶员的肌体为唯一的制动能源。动力制动系完全靠发动机的动力转化而成的气压或液压形式的势能进行制动。伺服制动系兼用人力和发动机动力进行制动。

按制动能量传输方式，制动系还可分为机械式、液压式和气压式等。

3 制动系工作原理

3.1 基本结构

图 4-0-1 所示为一简单的液压制动系，制动鼓固定在轮毂上并随车轮一起旋转，其内圆柱面为工作表面。在固定不动的制动底板上装有两个固定的支撑销，两块外圆面铆有摩擦片的弧形制动蹄下端装在支撑销上，制动蹄可沿支撑销轴线转动。制动蹄上端用复位弹簧拉紧并压靠在制动轮缸内的活塞上。制动轮缸装在制动底板上，用油管与装在车架上的制动主缸相连，主缸中的活塞可由驾驶员通过制动踏板来操纵。

3.2 制动作用的产生

行驶的汽车要实现减速、停车，必须借助路面强制地对汽车车轮产生行驶方向相反的外力，即制动力。

不制动时，制动鼓的内圆柱面与摩擦片之间保留一定的间隙，使制动鼓可以随车轮一起旋转。

制动时，驾驶员踩下制动踏板，推杆便推动制动主缸活塞，迫使制动油液经油管进入制动轮缸，油液压力使制动轮缸活塞克服复位弹簧的拉力推动制动蹄绕支撑销转动，上端向外张开，消除制动蹄与制动鼓之间的间隙后压紧在制动鼓上。这样不旋转的制动蹄摩擦片对旋转着的制动鼓就产生一个摩擦力矩 M_μ，其方向与车轮旋转方向相反，其大小取决于制动轮缸活塞的张开力、制动蹄鼓间的摩擦系数及制动鼓和制动蹄的尺寸。制动鼓将力矩传至车轮，由于车轮与路面的附着作用，车轮即对路面作用一个向前的周向力 F_A，同时，路面也给车轮一个向后的切向反作用力 F_B，即车轮受到的路面制动力。各车轮所受路面制动力之和就是汽车受到的总制动力，它由车轮经车桥和悬架传给车架及车身，迫使整个汽车产生一定的减速度，制动力越大，减速度越大。

放松制动踏板，在复位弹簧作用下，制动蹄与制动鼓的间隙又得以恢复，从而解除制动。

3.3 对制动系的基本要求

为了保证汽车在安全的条件下发挥其高速行驶的能力，制动系统必须满足下列要求：

（1）具有良好的制动性能。包括制动效能、制动效能的恒定性、制动时的方向稳定性三个方面。制动效能的评价指标有制动距离、制动减速度、制动力和制动时间。制动效能的恒定性指抗"热衰退"和抗"水衰退"能力。制动时的方向稳定性是指制动时保持原有行驶方向的能力，即不跑偏、不侧滑。

（2）操纵轻便。

（3）制动平顺性好。制动力矩能迅速而平稳的增加，也能迅速而彻底的解除。

（4）对有挂车的制动系，还要求挂车的制动作用略早于主车，挂车自行脱钩时能自动进行应急制动。

任务 1　更换盘式制动器制动块

❶ 任务引入

汽车制动性能变差，有的车辆还伴有制动警告灯点亮，经检查为制动块摩擦片磨损，需更换制动块。

❷ 相关理论知识

2.1 盘式制动器种类

盘式制动器摩擦副中的旋转元件为以端面为工作面的金属圆盘，称为制动盘。根据其固定元件的结构形式，盘式制动器可分为钳盘式制动器与全盘式制动器。

盘式制动器的固定元件为制动钳和制动块（由金属背板和摩擦片组成）。钳盘式制动器按制动钳固定在支架上的结构形式又可分为定钳盘式和浮钳盘式两种。如图 4-1-1 所示为定钳盘式制动器的结构示意图，跨置在制动盘上的制动钳体固定安装在车桥上，它既不能旋转也不能沿制动盘轴线方向移动，其内的两个活塞分别位于制动盘的两侧，制动时，制动油液由制动主缸经进油口进入钳体中两个相通的液压腔中（相当于制动轮缸），将两侧的制动块压向与车轮固定连接的制动盘，从而产生制动力。如图 4-1-2 所示为浮钳盘式制动器的结构示意图，制动钳体通过导向销与车桥相连，可以相对于制动盘轴向移动。制动钳体只在制动盘的内侧设置油缸,而外侧的制动块则附装在钳体上。制动时,来自制动主缸的液压油通过进油口进入制动油缸,推动活塞及其上的制动块向右移动,并压到制动盘上,于是制动盘给活塞一个向左的反作用力,使得活塞连同制动钳体整体沿导向销向左移动,直到制动盘右侧的制动块也压紧在制动盘上。此时,两侧的制动块都压在制动盘上,夹住制动盘使其制动。

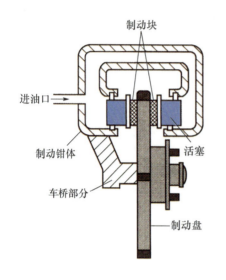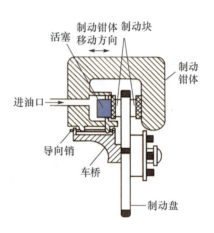

图 4-1-1　定钳盘式制动器结构示意图　　　图 4-1-2　浮钳盘式制动器结构示意图

全盘式制动器固定元件的金属背板和摩擦片都做成圆盘形,因而其制动盘的全部工作面可同时与摩擦片接触。钳盘式制动器目前被各级轿车和轻型货车用作车轮制动器;全盘式只有少数汽车(主要是重型汽车)采用为车轮制动器。

定钳盘式制动器具有油缸较多、制动钳结构复杂、制动钳的尺寸过大、热负荷大时制动液容易受热汽化等缺点,使得定钳盘式制动器难以适应现代汽车的使用要求,故现在已很少用。本书只介绍浮钳盘式制动器。

如图 4-1-3 所示为浮钳盘式制动器。制动钳壳体用螺栓与支架相连,螺栓同时兼作导向销,支架固定在前悬架总成轮毂轴承座凸缘上。壳体可沿导向销与支架做轴向相对移动。两制动块装在支架上,用保持弹簧卡住,使两制动块可以在支架上做轴向移动,但不会上下窜动。制动盘装在两制动块之间,并通过轮胎螺栓固定在轮毂上。制动块由无石棉的材料制成的摩擦衬块与钢制背板牢牢黏合而成。制动钳只在制动盘内侧设有油缸。制动时活塞在制动液压力作用下,推动内制动块压向制动盘内侧面,制动钳上的反力使制动钳壳体向内侧移动,从而带动外制动块压向制动盘外侧面。于是内、外摩擦块将制动盘的两端面紧紧夹住,实现了制动。

浮钳盘式制动器具有较好的抗热衰退性和抗水衰退性,此外结构简单、造价低廉。浮钳的结构还有利于整个制动器靠近车轮轮辐布置,使转向主销的下端点外移,实现负的接地距(主销延长线接地点在车轮接地点的外侧),提高汽车抗制动跑偏能力。

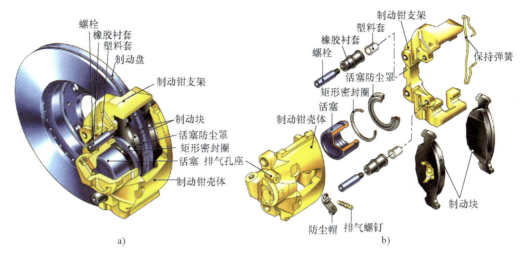

图 4-1-3 浮钳盘式制动器
a)结构图；b)零件分解图

浮钳盘式制动器利用活塞矩形密封圈的弹性变形实现制动间隙的自动调整，其原理如图 4-1-4 所示。矩形密封圈嵌在制动钳油缸的矩形槽内，密封圈刃边与活塞外圆配合较紧，制动时刃边在摩擦作用下随活塞移动，使密封圈发生弹性变形，相应于极限摩擦力的密封圈极限变形量 δ 应等于制动器间隙为设定值时完全制动所需的活塞行程(图 4-1-4a)。解除制动时，密封圈恢复变形，活塞在密封圈弹力作用下退回原位(图 4-1-4b)。当制动盘与摩擦衬块磨损后引起的制动间隙超过设定值时，则制动时活塞密封圈变形量达到极限值 δ 后，活塞仍可在液压作用下，克服密封圈的摩擦力而继续移动，直到实现完全制动为止。解除制动后，制动器间隙即恢复到设定值，因活塞密封圈将活塞拉回的距离仍然等于 δ。活塞密封圈兼起活塞复位弹簧和一次调准式间隙自调装置的作用。

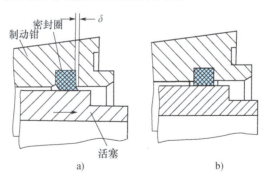

图 4-1-4 盘式制动器制动间隙自动调整装置
a)制动状态；b)不制动状态

轿车制动器的制动盘有两种形式：实心式制动盘，特点是结构简单、加工方便、质量轻；通风式制动盘，有更好的散热效果，进一步提高了热稳定性。

2.2 制动块磨损报警装置

许多盘式制动器上装有制动块摩擦片磨损报警装置，它用来提醒驾驶员制动块上的摩擦片需要更换。该装置传感器有声音的、电子的和触觉的三种。

声音传感器式如图 4-1-5 所示,这种系统在制动摩擦块的背板上装有一小弹簧片,其端部到制动盘的距离刚好为摩擦片的磨损极限,当摩擦片磨损到需更换时,弹簧片与制动盘接触发出刺耳的尖叫声,警告驾驶员需要维修制动系统。

电子传感器式在摩擦片内预埋了电路触点,当衬片磨损到触点外露接触制动盘时,形成电流回路接通仪表板上的警告灯,告知驾驶员摩擦片需更换。

触觉传感器式在制动盘表面有一传感器,摩擦片也有一传感器。当摩擦片磨损到两个传感器接触时,踏板产生脉动,警告驾驶员需要维修制动系统。

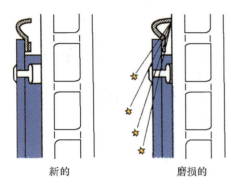

图 4-1-5　声音式制动块磨损报警装置

2.3　盘式制动器的特点

盘式制动器与鼓式制动器相比较,有以下优点:

(1)制动盘暴露在空气中,散热能力强。特别是采用通风式制动盘,空气可以流经内部,加强散热。

(2)涉水后制动效能降低较少,而且只需经一两次制动即可恢复正常。

(3)制动效能较稳定、平顺性好。

(4)制动盘沿厚度方向的热膨胀量极小,不会像制动鼓的热膨胀那样使制动器间隙明显增加而导制动踏板行程过大;此外,也便于装设间隙自调装置。

(5)结构简单,摩擦片安装更换容易,维修方便。

盘式制动器的缺点:

(1)因制动时无增势作用,故要求管路液压比鼓式制动器高,一般要用伺服装置和采用较大直径的油缸。

(2)防污性能差,制动块摩擦面积小,磨损较快。

(3)兼用于驻车制动时,需要加装的驻车制动传动装置较鼓式制动器复杂,因而在后轮上的应用受到限制。

2.4　车轮制动式驻车制动装置

车轮制动式驻车制动装置根据制动器类型有鼓式和盘式两大类,鼓式车轮制动式驻车制动装置在下一任务予以介绍,此处仅介绍在盘式车轮制动器上布置的驻车制动装置。

图 4-1-6 所示为一种带凸轮促动机构的盘式制动器的浮式制动钳。自调螺杆穿过制动钳体的孔旋装在切有粗牙螺纹的自调螺母中,螺母凸缘的左边部分被扭簧紧箍着。扭簧的一端固定在活塞上,而另一端则自由地抵靠螺母凸缘。推力球轴承固定在螺母凸缘的右侧,并被固

定在活塞上的挡片封闭。轴承与挡片之间的装配间隙即等于制动器间隙为标准值时完全制动所需的活塞行程。膜片弹簧使螺杆右端斜面与驻车制动杠杆的凸轮斜面始终贴合。

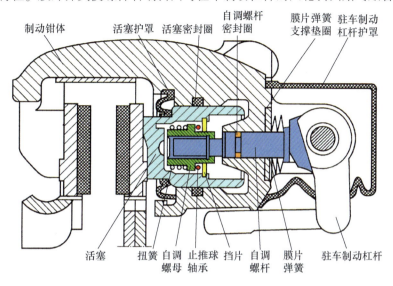

图 4-1-6 带凸轮促动机构的浮式制动钳

施行驻车制动时，在驻车制动杠杆的凸轮推动下，自调螺杆连同自调螺母一直左移到螺母接触活塞的底部。此时，由于扭簧的障碍，自调螺母不可能倒转着相对于螺杆向右移动，于是轴向推力便通过活塞传到制动块上而实现制动。解除驻车制动时，自调螺杆在膜片弹簧的作用下，随着驻车制动杠杆复位。

制动间隙的自动调整。在制动间隙大于标准值的情况下实行行车制动时，活塞在液压作用下左移。到挡片与轴承间的间隙消失后，活塞所受液压推力便通过推力轴承作用在自调螺母凸缘上。因为自调螺杆受凸轮斜面和膜片弹簧的限制，不能转动，也不能轴向移动，所以这一轴向推力便迫使自调螺母转动，并且随活塞相对于螺杆左移到制动器过量间隙消失为止。此时扭簧张开，且其螺圈直径略有增大。撤除液压后，活塞密封圈使活塞退回到制动器间隙等于标准值的位置，而扭簧的自由端则由于所受摩擦力矩的消失而转回原位。这样，自调螺母保持在制动时的轴向位置不动，从而保证了挡片与推力轴承之间的间隙为原值。

除以上介绍的带凸轮促动式驻车制动装置外，还有钢球促动式、偏心轴和推杆促动式以及高档车上所采用的由电动机驱动制动活塞等驻车机构，这里不再细述。

3 任务实施

3.1 准备工作

阅读维修手册，制订拆装方案，准备所需仪器、设备和工具。

3.2 操作流程

（1）将车辆在举升架上支撑牢固，拆下四个车轮。

(2)对于前轮,用撬杆将活塞推进制动钳体极限位置。
(3)对于后轮,分两种情况:
①装备有普通机械驻车制动装置的,要用专用工具将活塞旋进制动钳体内极限位置。
②装备有电子驻车制动装置的,要用专用电脑驱动驻车制动活塞,使其进入制动钳体内。
(4)拆下制动钳及摩擦片。
(5)更换新的摩擦片后,按与拆卸相反的顺序安装各部件。

3.3 操作提示

(1)拆下制动钳后,要用钢丝挂在车身上,以免坠坏制动管路。
(2)在操作流程中,不要将新的摩擦片工作面、制动盘的工作面沾上油污,以免影响制动效果;也不要沾上沙粒等较硬的杂质,以免制动时拉伤工作面。
(3)消声片要安装可靠,以免在车辆运行时,制动块与制动钳之间产生碰撞噪声;或者在制动过程中,制动块沿制动钳豁口轴向移动时,产生摩擦噪声。
(4)更换完制动块,在车辆没有行走之前,要踏几次制动踏板,使制动间隙恢复到正常,以免车辆起动运行后,第一次制动时,因制动间隙过大导致制动失效,出现碰撞事故。

复习与思考题

1. 制动块摩擦片磨损后会有哪些故障现象?
2. 简述浮钳盘式制动器间隙自动调整原理。
3. 制动块磨损报警装置有哪几种?
4. 简述车轮制动式驻车制动装置间隙自动调整原理。
5. 简述更换制动块的方法及注意事项。

任务2 更换鼓式制动器制动蹄

1 任务引入

车辆制动性能变弱,制动时有时会出现"吱吱"的高频金属摩擦声,经检查为制动蹄摩擦片磨损,需更换制动蹄。

2 相关理论知识

鼓式车轮制动器有内张型和外束型。按张开机构不同,鼓式车轮制动器又可分为轮缸式车轮制动器、凸轮式车轮制动器和楔形块式车轮制动器;根据制动过程中两制动蹄产生制动力矩的不同,鼓式车轮制动器可分为领从蹄式、双领蹄式、双向双领蹄式、双从蹄式、单向自增力式和双向自增力式等几种形式。轿车上常用液压式制动系统,所以我们以轮缸式车轮制动器为例,对领蹄和从蹄的不同结构组合,所产生的不同的制动效果进行分析。

2.1 轮缸式制动器类型

2.1.1 领从蹄式制动器

设制动鼓旋转方向如图 4-2-1 中箭头所示,该制动器左面的制动蹄在促动力 F_s 的作用下张开时,制动蹄与制动鼓间产生摩擦力 T_1。从图中可看出,摩擦力 T_1 对支点的力矩使制动蹄更为贴紧制动鼓,促使摩擦力更进一步增大,具有这种属性的制动蹄称为领蹄。与此相反,制动蹄在促动力 F_s 作用下张开,制动蹄与制动鼓间产生摩擦力 T_2,它有使制动蹄脱离制动鼓的趋势,使摩擦力变小,具有这种属性的制动蹄称为从蹄。一般说来,相同的促动力作用下领蹄的制动力矩约为从蹄制动力矩的 2~2.5 倍。很显然,制动鼓朝相反的方

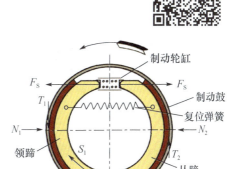

图 4-2-1 领从蹄式制动器示意图

向旋转时,原来的领蹄成为从蹄,从蹄变成领蹄。但整个制动器的制动效能还是同前进制动时一样,领从蹄这个特点称为制动器的制动效能"对称"。

领从蹄式制动器存在两个问题:其一是在两蹄摩擦片工作面积相等的情况下,由于领蹄与从蹄所受法向反力不等,领蹄摩擦片上的单位压力较大,因而磨损较严重,两蹄寿命不等;其二是由于制动蹄对制动鼓施加的法向力不相平衡,则两蹄法向力之和只能由车轮轮毂轴承的反力来平衡,这就对轮毂轴承造成了附加径向荷载,使其寿命缩短。凡制动鼓所受来自两蹄的法向力不能互相平衡的制动器称为非平衡式制动器。

2.1.2 双领蹄式制动器

汽车前进制动时,两制动蹄均为领蹄的制动器称为双领蹄式制动器,其结构如图 4-2-2 所示。双领蹄式制动器在结构上的主要特点是,两制动蹄各用一个单活塞式轮缸,只能单边起作用。因此,该结构在汽车前进时制动效果好,倒车制动时效果差,适用于作为前轮制动器。

2.1.3 双向双领蹄式制动器

无论是前进制动还是倒车制动,两制动蹄都是领蹄的制动器称为双向双领蹄式制动器,如图 4-2-3 所示是其结构示意图。双向双领蹄式制动器在结构上的主要特点有二:一是采用两个双活塞式制动轮缸;二是两制动蹄的两端都采用浮动式支承,且支点的位置随轮缸活塞的移动而变化。使用这种结构,汽车无论前进还是后退,其制动效果都一样。

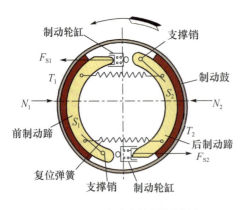
图 4-2-2 双领蹄式制动器示意图

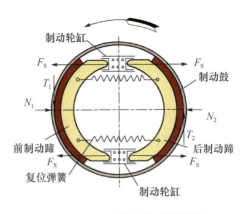
图 4-2-3 双向双领蹄式制动器示意图

2.1.4 双从蹄式制动器

前进制动时两制动蹄均为从蹄的制动器称为双从蹄式制动器,其结构示意图如图4-2-4所示。这种制动器与双领蹄式制动器结构很相似,二者的差异只在于固定元件与旋转元件的相对运动方向不同。虽然双从蹄式制动器的前进制动效能很差,但其效能对摩擦系数变化的敏感程度较小,具有良好的制动效能稳定性,因此仍然有少数汽车采用。

以上三类制动器:双领蹄、双向双领蹄、双从蹄式制动器的固定元件布置都是中心对称的。理论上,其制动鼓所受两蹄施加的法向合力能互相平衡,不会对轮毂轴承造成附加径向荷载。因此,这三种制动器都属于平衡式制动器。

2.1.5 单向自增力式制动器

单向自增力式制动器的结构原理如图 4-2-5 所示。第一制动蹄和第二制动蹄的下端分别浮支在浮动顶杆的两端。制动器只在上方有一个支承销。不制动时,两蹄上端均借各自的复位弹簧拉靠在支承销上。制动鼓正向旋转方向(汽车前进制动时制动鼓的旋转方向),如图中箭头所示。

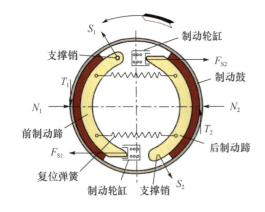
图 4-2-4 双从蹄式制动器示意图

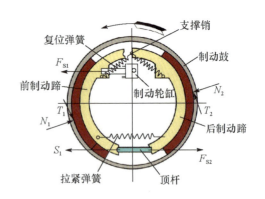
图 4-2-5 单向自增力式制动器示意图

汽车前进制动时,单活塞式轮缸只将促动力 F_{S1} 加于前制动蹄,使其上端离开支承销,整个制动蹄绕顶杆左端支承点旋转,并压靠到制动鼓上。显然,前制动蹄是领蹄,由于顶杆是浮动的,自然成为后制动蹄的促动装置,故后制动蹄也是领蹄。前制动蹄下端的支承力通过顶杆传到后制动蹄,形成后制动蹄促动力 $F_{S2}(=S_1)$。对前制动蹄进行受力分析可知,$S_1 > F_{S1}$。此外,F_{S2} 对后制动蹄支撑点的力臂也大于 F_{S1} 对前制动蹄支撑的力臂。因此,后制动蹄的制动力矩必然大于前制动蹄的制动力矩。由此可见,在制动鼓尺寸和摩擦系数相同的条件下,这种制动器的前进制动效能明显是最高的。倒车制动时,两个蹄片都有明显的"减势"作用,故此时整个制动器的制动效能很低。

2.1.6 双向自增力式制动器

双向自增力式制动器的结构原理如图 4-2-6 所示。其特点是制动鼓正向和反向旋转时均能借制动蹄与制动鼓之间的摩擦起自增力作用。它的结构不同于单向自增力式,它主要是采用双活塞式制动轮缸。制动鼓正向(如箭头所示)旋转时,前制动蹄为领蹄,后制动蹄为从蹄;制动鼓反向旋转时则情况相反。它们都起到相同的增力效果。

综上所述,各种轮缸式制动器各有利弊,就制动效能而言,在基本结构参数相同的条件下,自增力式制动器对摩擦助势的效果利用最为充分,产生的制动力矩最大,以下依次是双领蹄式制动器、领从蹄式制动器和双从蹄式制动器。

自增力式制动器的构造较复杂,两制动蹄对

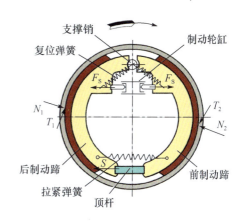

图 4-2-6 双向自增力式制动器示意图

制动鼓的法向力和摩擦力是不相等的,属于非平衡式制动器;在制动过程中,自增力式制动器的制动力矩增长急促,制动平顺性差;此外,由于是靠摩擦增力,对摩擦系数的依赖性很大,一旦制动器沾水、沾油后制动效能明显下降,制动性能不稳定。

领从蹄式制动器虽然制动效能较低,但有结构简单、制造成本低、制动效能受摩擦系数的影响相对较小、制动较平顺等优点,目前使用仍较广泛。

双领蹄式制动器的制动效能、制动稳定性及平顺性都介于两者之间,其特有优点是具有两个对称的轮缸,最适宜布置双回路制动系统。

2.2 制动器制动间隙的自动调整

制动器间隙自调装置一般可分为一次调准式和阶跃式两大类。楔形块式间隙自调装置属一次调准式,常与领从蹄式制动器配合使用,特点是一次制动即可使制动器间隙恢复到标准值,但因它对制动器热膨胀间隙也有补偿作用,易造成调整过度,使车轮发生"拖磨"甚至"抱死"。阶跃式间隙自调装置常与自增力式制动器配合使用,其特点是必须经过若干次(可能达 20 次以上)制动动作后才能一举消除所积累的过量制动器间隙。

2.2.1 一次调准式制动间隙的自调装置

图 4-2-7 所示为装有一次调准式自调装置的制动器。制动底板用螺栓固定在后桥轴端支撑座上,制动轮缸用螺钉固定在制动底板上方。制动蹄采用了浮式支撑,制动蹄稳定销、稳定弹簧及弹簧座将制动蹄紧压在制动底板的带销孔的支撑平面上,防止制动蹄轴向窜动。制动蹄的两端做成圆弧形,制动蹄复位弹簧分别将两个制动蹄上端贴靠在制动轮缸左右活塞带耳槽的支撑块上,下端贴靠在制动底板上的支撑座上,并用止挡板轴向限位,制动蹄可以沿支撑座和轮缸活塞的支撑块做一定的浮动。制动蹄可以自动定心,以保证与制动鼓全面接触。前制动蹄上固定有斜楔支撑,它用来支撑调节间隙用的楔形调节块。摩擦衬片用空心铆钉与制动蹄铆接在一起,铆钉头端埋入摩擦片中,深度约为新摩擦片的 2/3。驻车制动杠杆上端用平头销与后制动蹄相连,其上部卡入驻车制动推杆右端的切槽中,作为中间支点,下端做成钩形,与驻车制动钢索相连。前、后制动蹄的腹板卡在驻车制动推杆两端的切槽中。

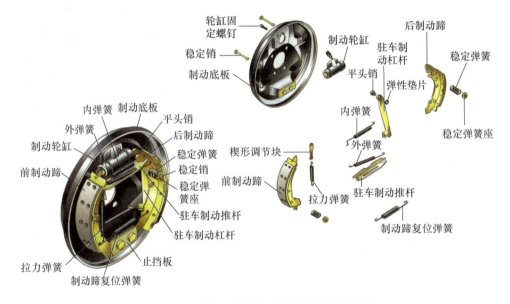

图 4-2-7 装有一次调准式自调装置的鼓式制动器

驻车制动时,将驻车制动杆拉到制动位置,制动钢索将制动杠杆下端向前拉,使之绕上端支点(平头销)转动,制动杠杆在转动过程中,其中间支点推动驻车制动推杆向左移动,将前制动蹄压向制动鼓,直到前制动蹄压到制动鼓后,推杆停止移动,则制动杠杆的中间支点成为继续转动的新支点,于是制动杠杆的上端右移,使后制动蹄压靠到制动鼓上。钢索拉得越紧,摩擦片对制动鼓的压力也越大,制动鼓与摩擦片之间产生的摩擦力矩也越大。解除驻车制动时,松开驻车制动杆,在复位弹簧的作用下,制动杆、制动蹄均回复原位。

对于装有制动间隙自动调整装置的制动器,在装配时不需要调整间隙,只需在安装到汽车上后经过一次完全制动,即可将间隙调整到设定值。如图 4-2-7 所示,驻车制动推杆内弹簧的左端钩在前制动蹄的腹板上,而右端则钩在推杆的右弯舌上,弹簧弹力将间隙自调装置的楔形调节块紧紧压靠在前制动蹄的斜楔支撑上，即将推杆紧压在前制动蹄上。驻车制动推杆外弹簧左端钩在推杆的左弯舌上，而右端钩在后制动蹄的腹板上，在弹簧弹力作用下，驻车制动杠杆顶靠在推杆右端缺口左端，在驻车制动推杆与右端缺口右端有一个间隙 S，该间隙为制动间隙设定为标准值时完全制动杠杆相对推杆移动的距离，此值为设定的标准间隙的 2 倍，见图 4-2-8。

在正常制动间隙下制动时，由于驻车制动推杆内弹簧的刚度设计得比外弹簧大，外弹簧被拉伸，内弹簧不被拉伸，所以驻车制动推杆始终压住楔形块与前制动蹄一起向左方向运动。驻车制动杠杆用平头销压铆在制动蹄的腹板上，可以绕销轴自由摆动。在后蹄转动时，制动杠杆与推杆原接触处逐渐分开，而与推杆右端缺口的右端距离则越来越小，但是只要制动间隙不超过设定的标准值，制动杠杆的位置就只能达到与推杆右端缺口的右端接触，而不能再向右移动，在这种情况下不会发生间隙调整。

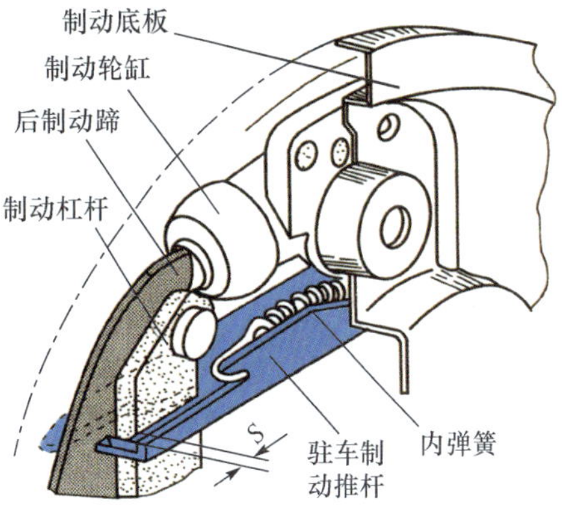

图 4-2-8　制动间隙自动调整原理

当制动间隙增加超过设定的标准值时进行行车制动，后制动蹄向右转动使制动杠杆移动了 S 距离与推杆右端缺口右端接触后，驻车制动杠杆还要带动推杆一起向右移动，内弹簧被拉伸，这样推杆和楔形块之间便产生了间隙。在楔形块拉力弹簧的作用下，将楔形块往下拉，直到消除间隙。解除制动时，在制动蹄复位弹簧的作用下虽然制动蹄要复位，但由于楔形块已下行填补了超过间隙 S 部分的间隙，因此左右制动蹄已不可能恢复到制动前的位置。于是原来由于磨损变大的制动间隙便得到了补偿，恢复到初始的设置值。制动时，这个过程反复进行，实现了制动间隙的自动调整。

2.2.2　阶跃式制动间隙的自调装置

如图 4-2-9 所示，阶跃式制动间隙的自调装置由自调拨板、拨板复位弹簧、拉绳及其导向板等组成。自调拨板用于拨转带齿调整螺钉。自调拨板以右端部销孔支撑在制动蹄的销钉上，可绕此销钉转动，在扭簧的作用下拨板处于最下端，使拨板左端与调整螺钉的棘齿离开一定距离，此距离与规定的制动器间隙相对应。自调拉绳的上端挂在支撑销上，中部绕过导向板的弧面，下端与自调拨板相连。导向板以其中央孔的圆筒状凸起装在制动蹄的孔中，形成自由转动支点。

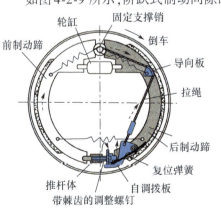

图 4-2-9　装有阶跃式自调装置的制动

该型制动器间隙的调整只在若干次倒车制动后起调整作用。前进制动时，该自调装置完全不起作用。倒车制动时，后蹄的上端离开支撑销，整个制动蹄压靠在制动鼓上，并在摩擦力作用下随制动鼓顺时针方向转过一个角度。此时挂在支撑销上的拉绳即拉动自调拨板的自由端向上（顺时针方向）摆转（此时导向板也在拉绳摩擦力作用下逆时针方向转动，使拉绳不致磨损），摆转量取决于制动器实际间隙的大小。若制动器间隙为标准值，则拨板的摆动量不足以使其左端插入调整螺钉的棘齿间，因而保持规定的间隙不变。只有当制动器间隙超过标准值时，拨板的摆转方能使其左端插入调整螺钉的棘齿内。解除倒车制动时，制动蹄复位，拨板在扭簧的作用下回到最下端，同时将调整螺钉拨转过一定的角度，使可调推杆的长度稍有增加，从而使蹄鼓间隙有所恢复。经若干次制动，所积累的制动器过量间隙才能被完全清除。

采用倒车制动自调方案是考虑到倒车制动的机会较小，即倒车制动时制动鼓是处于常温状态，自调出来的间隙值是在常温状态下得到的，因而不会导致自调过度。

3 任务实施

3.1 准备工作

阅读维修手册，制订拆装方案，准备所需仪器、设备和工具。

3.2 操作流程

(1)拆下车轮。
(2)将螺丝刀插入制动鼓螺纹孔中并且向上撬楔形块，然后取下制动鼓。
(3)拆下制动蹄稳定弹簧座、弹簧和稳定销。
(4)取下制动蹄。
(5)更换新的制动蹄后按相反顺序进行安装。

3.3 操作提示

(1)拆卸制动蹄片的过程中，要小心不要将活塞推出制动轮缸，并且不要损坏防尘套。
(2)更换新的蹄片时，要注意不要将摩擦衬片沾上油污等，并且在安装制动鼓时，要彻底检查并清洁制动蹄外工作面、制动鼓内工作面。
(3)更换完新的制动蹄片并将制动鼓、车轮安装好后，要保证停稳车辆，用力踩制动踏板数次，以便制动摩擦片进入其正常工作位置。

复习与思考题

1. 鼓式制动器有哪几种类型？
2. 鼓式制动器间隙自调装置有几种类型？它们分别与什么形式制动器配合使用？
3. 简述一次调准式制动间隙的自调装置的调整原理。
4. 简述阶跃式制动间隙的自调装置的调整原理。
5. 简述制动蹄拆装流程和注意事项。

任务3　更换制动主缸

1 任务引入

踏制动踏板时感觉制动踏板阻力很小,偶尔无制动效果产生,经检测为制动主缸皮碗磨损不能形成高油压所致,需更换主缸。

2 相关理论知识

液压式制动传动装置是利用特制油液作为传力介质,将驾驶员施于踏板上的力放大后传至制动器,推动制动蹄产生制动作用。

为了提高汽车行驶的安全性,并根据交通法规的要求,现代汽车的行车制动系都采用了双回路制动系。双管路液压制动传动装置是利用彼此独立的双腔制动主缸,通过两套独立管路,分别控制两桥或三桥的车轮制动器。其特点是若其中一套管路发生故障而失效时,另一套管路仍能继续起制动作用,从而提高了汽车制动的可靠性和行车安全性。

2.1 双管路制动传动装置的布置形式

双管路的布置方案在各型汽车上各不相同,可归纳为如下几种:

(1)一轴对一轴(Ⅱ)型:如图4-3-1a)所示,前轴制动器与后轴制动器各有一套管路。这种布置形式最为简单,可与单轮缸鼓式制动器配合使用,是发动机前置、后轮驱动式汽车广泛采用的一种布置形式,如南京依维柯汽车等。其缺点是,当一套管路失效时,前后桥制动力分配的比值被破坏。

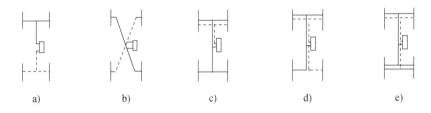

图4-3-1　双管路液压制动传动装置布置形式
a)一轴对一轴(Ⅱ)型;b)交叉(X)型;c)一轴半对半轴(HI)型;d)半轴一轮对半轴一轮(LL)型;
e)双半轴对双半轴(HH)型

(2)交叉(X)型:如图4-3-1b)所示,一轴的一侧车轮制动器与另一轴对侧车轮制动器同属一个管路。在任一管路失效时,剩余总制动力都能保持正常值的50%,且前后桥制动力分配比值保持不变,有利于提高制动稳定性。这种布置形式多用于发动机前置、前轮驱动的轿车上,如宝来、丰田RAV4等。

(3)一轴半对半轴(HI)型:如图4-3-1c)所示,每侧前轮制动器的半数轮缸和全部后制动器轮缸属于一套管路,其余的前轮轮缸属于另一套管路。

(4)半轴—轮对半轴—轮(LL)型:如图4-3-1d)所示,两套管路分别对两侧前轮制动器的半数轮缸和一个后轮制动器起作用。

(5)双半轴对双半轴(HH)型:如图4-3-1e)所示,每套管路均只对每个前、后轮制动器的半数轮缸起作用。

以上五种布置形式中以交叉(X)型应用最为广泛。下面我们就以其为例来讲解液压式制动传动装置。如图4-3-2所示为一汽宝来轿车双管路液压制动系统示意图,它采用的就是交叉(X)型布置形式。其液压制动系统由制动踏板、真空助力器、储液室、串联式双腔制动主缸、轮缸及油管和接头等组成。踏板和主缸装在车架上,主缸与装在制动底板上的轮缸均装有活塞,用油管互相连通。由于车轮是通过弹性悬架与车架相连的,主缸与轮缸的相对位置经常变化,故主缸与轮缸的连接油管除用钢管外,部分有相对运动的区段还用高强度的橡胶软管连接。制动前整个系统充满了制动油液。另外,串联式双腔制动主缸在一个缸体内装入两个活塞,形成两个彼此独立的工作腔,分别和各自的管路连接。左前轮和右后轮共用一套管路,右前轮和左后轮共用一套管路。

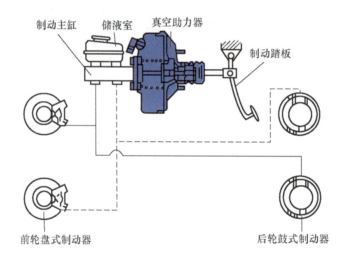

图4-3-2 一汽宝来轿车液压制动传动装置示意图

制动时,驾驶员踩下制动踏板,制动主缸即将制动液经油管压入前、后制动轮缸,使轮缸活塞向外移动,从而将制动蹄压靠到制动鼓(盘)上,使汽车产生制动。

2.2 制动主缸

制动主缸的作用是将踏板输入的机械能转换成液压能。

制动主缸有的与储液室铸成一体,也有二者分制然后装合在一起或用油管连接的。按交通法规的要求,现代汽车的行车制动系都必须采用双回路制动系,因此液压制动系都采用串列双腔式制动主缸。目前国内轿车及大多数国外轿车都采用等径制动主缸,即制动主缸两腔的缸径相同。但少量国外轿车上装用了异径制动主缸,即制动主缸的两腔的缸径不相等。

图4-3-3所示为串列双腔等径制动主缸工作原理示意图。缸体呈筒形,内有两个活塞。第二活塞位于缸体的中间位置,将主缸分成左右两个工作腔,每个工作腔经各自的管路和前、后轮制动器的轮缸相连。工作腔上部又分别通过补偿孔和进油孔与储液室相通。第二活塞两端都承受弹簧力,当主缸不工作时,第二活塞处在正确的中间位置,即活塞位于补偿孔和进油孔之间。第一活塞在弹簧的作用下压靠在限位环上,此时第一活塞处于补偿孔和进油孔之间。每个活塞上都有轴向小孔,皮碗的端部通过垫片压在小孔的一侧,以便两腔建立油压并保证密封。

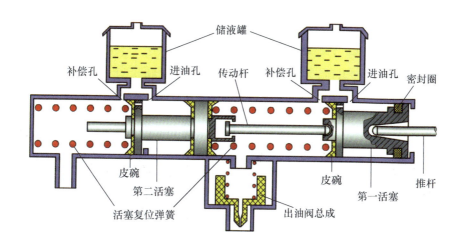

图4-3-3 制动主缸工作原理示意图

踩下制动踏板时,真空助力器推动第一活塞左移,直到皮碗盖住补偿孔后,右工作腔(后腔)中液压升高。在右腔液压和弹簧的作用下,第二活塞向左移动,同第一活塞一样,当补偿孔被遮盖住时,左腔(前腔)压力也随之提高。当继续踩下制动踏板,左、右腔的液压继续升高,制动液通过出液口分别进入两条独立的制动管路,使轮缸中的液压升高,克服蹄鼓(或钳盘)间隙后,产生摩擦转矩,使汽车制动。

解除制动时,活塞在弹簧作用下复位,高压油液自制动管路流回制动主缸。如果活塞复位过快,则工作腔容积迅速增大,油压迅速降低,制动管路中的油液由于管路阻力的影响,来不及充分流回工作腔,使工作腔中形成一定的真空度,于是储液室中的油液便经进油口和活塞上的轴向小孔推开垫片及皮碗进入工作腔。当活塞完全复位时,补偿孔打开,制动管路中流入工作腔的多余油液经补偿孔流回储液室。

若与左腔连接的制动管路损坏而漏油,则在踩下制动踏板时只有右腔中能建立液压,左腔中无压力。此时在压差作用下,第二活塞迅速移到其前端顶到主缸缸体上。此后,右工作腔中液压方能升高到制动时所需的值。

若与右腔连接的制动管路损坏而漏油,则在踩下制动踏板时,只是第一活塞前移,而不能推动第二活塞,因而右工作腔中不能建立液压。但在第一活塞直接顶触第二活塞时,第二活塞便前移,使左工作腔建立必要的液压而制动。

由上述可见,双回路液压制动系中任一回路失效时,制动主缸仍能工作,只是所需踏板行程加大,同时只有一半车轮产生制动力。所以汽车的制动距离增长,制动效能降低。

2.3 制动轮缸

制动轮缸的作用是把油液压力转变为轮缸活塞的推力,推动制动蹄压靠在制动鼓上,产生制动作用。制动轮缸有双活塞式和单活塞式两种。

图4-3-4所示为上海桑塔纳轿车、一汽捷达和奥迪轿车所采用的双活塞式制动轮缸。缸体用螺栓固定在制动底板上,缸内有两个活塞,二者之间的内腔由两个皮碗密封。制动时,制动液自油管接头和进油孔进入,活塞在液压作用下外移,通过顶块推动制动蹄。弹簧保证皮碗、活塞、制动蹄三者紧密接触,并保持两活塞之间的进油间隙。防护罩除防尘外,还可防止水分进入,以免活塞和轮缸生锈而卡住。在轮缸缸体上方还装有放气阀,以便放出液压系统中的空气。

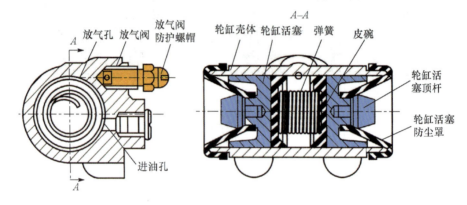

图 4-3-4 双活塞式制动轮缸

图4-3-5所示为单活塞式制动轮缸。为缩小轴向尺寸,液压腔密封件不使用抵靠活塞端面的皮碗,而采用装在活塞导向面上切槽内的皮圈。进油间隙靠活塞端面的凸台保持。放气阀的中部有螺纹,尾部有密封锥面,平时旋紧压靠在阀座上。与密封锥面相连的圆柱面两侧有径向孔,与阀中心的轴向孔道相通。需要放气时,先取下橡胶护罩,再连踩几下制动踏板,对缸内空气加压,然后踩住制动踏板不放,将放气阀旋出少许,空气即可排出。空气排尽后再将放气阀拧紧。

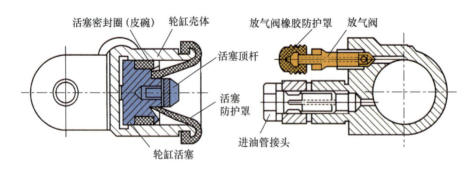

图 4-3-5 单活塞式制动轮缸

2.4 制动液

1)使用要求

汽车制动液是液压制动系传递压力的工作介质。制动液品质的好坏对制动系统工作可靠性影响很大,对制动液的要求如下:

(1)高温下不易汽化,否则,将在管路中产生汽阻现象,使制动系失效。

(2)低温下有良好的流动性。

(3)不会使与之经常接触的金属(铸铁、钢、铝或铜)件腐蚀,橡胶件发生膨胀、变硬和损坏。

(4)能对液压系统的运动件起良好的润滑作用。

(5)吸水性差而溶水性良好,即能使渗入其中的水汽形成微粒而与之均匀混合。否则,将在制动液中形成水泡而大大降低汽化温度。

2)制动液的标准

为保证汽车行驶安全,各国不断制定汽车制动液标准。

(1)国外汽车制动液标准。国外汽车制动液有代表性的标准是美国联邦政府运输安全部(DOT)制定的联邦机动车辆安全标准(FMVSS),具体是 FMVSS No.116 DOT3、DOT4、DOT5,这是世界公认的汽车制动液通用标准。

(2)我国汽车制动液标准。我国汽车制动液按现行标准 GB 12981—2003《机动车辆制动液》,分为 HZY3、HZY4、HZY5 三级合成制动液,级别越高,性能越好。这三种产品的技术要求基本上与国际通用的 DOT3、DOT4、DOT5 产品相对应。

3)制动液的选用

(1)汽车制动液的选择。

汽车制动液的选择应坚持两条原则:一是必须选用同一种类的制动液,尽量选择合成制动液;二是品质等级以 FMSS No.116 DOT 标准为准。

一般使用情况下,捷达、奥迪 A6 等汽车采用 DOT4 型制动液。

(2)制动液的使用。

制动液的更换周期以汽车的行驶里程或时间确定,一般行驶里程超过 3 万 km 或时间超过两年需更换。

汽车制动液使用应注意下列事项:不同规格的制动液不能混用;防止水分或矿物油混入;制动缸橡胶皮碗不可长时间暴露放置在空气中;汽车制动液多以有机溶剂制成,易挥发、易燃,因此,管理和使用中要注意防火;避免制动液进入眼睛;避免制动液溢洒到漆膜表面,若出现该种情况立即用冷水冲洗。

3 任务实施

3.1 准备工作

阅读维修手册,制订拆装方案,准备所需仪器、设备和工具。

3.2 操作流程

(1)拆卸制动主缸前,要将其周围妨碍拆装操作的其他部件先拆除,如有必要给蓄电池断电,要先查询收音机密码。

(2)用吸瓶将制动液从储液罐内吸出。

(3)用夹具夹住离合器主缸供液管路。

(4)拉出离合器主缸供液管。

(5)拔下报警指示传感器浮子,对于自动变速器的车型,还要从主缸上拔下制动压力传感器插头。

(6)拆下制动主缸上的制动管卡箍后拆下制动管,并用修理包中的塞子密封好制动管。

(7)拧下制动主缸固定螺母,小心将制动主缸从真空助力器中取出。

(8)安装与拆卸顺序相反。

3.3 操作提示

(1)安装完成后,制动系统和离合器都需要进行排气。可以人工排气,也可以用专用的制动液填充和排气装置。制动系统的排气顺序依次为右后、左后、右前、左前。

(2)制动液有毒且有腐蚀性,尽量不要接触到皮肤特别是眼睛上,也不要沾到车漆表面。如果出现上述情况要用大量清水洗净。

(3)为防止制动液从环境空气中吸入水蒸气,制动液要密封保存。

(4)排出的制动液不能重复使用。

复习与思考题

1. 制动主缸皮碗磨损会有什么故障现象?
2. 汽车双管路制动传动装置有哪些布置形式?各有何结构特点?
3. 双回路液压制动系统中任一回路失效会有什么故障现象?
4. 制动液的种类有哪些?选择原则是什么?制动液的更换周期是多长时间?
5. 液压制动系统如何进行排气?

任务4 更换制动系统真空助力器

❶ 任务引入

踏制动踏板时感觉制动踏板阻力很大,而且制动效果明显下降,经检测为真空助力器膜片漏气,前后腔之间密封不严不能形成气压差所致,需更换真空助力器。

2 相关理论知识

装配有真空助力器的制动系统属于伺服制动系统。伺服制动系统兼用人体和发动机作为制动能源,在正常情况下,制动能量大部分由动力伺服系统供给,可以减轻驾驶员施加于制动踏板上的力,增加车轮制动力,达到操纵轻便、制动可靠的目的。在动力伺服系统失效时,伺服制动转变为人力制动。

常见伺服制动系统以发动机工作时在进气管中形成的真空(或利用真空泵产生的真空)为伺服能量,它可分为增压式和助力式两种形式。增压式是通过增压器将制动主缸的液压进一步增加,增压器装在主缸之后;助力式是通过助力器来帮助制动踏板对制动主缸产生推力,助力器装在踏板和主缸之间。

下面我们仅以真空助力器为例,分析真空助力器的结构和工作原理。

2.1 真空助力器的结构

如图 4-4-1 所示,真空助力器固定在车身上,借推杆与制动踏板连接。加力气室由前后壳体组成,其间夹装有膜片和座,它的前腔 A 经止回阀与发动机进气管相通。后腔膜片座毂筒中装有控制阀,其中装有与制动踏板推杆铰接的空气阀和限位板,以及真空阀和推杆等零件。膜片座前端滑装有制动主缸推杆,其间有传递脚感的橡胶反作用盘,橡胶反作用盘是两面受力,右面的中心部分要承受制动踏板推杆及空气阀的推力,盘边环部分还要承受膜片座的推力,左面要承受制动主缸推杆传来的主缸液压反作用力。利用橡胶反作用盘的弹性变形来完成渐进随动任务,同时使脚无悬空感。

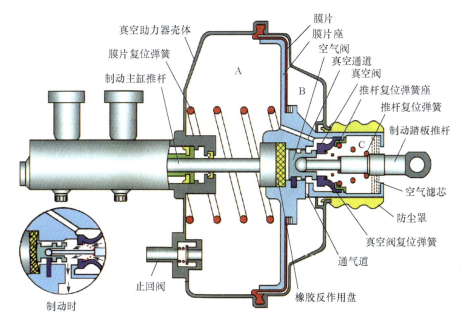

图 4-4-1 真空助力器

止回阀有两个功能：一是保证发动机熄火后有一次有效地助力制动；二是发动机偶尔回火时，保护真空加力气室的膜片免于损坏。

2.2 真空助力器的工作原理

（1）不制动时——空气阀和踏板推杆在推杆复位弹簧的作用下离开反作用盘，回到膜片座毂筒的右端位置。橡胶真空阀因被压缩离开阀座（膜片座毂筒内端面）而开启，空气阀紧压真空阀而关闭。B腔的真空通道开启，加力气室A腔和B腔都处于真空状态。

（2）制动时——踏板推杆连同空气阀向左移动，消除了与橡胶反作用盘的间隙后，压缩橡胶反作用盘中心部分产生凹陷变形，并推动主缸推杆向左移动，使制动主缸液压上升传入各轮缸，此力是驾驶员所给。与此同时，踏板推杆通过真空阀复位弹簧先将真空阀压向阀座而关闭，使A腔与B腔隔绝。进而空气阀与真空阀分离而开启，C腔的空气经空气阀的开口和通气道进入B腔。随着空气的进入，在加力气室膜片的两侧出现压力差而产生推力，此推力通过膜片座、橡胶反作用盘推动主缸推杆左移，此力为压力差所给。此时，主缸推杆上的作用力应为踏板力和加力气室压力差产生的推力的总和，但后者较前者大得多，使制动主缸输出的液压成数倍的增高。

（3）维持制动时——当踏板踩下并停止在某一位置时，踏板推杆和空气阀就停止推压橡胶反作用盘。由于膜片两边压力差是通过膜片座作用在橡胶反作用盘的边环部分，使盘中心凹下的部分又重新凸起变平，于是空气阀重新与真空阀接触而关闭，出现"双阀关闭"的平衡状态，助力作用就停止。此时，主缸作用在盘上的反作用力与踏板推杆和膜片座作用在盘上的推力相平衡。

橡胶反作用盘的变形特点是：中心部分先凹下，继而在边环部分助力，力图使盘变平；中心部分停止凹下，边环助力使盘变平。这样，轻踩小变形，重踩大变形，不踩不变形。不同的变形程度，对应不同的助力程度，就有不同的平衡状态，也就是盘的中心部分和边环部分的单位面积压力相等时才会变平，这是真空助力器的渐进随动原理。助力器的随动作用是一直保持到加力气室B腔的压力等于大气压力，此时助力即停止在定值状态。

（4）放松制动时——推杆复位弹簧将踏板推杆和空气阀推向右移，使真空阀离开阀座，加力气室A、B腔相通，成为真空状态。膜片和膜片座在膜片复位弹簧的作用下复位，主缸即解除制动。

真空助力器失效或真空管路无真空度时，踏板推杆将通过空气阀直接推动膜片座和主缸推杆移动，使主缸产生制动液压，但踏板力要大得多。

3 任务实施

3.1 准备工作

阅读维修手册，制订拆装方案，准备所需仪器、设备和工具。

3.2 操作流程

(1)用专用工具夹紧离合器主缸供液管后拔下。
(2)拔下真空助力器上的真空软管。
(3)断开制动踏板与真空助力器推杆的连接。
(4)向外拉制动助力器和制动主缸并一同拆下。
(5)换用新的真空助力器后按相反顺序安装。

3.3 操作提示

(1)安装完成后,要调整制动灯开关。
(2)安装完成后,要对制动系统和离合器排气。

复习与思考题

1. 真空助力器膜片损坏会有什么故障现象?
2. 常见的伺服制动系统的伺服能量是什么?伺服制动系统有哪两种形式?
3. 真空助力器止回阀的作用是什么?
4. 简述真空助力器的工作原理。
5. 简述真空助力器拆装方法。

任务5　更换ABS压力调节器总成

1 任务引入

ABS灯常亮,并且当车辆高速行驶,紧急制动时,制动踏板无震颤感,制动距离明显偏长,经诊断为ABS系统制动压力调节器(又称液压单元)故障,需更换ABS压力调节器总成。

2 相关理论知识

2.1 车轮防抱死制动系统概述

当车轮抱死滑移时,车轮与路面间的侧向附着力将完全消失,如果是前轮制动到抱死滑移而后轮还在滚动,汽车将失去转向能力。如果是后轮制动到抱死滑移而前轮还在滚动,即使受到不大的侧向干扰,汽车将产生甩尾现象。这些都极易造成严重的交通事故。因此汽车在制动时不希望车轮制动到抱死状态,而是希望车轮制动时处于边滚边滑的状态。滑动成分的多少用汽车行驶时实际车速与车轮瞬时圆周速度之间的差异来评价,即车轮滑移率,用S表示。其计算公式为

$$S = \frac{v - v_w}{v} \times 100\%$$

$$= \frac{v - r_0\omega}{v} \times 100\%$$

式中：S——滑移率；

v——实际车速（即车轮中心相对地面的纵向移动速度）（m/s）；

v_w——车轮瞬时圆周速度（m/s）；

r_0——车轮的滚动半径（m）；

ω——车轮角速度（rad/s）。

车轮在路面上纯滚动时，$v = v_w$，车轮滑移率 $S = 0$；车轮抱死时，即在地面上纯滑动时，$\omega = 0$，车轮滑移率 $S = 100\%$；车轮在路面上边滚动边滑动时，$v > v_w$，则车轮滑移率 $0 < S < 100\%$。车轮滑移率越大，说明车轮在运动中滑移成分所占的比例越大。

在制动器工作性能正常的情况下，制动力的大小取决于车轮和地面的附着情况，即取决于附着系数的大小。附着系数随路面性质的不同而不同。一般来说，干燥路面附着系数大，潮湿路面附着系数小，冰雪路面附着系数更小。此外，车轮滑移率的大小对车轮与地面间附着系数有很大影响。图4-5-1所示为干燥硬实路面上附着系数与滑移率的关系曲线。从图中可以看出，当滑移率 S 由 0 增长到 10% 左右时，附着系数迅速增大；当滑移率位于 10%~30% 之间时，附着系数有最大值（图4-5-1中曲线显示的滑移率在 20%）时，纵向附着系数最大，该最大值称为峰值附着系数，用 φ_p 表示。此时与其相对应的车轮滑移率称为峰值附着系数滑移率，用 S_p 表示；当滑移率继续增大时，附着系数逐渐减小。当车轮抱死时的附着系数，即完全滑动时的附着系数，一般称为滑动附着系数，用 φ_s 表示。车轮抱死时的滑动附着系数一般总是小于峰值系数，通常干燥硬实路面上 φ_s 要比 φ_p 小 10%~20%，在潮湿的硬实路面上要小 20%~30%。

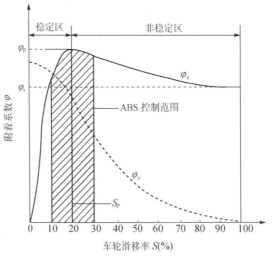

图 4-5-1 附着系数与滑移率的关系

φ_p-峰值附着系数；φ_s-车轮抱死时的纵向附着系数；S_p-峰值附着系数时的滑移率；φ_y-横向附着系数；φ_x-纵向附着系数

当地面对车轮的法向反作用力一定时,附着系数和附着力成正比。而附着系数在滑移率 S 为 20% 左右时最大,所以此时附着力也最大。此时车轮与路面间的地面制动力就最大,即具有最佳的制动效果。通常称纵向附着系数最大时的滑移率 S_p 为理想滑移率,也叫最优滑移率。如果滑移率超过理想滑移率,即 $S > S_p$ 时,附着力和地面制动力反而逐渐减小,使制动效能变差、制动距离增长,因此一般称从理想滑移率到车轮抱死完全滑动这一区间为非稳定区。

图 4-5-1 不仅给出车轮的纵向附着系数 φ_x,而且也给出车轮的横向附着系数 φ_y,如图中虚线所示。横向附着系数是研究汽车行驶稳定性的重要参数之一,横向附着系数越大,汽车制动时保持方向的稳定性和转向控制能力就越强。从图中可以看出,当滑移率为零时,横向附着系数最大,随着滑移率的增加,横向附着系数越来越小。当车轮抱死时,横向附着系数几乎为零,此时汽车失去抵抗横向外力的能力,在较小的侧向力的作用下,后轮很容易发生横向滑移而使汽车出现侧滑、甩尾等危险,而前轮则因丧失了维持汽车转弯运动的横向附着力而失去转向控制能力。

从图 4-5-1 中的曲线可知,当车轮滑移率在 20% 左右时,纵向附着系数最大,可得到最大的制动力。同时横向附着系数也保持较大值,使汽车具有良好的抗侧滑能力及制动时的转向操纵能力,因而得到最佳的制动效果。所以为了充分发挥轮胎与路面间的这种潜在附着能力,目前在大多数汽车上装备了车轮防抱死制动系统。

车轮防抱死制动系统(Anti-Lock Brake System),简称 ABS 或 ALB,它是汽车上的一种主动安全装置。其作用是在汽车制动时,自动调节制动力的大小,避免车轮完全抱死在路面上产生拖滑,使车轮处于滑移率保持在 20% 左右的边滚边滑状态,以保证车轮与地面间有最大的附着力。从而在大多数路面情况下制动时,能够缩短制动距离,提高汽车制动过程中的方向稳定性及转向操纵能力,使汽车制动更为安全有效。因为在制动过程中减少了轮胎拖滑的成分,从而也能够提高汽车轮胎的使用寿命。

2.2 车轮防抱死制动系统的基本组成

车轮防抱死制动系统由传统的普通制动系统和防止车轮抱死的电子控制系统组成,下面提到的 ABS 单指电子控制系统。电子控制系统一般由传感器、电子控制器(ECU)、执行器及警告灯等组成。其中,传感器主要指车轮转速传感器,执行器主要指制动压力调节器,如图 4-5-2 所示。

(1)车轮转速传感器:车轮转速传感器是 ABS 系统中最主要的一个传感器,其作用是检测车轮速度信号,简称轮速传感器。

(2)电子控制器:ABS 电子控制器,常用 ECU 表示,俗称 ABS 电脑。它是系统的神经中枢,接受传感器信号,通过计算、分析、判断后对执行器发出控制指令,另外还有监测功能。

(3)制动压力调节器:制动压力调节器的作用是接受 ECU 的指令,驱动调节器中的电磁阀动作(或电动机转动),调节制动轮缸的制动压力,使车轮始终处于边滚边滑的状态。

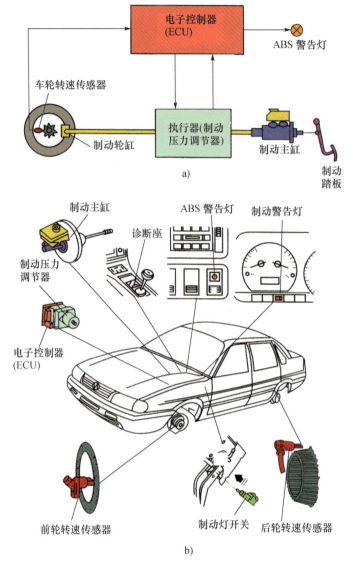

图 4-5-2 防抱死制动系统(ABS)的基本组成
a)原理框图;b)ABS 元件图

(4)警告灯:警告灯包括仪表板上的制动警告灯和 ABS 警告灯。制动警告灯为红色,通常用 BRAKE 作为标识,由制动液面开关、驻车制动开关及制动液压开关并联控制;ABS 警告灯为黄色,由 ABS 电子控制器控制,通常用 ABS、ALB 或 ANTILOCK 做标记。ABS 系统具有失效保护和自诊断功能,当 ECU 监测到系统出现故障时,将自动关闭 ABS,恢复常规制动;存储故障信息,并将 ABS 警告灯点亮,提示驾驶员尽快进行修理。

2.3 车轮防抱死制动系统的分类

1)按控制方式分

ABS 按控制方式可分为预测控制方式和模仿控制方式两种。

预测控制方式是预先规定控制参数和设定值等控制条件,然后根据检测的实际参数与设定值进行比较,对制动过程进行控制。根据控制参数不同,预测控制又可分为以车轮减速度为控制参数、以车轮滑移率为控制参数、以车轮减速度和车轮加速度为控制参数,及以车轮减速度、加速度和滑移率为控制参数四种。目前多数车辆采用第四种。

模仿控制是在控制过程中,记录前一控制周期(从制动减压到增压中)的各种参数,再按照这些参数值规定出下一个控制周期的控制条件。无论汽车在什么路面或行驶条件下,都能把车轮的旋转状态控制在非常狭窄的滑移率变化范围内,实现近似理想的控制。但在控制时需要准确和实时测定汽车瞬时速度,目前能满足控制要求的传感器如多普勒雷达,其成本高,技术复杂,故此种控制方式很少采用。

2) 按控制通道及传感器数量分

在ABS系统中,能够独立进行制动压力调节的制动管路称为通道。如果某个车轮的制动压力占用一个控制通道,可以单独进行调节,称为独立控制或单轮控制。如果两个车轮的制动压力是一同进行调节的,称为同时控制或一同控制。在两个车轮一同控制时,有低选择和高选择两种。如果以保证附着系数较小的车轮不发生抱死为原则进行制动压力调节,这两个车轮就是按低选择原则一同控制;如果以保证附着系数较高的车轮不发生抱死为原则进行制动压力调节,这两个车轮就是按高选择原则一同控制。

根据通道数,ABS可分为4通道、3通道、2通道和1通道四种。根据传感器数又可分为4传感器和3传感器两种。目前汽车上应用较多的为3通道(前轮独立控制、后轮低选择控制)4传感器式、3通道3传感器式和4通道4传感器式,它们的示意图如图4-5-3和图4-5-4所示。3通道式与4通道式比较而言,前者制动距离较短(尤其是前轮驱动汽车),操纵性和稳定性好;后者制动距离最短,操纵性最好,但在不对称路面上的稳定性较差。因此目前轿车上使用的ABS多为4传感器3通道式,如雷克萨斯LS400,桑塔纳2000Gsi等车辆。

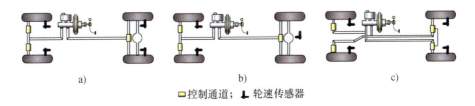

图 4-5-3 3 通道式 ABS

a) 3通道4传感器 ABS(双管路 Ⅱ 形布置); b) 3通道3传感器 ABS; c) 3通道4传感器 ABS(双管路 X 形布置)

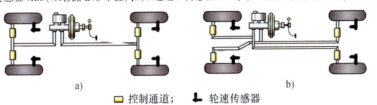

图 4-5-4 4 通道 4 传感器 ABS

a) 双管路 Ⅱ 形布置; b) 双管路 X 形布置

2.4 主要部件的结构与工作原理

2.4.1 传感器

ABS 传感器主要是轮速传感器,部分车辆还有汽车减速度传感器、侧向加速度传感器及一些开关信号。

1)轮速传感器

轮速传感器的作用是检测车轮运动状态,获得车轮的转速信号。一般安装在车轮处,但有些驱动车轮的轮速传感器则设置在主减速器或变速器中。轮速传感器的结构形式主要有电磁感应式和霍尔效应式。

(1)电磁式轮速传感器。

①基本结构。电磁式轮速传感器由传感头和齿圈(转子)两部分组成,如图 4-5-5 所示。传感头是一个静止部件,一般安装在车轮附近不随车轮转动的部件上,如转向节、半轴套管等。传感头由永磁体、感应线圈、极轴等组成,密封在一个抗腐蚀的外壳内。极轴一端与永磁体相连,另一端靠近齿圈,距齿顶 0.5~2mm,永磁体通过极轴延伸到齿圈,并与齿圈构成磁回路。感应线圈套在极柱外面。齿圈一般安装在随车轮一同旋转的部件上,如轮毂、制动盘、半轴等。

②原理。传感器的永磁体具有一定的磁场,其磁力线经极轴→磁隙(极轴与齿圈之间的间隙)→齿圈→空间→永磁体构成回路。当齿圈随车轮一同旋转时,齿顶和齿槽交替对向极轴。当齿顶对向极轴时,磁隙最小,磁路磁阻最小,通过感应线圈的磁通最大;当齿槽对向极轴时,磁隙最大,磁路磁阻最大,通过感应线圈的磁通最小,磁通呈周期性变化,在感应线圈的两端便产生交变电压信号,如图 4-5-6 所示,通过线圈末端的电缆将此信号送到控制器。交变电压信号的频率与齿圈的齿数和转速成正比,因齿圈的齿数一定,因而轮速传感器输出的交流电压信号频率只与相应的车轮转速成正比,控制器的运算电路即可以根据信号的频率求出车轮的转速。

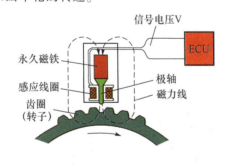

图 4-5-5 电磁轮速传感器示意图

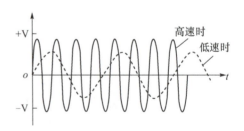

图 4-5-6 轮速传感器产生的电压信号

电磁感应式传感器的信号电压幅值也取决于磁通变化率,与轮速成正比,在规定范围内(一般车速在 15~160km/h),交变电压的幅值一般在 1~15V(有的在 0.1~9V)内变化。当车轮不转时,感应电压幅值为零,因而车速低,其输出电压信号很弱,因无法测出而失去意义,这也是电磁感应式轮速传感器的一个弱点,但由于其结构简单、坚固耐用,特别适于汽车行驶的恶劣环境,所以至今仍被广泛采用。

③种类与安装。电磁式轮速传感器根据极轴的端部形状可分为凿式、圆柱式和菱形式三种。安装方式主要有径向和轴向两种,图4-5-7a)所示为凿式轮速传感器,属于径向安装方式。图4-5-7b)、c)所示的菱形和圆柱形轮速传感器,属于轴向安装方式。

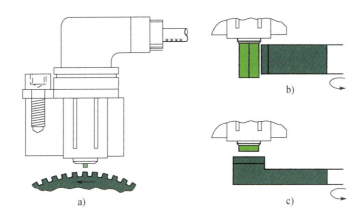

图4-5-7 不同轮速传感器的安装方式
a)凿式轮速传感器;b)菱形式轮速传感器;c)圆柱形轮速传感器

(2)霍尔式轮速传感器。

霍尔轮速传感器也是由传感头和齿圈组成。传感头由永磁体、霍尔元件和电子电路等组成。如图4-5-8所示,磁体的磁力线穿过霍尔元件通向齿轮,这里齿轮相当于一个集磁器。当齿轮位于图4-5-8a)所示位置时,穿过霍尔元件的磁力线分散,磁场相对较弱;而当齿轮位于图4-5-8b)所示位置时,穿过霍尔元件的磁力线集中,磁场相对较强。齿轮转动时,使得穿过霍尔元件的磁力线密度发生变化,因而引起霍尔电压的变化,霍尔元件将输出一个毫伏(mV)级的准正弦波电压。此信号还需由电子电路转换成标准的脉冲电压。

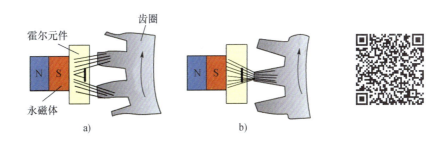

图4-5-8 霍尔轮速传感器示意图

霍尔式轮速传感器输出电压信号幅值不受车速的影响,即使车速为零,其幅值也不会改变,因而输出电压稳定;频率响应高,其控制车速范围可扩大到8～260km/h,以至更高的车速,适用车速趋于越来越高的要求;本身有电源输入,抗电磁波干扰能力强。但也正是因为霍尔式轮速传感器需要输入一定的工作电源,恶劣环境中的工作可靠性等具体问题都需较好地解决。

2)减速度传感器

目前,在一些四轮驱动的汽车上,还装有汽车减速度传感器,又称G传感器。其作用是在汽车制动时,获得汽车减速度信号,用以判定路面附着系数的高低情况,汽车减速度大,则路面附着系数高;汽车减速度小,则路面附着系数低。减速度传感器有光电式、水银式、差动变压器式和半导体式等。

光电式减速度传感器的基本结构如图4-5-9所示,它由两个发光二极管、两个光电三极管(1号和2号)、一个透光板和一个信号电路组成。汽车行驶时,透光板则随着减速度的变化沿汽车的纵轴摆动,减速度越大,透光板摆动位置越大,由于透光板的位置不同,光电三极管上接收到的光线不同,使光电三极管形成开和关两种状态。两个发光二极管和两个光电三极管的组合作用,可将汽车的减速度区分为四个等级,将此信号送入电子控制器就能感知路面附着系数情况。

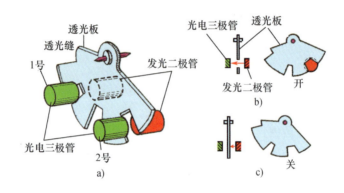

图4-5-9 光电式减速度传感器
a)整体结构;b)透光时(开);c)遮光时(关)

此外,有些高级轿车和跑车上还装有侧向加速度传感器,也称为横向加速度开关,用于检测汽车横向加速度范围,从而修正制动控制指令,以便调节左右车轮制动轮缸的制动压力,使ABS更有效地工作。

2.4.2 电子控制器

ABS电子控制器(ECU)是ABS的控制中枢。其主要功用是接收轮速传感器及其他传感器输入的信号,进行放大、计算、比较,按照特定的控制逻辑,分析判断后输出控制指令,控制制动压力调节器执行压力调节任务。此外,电控单元还具有监控功能,当系统中某部件发生异常时,通过指示灯或蜂鸣器发出警告信号。如图4-5-10所示,ABS ECU主要包括输入级电路、运算电路、输出级电路及安全保护电路。

输入级电路的作用是将轮速传感器输入的交变模拟信号转换成脉冲方波,经整形放大后输入运算电路。输入级电路主要由低通滤波器和用以抑制干扰并放大轮速信号的输入放大器组成。

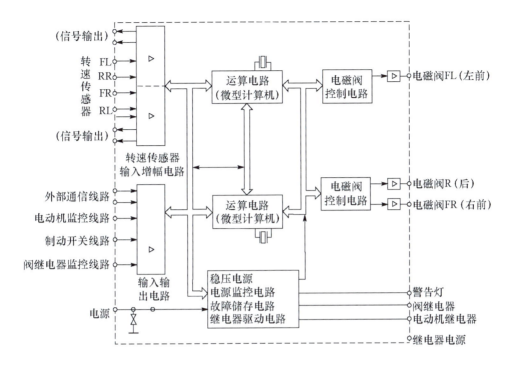

图 4-5-10　ABS ECU 内部电路框图(4 传感器 3 通道)

运算电路的作用主要是进行车轮线速度、初始速度、滑移率、加速度及减速度等的运算,以及有关控制参数运算和监控运算。ECU 中一般都设有两套运算电路,同时进行运算和传递数据,利用各自的运算结果相比较,相互监视,确保可靠性。

输出级的作用是接收微控制器输入的控制参数信号,控制制动压力调节器执行相应的操作。

安全保护电路由电源监控、故障记忆、继电器驱动和 ABS 警告灯驱动等电路组成,当发现影响 ABS 系统正常工作的故障时,能根据微处理器的指令切断有关继电器的电源电路,ABS 停止工作,恢复常规制动功能,起到失效保护作用,并将故障信息以代码形式存储在 ECU 存储器内,同时使仪表板上的 ABS 警告灯点亮,提醒驾驶员。

2.4.3　制动压力调节器

制动压力调节器一般设在制动主缸与车轮制动轮缸之间,其主要任务是根据 ABS ECU 的控制指令,自动调节制动轮缸的制动压力。

1)分类

(1)根据动力源分。根据动力源可将 ABS 分为液压式和气压式两种。液压式主要用在轿车和一些轻型载货汽车上;气压式主要用在大型客车和载货汽车上。

(2)根据结构关系分。根据制动压力调节器与制动主缸的结构关系,制动压力调节器可分为整体式和分离式两种。整体式制动压力调节器与制动主缸制成一体;分离式制动压力调节器自成一体,通过制动管路与制动主缸相连。前者结构紧凑,但成本高;后者在汽车上布置灵活,对汽车结构改动小,成本较低,但管路复杂,接头较多。

(3)根据调压方式分。根据调压方式可分为流通式和变容式两种。流通式也叫循环式,通过电磁阀直接控制轮缸的制动压力;变容式也叫容积变化式,电磁阀间接改变轮缸的制动压力。

2)基本结构及工作原理

(1)流通式压力调节器。该类型压力调节器的基本组成包括电磁阀、低压蓄能器(储液器)及电动回油泵。

电磁阀串联在制动主缸和制动轮缸间,每一通道可以是一个3位3通电磁阀,也可以是两个2位2通电磁阀。

电磁阀的作用是根据需要控制轮缸与主缸相通(增压),或与储液器相通(减压),或都不通(保持)。电磁阀不通电时,轮缸始终与主缸相通,确保ABS失效后制动系统仍按常规系统工作。

回油泵的作用:一是当电磁阀在"减压"过程中,将从制动轮缸流出的制动液经储液器及时泵回主缸;二是在ABS工作后的增压过程将低压储液器中的制动液泵到轮缸。低压蓄能器的作用是暂时储存由轮缸中流出的制动液,减小压力调节过程中的脉动现象。

此种压力调节方式在博世(BOSCH)ABS、戴维斯(TEVES)ABS上广泛运用。其中BOSCH ABS主要应用于奔驰、宝马、沃尔沃、奥迪、雪佛兰、雷克萨斯等车型,属于典型的分离式装置,采用流通调压方式和两前轮独立控制、两后轮按低选原则一同控制的三通道四轮控制ABS系统,一般用三个3位3通电磁阀。TEVES ABS主要应用于通用、福特、桑塔纳、捷达、宝来等车型,类型有整体式和分离式。采用流通调压方式,一般用八个2位2通电磁阀。

①3位3通电磁阀式制动压力调节器的工作原理。

制动时,车轮转速传感器不断检测车轮转速信号,并把信号传给电控单元。当电控单元发现某一车轮有抱死趋势时,即发出指令,控制相应回路的电磁阀动作。下面以一个车轮为例,介绍采用3位3通电磁阀式制动压力调节器的ABS工作时制动压力的调节过程。

a. 常规制动(增压)状态。在常规制动过程中,ABS系统不工作,电磁线圈中无电流通过,电磁阀处于"升压"位置。此时制动主缸与轮缸相通,如图4-5-11所示。由制动主缸而来的制动液直接进入轮缸,轮缸压力随主缸压力的变化而变化。此时,回油泵也不需要工作。

b. 保压状态。当ECU根据轮速等信号,判断其滑移率等参数达到最佳范围,需要保持轮缸的制动压力时,ECU向电磁线圈输入一个较小的电流(2A),使电磁阀处于"保压"位置,如图4-5-12所示。此时,主缸、轮缸和回油通道相互隔离密封,轮缸中的制动压力保持一定。

c. 减压状态。当ECU根据轮速等信号,判断其滑移率等参数超出最佳范围,需要减小轮缸的制动压力时,ECU向电磁线圈输入一个较大的电流(5A),使电磁阀处于"减压"位置,如图4-5-13所示。此时电磁阀将轮缸与回油通道或储液器接通,轮缸中的制动液经电磁阀流入储液器,轮缸压力下降。与此同时,电动机启动,带动回油泵工作,把流入储液器的制动液加压后输送到主缸,为下一个制动周期做好准备。

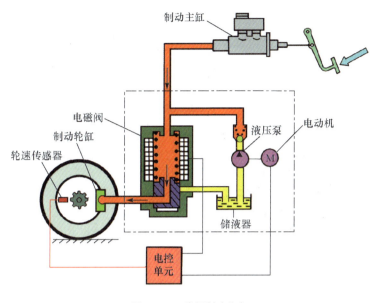

图 4-5-11 常规制动状态

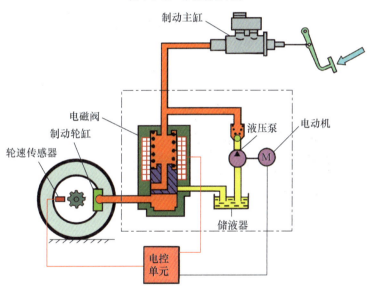

图 4-5-12 保压状态

d. 增压状态。当压力下降后车轮转速再次升高时,使车轮滑移率趋于 0,电控单元便切断通往电磁阀的电流,主缸和轮缸再次相通,主缸中的高压制动液再次进入轮缸,使制动力增加。

制动时,上述过程反复进行,压力调节频率为 4~10Hz,直到解除制动为止。

e. 解除制动(泄压)状态。当需要解除制动时,驾驶员松开制动踏板,此信号通过制动踏板开关送到 ABS ECU,ECU 使电磁阀断电,阀芯在弹簧弹力的作用下下移到最下端位置,切断了制动轮缸到储液器和回液泵之间的油路,由于踏板力消失,轮缸液压大于主缸液压,轮缸的制动液通过电磁阀回到制动主缸,如图 4-5-14 所示。

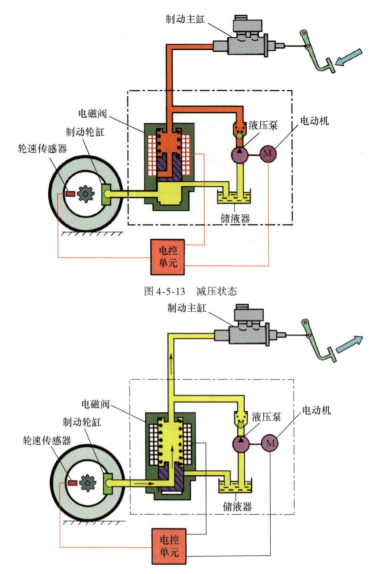

图 4-5-13 减压状态

图 4-5-14 解除制动状态

② 2 位 2 通电磁阀式制动压力调节器的工作原理。

很多国产轿车采用的都是戴维斯 ABS 系统,这套 ABS 系统是采用 2 位 2 通电磁阀调节制动压力的。下面我们以一个车轮为例介绍其工作原理。

a. 常规制动(升压)状态。在常规制动过程中,电磁线圈中无电流通过,电磁阀处于"升压"位置。此时常开电磁阀开启,常闭电磁阀关闭,制动主缸与轮缸相通,如图 4-5-15 所示。由制动主缸来的制动液直接进入轮缸,轮缸压力随主缸压力的变化而变化。

b. 保压状态。随着制动压力的增加,车轮制动并减速。当车轮的滑移率等参数达到最佳范围时,电子控制单元向液压控制单元发出"保压"的指令,使常开阀通电关闭,常闭阀不通电,仍保持关闭。制动液通往轮缸的通道被切断,在常开阀和常闭阀之间,制动压力保持不变,如图 4-5-16 所示。

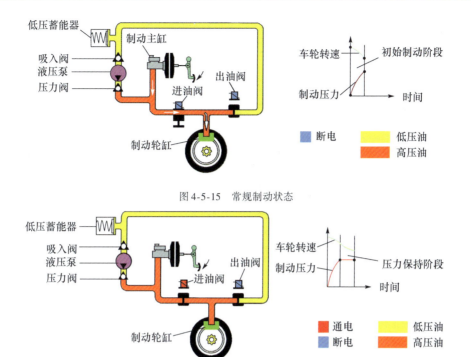

图 4-5-15 常规制动状态

图 4-5-16 保压状态

c. 减压状态。即使制动压力保持不变,如果车轮进一步减速,仍出现车轮抱死趋势,此时必须降低制动压力,如图 4-5-17 所示。电子控制单元发出"减压"的指令,此时常开阀通电关闭,常闭阀通电开启。制动液经回液通道进入储液器,同时电动泵工作,将多余的制动液送回制动主缸,这时制动踏板会轻微的向上抖动。当制动压力减小到车轮的滑移率在设定范围内时,进油阀通电,出油阀断电,制动压力保持不变。

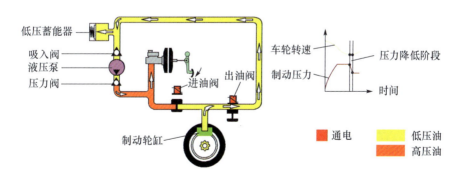

图 4-5-17 减压状态

d. 增压状态。轮缸制动压力下降后,如果车轮转速再次升高,电子控制单元会发出"增压"的指令。如图 4-5-18 所示,使常开阀断电开启,常闭阀断电关闭,制动液在泵电机和制动踏板力的作用下又进入轮缸,轮缸制动压力上升,车轮转速下降,进入下一个循环。ABS 重复上述过程。

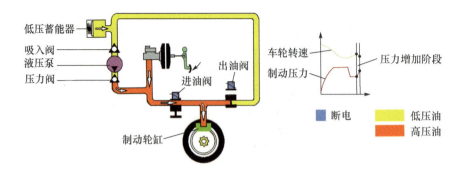

图 4-5-18 增压状态

制动时,上述过程即"压力升高→压力保持→压力减小→压力保持→压力升高"反复进行,直到解除制动为止。

(2)变容式制动压力调节器。

变容式压力调节器根据变容方式可分为高压制动液控制式(如本田 ABS)、电动机控制式(如 DELCOABS)和动力转向液压油控制(如日本皇冠 ABS)等。变容式压力调节器的特点是 ABS 工作时,首先将制动轮缸与主缸隔离,然后使到制动轮缸的管路容积发生变化而调压,容积增大,实现制动压力减小;容积减小,实现制动压力增大;容积不变,压力保持。

这里我们以高压制动液控制式的变容式制动压力调节器为例对其工作过程进行分析。该调节器在汽车原有制动管路上增加一套液压控制装置,用它来控制制动管路中制动液容积的增减,从而控制制动压力的变化。这种压力调节系统的特点是制动压力油路和 ABS 控制压力油路是相互隔开的。它主要由电磁阀、控制活塞、液压泵、高压蓄能器、压力开关等组成。ABS 油泵及电动机用于提供控制用的高压制动液;高压蓄能器用于蓄存高压制动液;压力开关用于监测蓄能器中的压力,随时以 ON 或 OFF 信号形式向 ECU 发送信号,ECU 以此控制油泵运转或停转;电磁阀用于转换高压控制油路,根据需要调节控制活塞油腔与高压蓄能器相通(增压),或与储液器相通(减压),或都不通(保持),控制活塞组件通过高压制动液改变活塞位置而改变管路容积,从而达到调压。电磁阀不通电时,轮缸始终与主缸相通,确保 ABS 失效后制动系统按常规系统工作。

其基本工作原理如下:

①常规制动状态。如图 4-5-19 所示,常规制动时,电磁线圈中无电流通过,电磁阀将控制活塞的工作腔与回油管路接通,控制活塞在强力弹簧的作用下被推至最左端,活塞顶端推杆将止回阀打开,使制动主缸与轮缸的制动管路接通,制动主缸的制动液直接进入轮缸,轮缸压力随主缸压力的变化而变化。

②减压状态。如图 4-5-20 所示,当电控单元向电磁线圈输入一大电流时,电磁阀内的柱塞在电磁力作用下克服弹簧弹力移到右边,将蓄能器与控制活塞的工作腔管路接通,制动液进入控制活塞的工作腔推动活塞右移。止回阀关闭,主缸与轮缸之间的通路被切断。同时,由于控制活塞的右移使轮缸侧容积增大,制动压力减小。

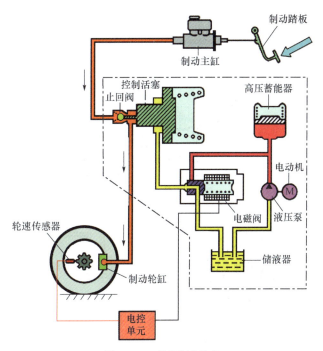

图 4-5-19 常规制动状态

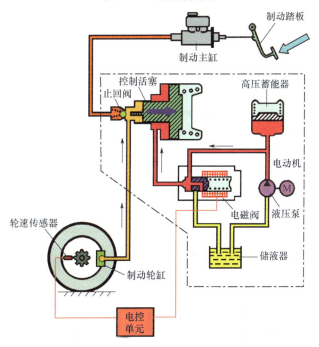

图 4-5-20 减压状态

③保压状态。如图 4-5-21 所示,当电控单元向电磁线圈输入一小电流时,由于电磁线圈的电磁力减小,柱塞在弹力作用下左移至能将蓄能器、回油管及控制活塞工作腔管路相互关闭的位置。此时,控制活塞左侧的油压保持一定,控制活塞在油压和强力弹簧的共同作用下保持在一定的位置,而此时止回阀仍处于关闭状态,轮缸侧的容积也不发生变化,制动压力保持一定。

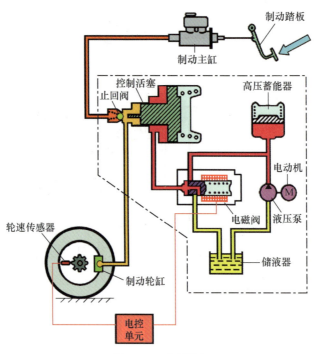

图 4-5-21 保压状态

④增压状态。如图 4-5-22 所示,需要增压时,电控单元切断电磁线圈中的电流,柱塞回到左端的初始位置,使控制活塞工作腔与回油管路接通,控制活塞左侧控制油压解除,控制活塞移至最左端时,止回阀被打开,轮缸压力将随主缸的压力增大而增大。

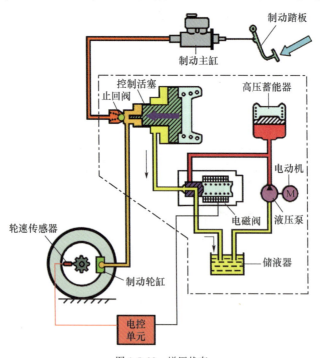

图 4-5-22 增压状态

对于电动机控制式变容式压力调节器与高压制动液控制式变容式压力调节器控制原理类似,所不同的是取消了液压控制装置,而由电动机通过螺杆螺母传动直接驱动控制活塞来控制制动压力的大小。因此结构更简单。

3 任务实施

3.1 准备工作

阅读维修手册,制订拆装方案,准备所需仪器、设备和工具。

3.2 操作流程

液压单元、控制单元、液压泵、电动机等部件通常集成为一体,成为一个总成部件,所以其中任一部件损坏,一般都更换整个总成。

拆卸步骤:
(1)如有必要,查询收音机密码后断开蓄电池。
(2)用吸瓶将储液罐中的制动液尽量吸净。
(3)用制动踏板压下装置压下制动踏板到最底位置。
(4)拧开左前轮的排气螺栓排完液后再拧紧。
(5)拔下控制单元插头并且拉出。
(6)断开 ABS 液压单元侧与制动主缸连接的制动管。
(7)用修理包中的塞子将制动管和螺纹管密封好。
(8)拧下控制单元支架上的螺栓。
(9)拆下控制单元和液压单元。

安装步骤:
(1)用螺栓将 ABS 单元固定在支架上。不要马上拧到紧固力矩,以便安装制动管容易一些。
(2)拧紧制动管后,拧紧液压单元。
(3)进一步安装,按与拆卸顺序相反进行。
(4)制动系统排气。
(5)输入收音机密码。
(6)给控制单元编码。以大众车系高尔夫采用的 MK/201E 型 ABS 为例对编码程序进行说明:连接 V.A.G1551 故障阅读器后,键入"1",进入快速传递数据方式;键入"03"(制动电气系统)、"Q"(确认);键入"07"(电子控制单元编码)、"Q";再键入"03604",按"Q"确认即可。

3.3 操作提示

(1)更换制动液前,仔细阅读相关安全措施和说明。

(2)进行路试时,确保 ABS 至少动作一次(必须感到制动踏板有振动)。

(3)维修防抱死制动系统时,必须保证清洁,不允许使用含矿物油的机油、润滑脂等。

(4)连接部位及其周围地区打开前必须清洁。不要使用腐蚀性清洁剂,例如制动清洗液、汽油、稀释剂等。

(5)将拆下的部件放在清洁表面并盖好。

(6)不要使用带绒毛的抹布。

(7)只有马上安装时,才能从包中取出备件。

(8)只能使用原厂备件。

(9)系统打开后,不可使用压缩空气和移动车辆。

(10)确保没有制动液流入插头。

(11)通常 ABS 控制单元(ECU)在出厂时已经编码,而对服务站供应的 ABS 控制单元备件则没有编码,因此更换 ABS 控制器后需借助 V.A.G1551 进行编码。如果 ABS 控制单元没有编码,即 code 00000 或编码错误,ABS 警告灯闪(1 次/秒),ABS 系统关闭。

(12)ABS ECU 编码可通过故障诊断仪获取。连接 V.A.G1551 故障阅读器后,键入"1",进入快速传递数据方式;键入"03"(制动电气系统)、"Q"(确认);键入"01"(查询电子控制单元版本信息)、"Q",屏幕将显示如图 4-5-23 所示。

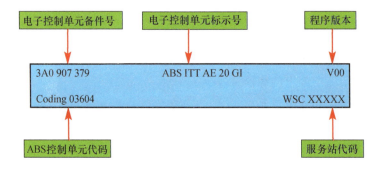

图 4-5-23　ABS 电子控制单元版本信息

据此,我们可以获得 ABS 控制单元代码。如果 ABS 控制单元损坏不能读取这些信息,可以查看相关资料获得。

 复习与思考题

1. ABS 系统出现故障会有什么现象?
2. 什么是滑移率?
3. ABS 制动压力调节器中的电磁阀、回油泵和低压蓄能器的作用分别是什么?
4. 简述 3 位 3 通电磁阀式制动压力调节器的工作原理。
5. 简述变容式制动压力调节器的工作原理。

任务6　更换 ASR 电子控制器

1 任务引入

ASR 灯常亮,并且在急起步工况,驱动轮出现"滑转"现象,经检测为 ASR 电子控制器(又称电控单元)故障,需对其更换。

2 相关理论知识

2.1 概述

2.1.1 作用

汽车驱动防滑转电子控制(Anti Slip Regulation)系统简称 ASR 系统,其作用是防止汽车在起步、加速过程中驱动轮打滑,特别是防止汽车在非对称路面或转弯时驱动轮空转。它是继汽车防抱死制动系统(ABS)之后应用于车轮防滑的电子控制系统。

随着发动机通过传动系作用在驱动轮上转矩的不断增大,汽车的驱动力也逐步增大,但由汽车的行驶原理我们知道当驱动力超过地面附着力时,驱动轮开始滑转。我们有时会看到汽车起步时,尽管驱动轮不停地转动,但汽车却原地不动,这就是所谓的驱动轮滑转。驱动轮的滑转程度用驱动轮滑转率 S_d 表示,其表达式为

$$S_d = \frac{v_w - v}{v_w} \times 100\%$$

式中:S_d——驱动时的滑转率;

v_w——车轮瞬时圆周速度(m/s);

v——汽车行驶速度(m/s),实际应用时常以非驱动轮轮缘速度代替。

当汽车未动($v = 0$)而驱动轮转动时,$S_d = 100\%$,车轮处于完全滑转状态;当 $v_w = v$ 时,$S_d = 0$,驱动轮处于纯滚动状态。驱动时附着系数与滑转率的关系如图 4-6-1 所示。

从图 4-6-1 中可以看出,当滑转率在 10% ~ 20% 时,纵向附着系数达到峰值,此时横向附着系数也比较大;而当滑转率为 100% 时,即车轮完全空转时,纵向附着系数变小,横向附着系数几乎为零,此时产生的驱动力最低,后轮驱动的汽车会失去方向稳定性,前轮驱动的汽车会失去转向控制能力。可见,要获得最大的驱动力,必须根据驱动力的大小自动调节车轮

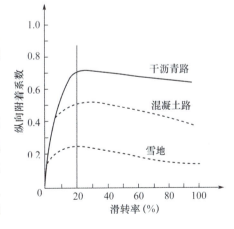

图 4-6-1　附着系数与滑转率的关系

的滑转程度，使之保持在10%~20%的范围内，从而最大限度地利用附着系数。显然要靠人工来适时快速完成驱动力的调节是不现实的，因此ASR系统应运而生。ASR系统是以驱动力为控制对象的，驱动力又称为牵引力，故ASR系统也称为牵引力控制（Traction Regulation Control）系统，简称TRC。

2.1.2 ASR系统的主要控制方式

ASR系统的控制目标参数是驱动轮滑转率，主要的控制方式有：

(1) 对发动机输出转矩进行控制。合理地控制发动机的输出转矩，可以获得最大驱动力。发动机输出转矩的控制手段主要有调节燃油喷射量、调整点火时间及调整进气量三种，从加速圆滑和减少污染的角度看，调整进气量最好，但反应速度较慢，通常辅以另外两种手段。

(2) 对驱动轮进行制动控制。对驱动轮进行制动控制是对发生滑转的驱动轮直接施以制动力，使车轮的滑转率控制在目标值范围内，这时，非滑转车轮仍有正常的驱动力，从而提高了汽车在滑溜路面起步、加速的能力及行驶方向的稳定性。这种方式的作用类似于差速锁，在一边驱动车轮陷于泥坑或完全失去驱动能力时，对其制动后，另一边的驱动车轮仍能发挥其驱动力，使汽车能驶离泥坑；当两边的驱动车轮都滑转，但滑转率不同时，则对两边驱动车轮施以不同的制动力。该方式反应时间最短，是防止滑转最迅速的一种控制方式，一般作为调整进气量改变发动机输出转矩方式的补充。

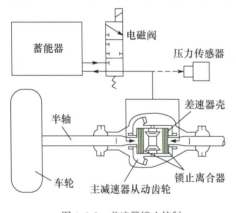

图4-6-2 差速器锁止控制

(3) 对可变锁止差速器进行控制。这是一种电子控制可变锁止差速器，也把它称作限滑差速器（LSD）控制。如图4-6-2所示，它主要由装在差速器壳与半轴齿轮间的多片离合器、改变离合器控制油压的电磁阀、提供控制压力的高压蓄能器、感知控制压力的油压传感器、感知驱动轮轮速的轮速传感器及控制电脑等组成。电脑根据轮速传感器传来的轮速信号、车速信号判定车轮是否处于滑转状态，若处于滑转状态则向电磁阀发出指令接通蓄能器与离合器的油路，增加油压使离合器锁止，电脑可以根据传感器反馈信号随时调整对电磁阀的控制指令，使车轮滑转率保持在目标值范围内。

(4) 对发动机与驱动轮之间的转矩进行控制。这种控制方法多是通过控制变速器的换挡特性、改变传动比来实现的。

以上四种控制方式中，前两者组合的使用较为普遍。

2.1.3 ASR与ABS的区别

(1) 两者都是用来控制车轮相对于地面的滑动，以使车轮与地面的附着力不下降，但ABS控制的是制动时车轮的"滑拖"，而ASR控制的是驱动时车轮的"滑转"。

(2) ASR 只对驱动车轮实施制动控制。

(3) ABS 是在汽车制动后车轮出现抱死时起作用,当车速很低时(一般低于 8km/h)不起作用;而 ASR 则是在汽车行驶过程中车轮出现滑转时起作用,当车速很高(一般高于 80～120km/h)时,一般不起作用。

2.1.4 基本组成及原理

由于 ASR 和 ABS 之间有许多共同之处,如都是用来控制车轮对地面的滑动,都需要轮速传感器信号、都需要对车轮进行制动等,通常将 ASR 与 ABS 组合成一体,构成具有制动防抱死和驱动防滑转功能的防滑控制(ABS/ASR)系统。我国进口的一些高级轿车上,如德国的奔驰、宝马,日本的丰田雷克萨斯 LS400 等轿车上一般都装有防滑控制系统。图 4-6-3 为典型的 ABS/ASR 系统示意图。

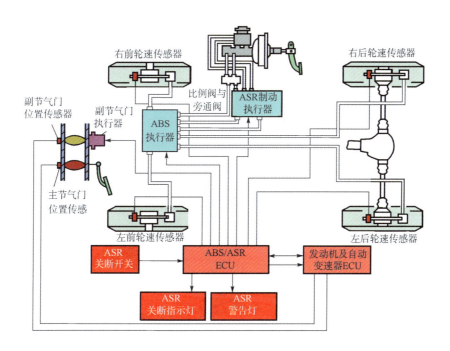

图 4-6-3　典型的 ABS/ASR 系统示意图

从图中可看出,该系统是在 ABS 系统的基础上增设了一些 ASR 的装置。主要有 ASR 制动执行器,由步进电动机控制的发动机副节气门装置,以及一些 ASR 的控制开关及显示灯等。

图中 ABS/ASR ECU 根据轮速传感器产生的车轮转速信号,确定驱动车轮的滑转率,并与 ECU 里存储的设定范围值进行比较,若超过此值便发出指令控制副节气门的步进电动机转动减小节气门开度,此时,即使主节气门的开度不变,发动机的进气量也会因副节气门的开度减小而减小,从而使发动机的输出转矩、驱动车轮的驱动力随之下降。如果驱动车轮的滑转率仍未降到设定范围值内,ABS/ASR ECU 又会控制 ASR 制动执行器,对驱动车轮施加一定的制动力,进一步控制驱动车轮的滑转率,使之符合要求,以达到防止车轮滑转的目的。在 ASR 处于防滑控制中,只要驾驶员一踩下制动踏板,ASR 便会自动退出控制,而不影响制动过程。

在采用 ASR 的汽车上一般都装有 ASR 关断开关,驾驶员可通过此开关对 ASR 系统是否起作用进行人为干预。该开关闭合,ASR 不起作用,ASR 关断指示灯会持续点亮。

ASR 也具有自诊断功能和失效保护功能,系统正常工作时,ASR 警告灯闪亮,提示驾驶员现在可能正在湿滑路面行驶,需谨慎驾驶;ECU 一旦发现系统有影响正常工作的故障时,ASR ECU 会自动关闭 ASR 系统,并将 ASR 警告灯持续点亮,向驾驶员发出检修警告信号。

2.2 典型 ASR 系统

以丰田雷克萨斯(LS400)型轿车为例,该车 ASR 系统与 ABS 结合在一起,称之为 ABS/TRC 系统,具有制动防抱死和驱动防滑转功能。在制动过程中采用流通调压方式对 4 个车轮进行防抱死控制;在驱动过程中,通过调节副节气门的开度和对驱动车轮进行制动的方式对两驱动轮进行控制。

2.2.1 主要部件的功能和结构

雷克萨斯 LS400 ABS/TRC 系统在车上的布置情况如图 4-6-4 所示,系统电路如图4-6-5所示。

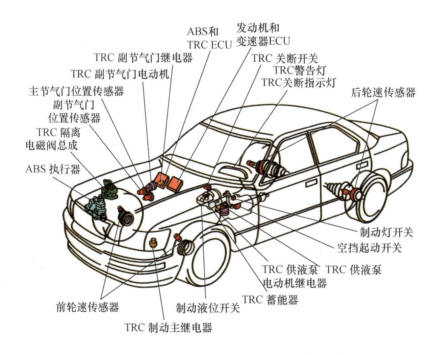

图 4-6-4 雷克萨斯 LS400 ABS/TRC 系统元件位置图

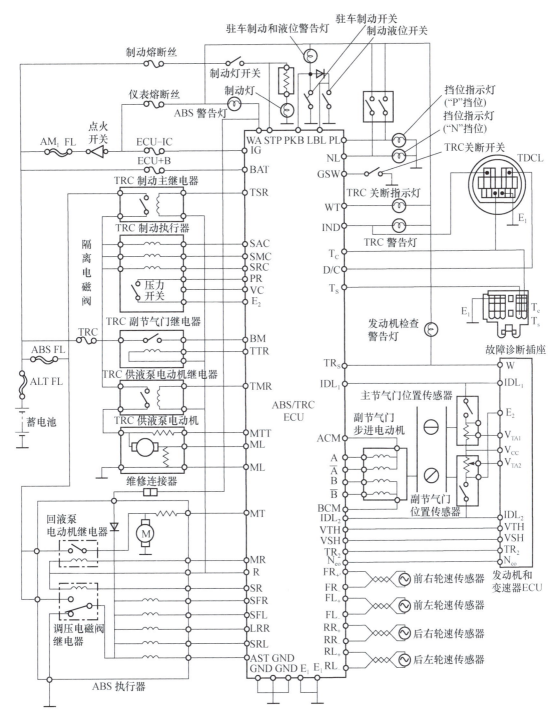

图 4-6-5 雷克萨斯 LS400 ABS/TRC 系统电路图

1）轮速传感器

在 4 个车轮处各安装一个电磁感应式轮速传感器，向 ABS/TRC ECU（以下简称 ECU）提供轮速信号。

2) ABS 执行器

ABS 执行器又称为制动压力调节器，如图 4-6-6 所示。该装置由四个 3 位 3 通调压电磁阀、两个储液器、一个双联电动回液泵组成。该装置通过管路与制动主缸、TRC 隔离电磁阀总成、制动轮缸相连。

3) TRC 制动执行器

TRC 制动执行器主要由 TRC 隔离电磁阀及制动供能总成组成。

TRC 隔离电磁阀如图 4-6-7 所示。该装置主要由三个 2 位 2 通电磁阀组成，即制动主缸隔离电磁阀、蓄能器隔离电磁阀和储液器隔离电磁阀。该装置通过管路与制动主缸、制动压力调节器、TRC 制动供能总成相连。TRC 不工作时三个隔离电磁阀均不通电，制动主缸隔离电磁阀处于通流状态，制动主缸的制动液可通往后轮制动压力调节器电磁阀，其余两电磁阀关闭。TRC 工作时，三个电磁阀均通电，制动主缸隔离电磁阀关断，制动主缸与后轮制动压力调节器电磁阀断开；蓄能器隔离电磁阀处于通流状态，将蓄能器升压后的制动液通过电磁阀送到后轮制动轮缸；储液器隔离电磁阀也处于通流状态，以便能将储液器及制动轮缸中的制动液送回制动主缸中。

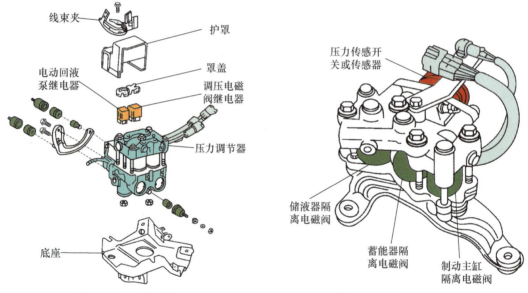

图 4-6-6　ABS 执行器　　　　　　　图 4-6-7　TRC 隔离电磁阀总成

TRC 制动供能总成如图 4-6-8 所示，该装置主要由电动供液泵、蓄能器和压力开关组成。该装置通过管路与制动主缸和 TRC 隔离电磁阀总成相连。电动供液泵为一电动机驱动的柱塞泵，它将制动液从主缸储液室中泵入蓄能器，使蓄能器中压力升高并保持在一定范围内，以便为驱动防滑制动介入提供可靠的制动能源。压力开关安装在 TRC 电磁阀总成旁，它将信号送入 ECU，用来控制 TRC 电动供液泵是否运转。压力开关有两种，一种是在左舵驾驶车上使用的接触型压力开关；另一种是右舵驾驶车上使用的非接触型开关。

4) 副节气门装置

带驱动防滑功能的节气门体，如图 4-6-9a) 所示，在发动机节气门体上主节气门的前

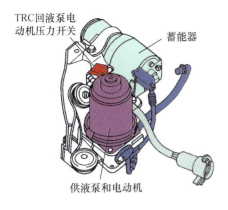

图 4-6-8　TRC 制动供能器总成

方,设置一个副节气门,也叫辅助节气门。TRC 不工作时,副节气门全开,进气量唯一地由主节气门开度所控制,如图 4-6-9b)。TRC 工作时,副节气门的开度由步进电动机根据 ABS/TRC ECU 的指令进行控制,调整发动机进气量,从而控制发动机输出转矩。节气门控制输出转矩工作原理如图 4-6-9c)所示。在节气门体上还设有主、副节气门位置传感器,其检测的信号先送入发动机和变速器电脑,再由发动机和变速器电脑送到 ABS/TRC ECU。

5) ABS/TRC ECU

ABS/TRC ECU 集制动防抱死和驱动防滑转控制功能于一体,其中有三个 8 位微处理器,其间通过一个串行缓冲寄存器进行通信,为了提高其工作可靠性,各微处理器间还进行相互监测,发现异常,会立即停止 ABS 或 TRC 工作,同时点亮相应警告灯。

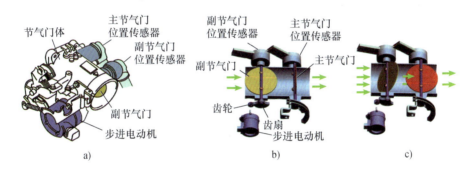

图 4-6-9　带副节气门的节气门体总成结构示意图

2.2.2　工作过程

(1)工作条件。TRC 正常工作需具备以下条件:

①TRC 关断开关处于断开位置;

②主节气门位置传感器怠速触点应断开(驾驶员在踩加速踏板);

③制动灯开关处于断开位置;

④发动机及变速器系统正常;

⑤变速杆不在"P""N"位置。

(2)系统自检。打开点火开关,TRC 关断开关处于断开位置,TRC 关断指示灯熄灭,若系统正常则 TRC 警告灯亮 3s 左右应熄灭;若发现故障则持续点亮警告灯,同时存储故障码。

(3)TRC 未进入工作时。TRC 未进入工作时,各电磁阀均不通电,处于如图 4-6-10 所示的状态。制动主缸到各车轮制动轮缸的油路处于连通状态;蓄能器中的制动液压力保持在一定范围内;控制副节气门的步进电动机不通电,副节气门保持在全开位置,进气量由驾驶员通过主节气门控制。

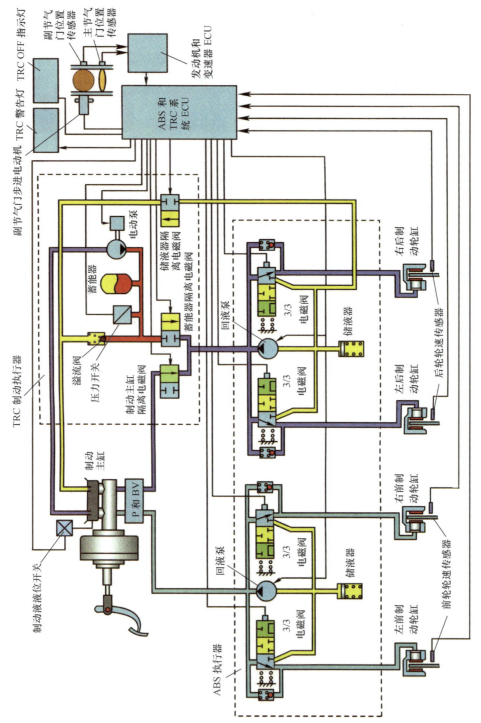

图4-6-10 雷克萨斯(LS400) ABS/TRC执行器原理简图

（4）驱动滑转时。在汽车起步、加速及行驶过程中，ECU根据轮速传感器输入的信号，判定驱动轮的滑转率超过设定值时，就进入防滑转控制过程：首先ECU控制副节气门的步进电动机转动使副节气门开度减小，减小进入发动机的进气量，使发动机的输出转矩减小，同时使TRC警告灯闪烁；当ECU判定需要对驱动轮进行制动介入时，将TRC隔离电磁阀总成中的三个隔离电磁阀通电，使制动主缸隔离电磁阀处于关断状态，蓄能器和储液器隔离电磁阀处于通流状态，同时将不需要制动轮缸的3位3通调压电磁阀通2A左右电流，使其处于保持状态。这样，蓄能器中被加压的制动液会通过蓄能器隔离电磁阀、需制动后轮的3位3通调压电磁阀，进入相应制动轮缸，产生制动作用。ECU通过独立地控制两个后轮调压电磁阀的电流值对两后轮制动轮缸的制动压力进行增大、保持和减小的循环调节，以将车轮的滑转率控制在设定值范围内。注意此时的压力调节与ABS的压力调节过程不同，增压时进入制动器的制动液是来自蓄能器被加压后的制动液；减压时制动液不是流到储液器，而是经调压电磁阀、储液器隔离电磁阀流回制动主缸的储液室，此时ABS电动回油泵并不工作。

3 任务实施

3.1 工具、仪表的准备

阅读维修手册，制订拆装方案，准备所需仪器、设备和工具。

3.2 检测方法

3.2.1 故障自诊断

前已述及，当ASR系统出现故障时，ASR电脑会将故障以相应代码的形式储存，维修人员可通过专用仪器或人工方式获取故障自诊断信息，下面以雷克萨斯LS400为例，介绍人工读取故障码与清除故障码的方法。

（1）接通点火开关。
（2）将故障诊断座的T_e和E_1端子用跨接线连接。
（3）从仪表盘上的TRC指示灯的闪烁来读取故障码。
（4）在T_e与E_1连接的状态下，3s内连续踩踏制动踏板8次以上即可清除电脑中储存的故障码。

3.2.2 部件检查

在读出故障码后，先记录下测试结果，清除故障码后再读，消失的故障码可能为偶发性故障或上次维修排除故障后没有清码（历史故障码）；若清除后再读仍出现的故障码则表明系统可能存在该故障，需要进一步检查核实。利用万用表对照电路图（图4-6-11）进一步检查如下：

（1）检查电源。拔下TRC主继电器插接器，在点火开关接通时，用万用表检测插接器线束侧1号端子搭铁电压应为蓄电池电压，否则应检查与蓄电池之间的连线、插接器及熔断丝。电源正常则进行下一步。

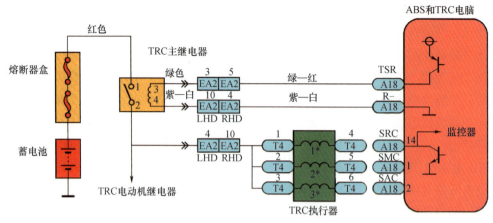

图 4-6-11 雷克萨斯 LS400 TRC 主继电器电路图

LHD-左舵驾驶车辆;RHD-右舵驾驶车辆;EA2、T4-线路插接器

(2) 检查 TRC 主继电器自身性能。正常情况下,用万用表检测继电器 1—2 端子之间应不通(电阻为∞),3—4 端子间通路(电阻应很小);将继电器 3—4 端子之间施加蓄电池电压,检查 1—2 端子之间应为通路。若继电器正常则进行下一步。

(3) 检查 ECU 与主继电器间的连线,若通路则应检查 ECU。

3.3 操作提示

如需拆下检修或更换 TRC 液压部件,在拆卸和安装时应注意:

(1) 拆卸前应先泄压。由于蓄压器使管路中的制动液保持着一定的压力,在拆卸油管前应先泄压,避免高压制动液喷出伤人。

(2) 安装时不能漏装 O 形密封圈、且密封圈应良好。

(3) 各管路螺纹连接和部件连接螺栓应按规定力矩拧紧。

(4) 安装后一定要按正确方法排出制动液压系统中的空气。

 复习与思考题

1. ASR 的作用是什么?
2. ASR 的控制目标参数是什么?主要控制方式有哪些?
3. 简述 ASR 和 ABS 的区别。
4. TRC 正常工作需要具备的条件是什么?
5. 简述 TRC 的防滑转控制工作过程。

任务7 更换 ESP 横向加速度传感器

1 任务引入

ESP 灯常亮,并且在转弯时,出现转向过度的情况,经诊断为 ESP 系统的横向稳定器故障,需对其更换。

2 相关理论知识

2.1 ESP 概述

车身电子稳定系统(Electronic Stability Program,简称 ESP),是博世(Bosch)公司的专利。1995 年,博世公司第一个研制出了 ESP 主动安全系统。因为 ESP 是博世公司的专利产品,所以只有博世公司的车身电子稳定系统才可称之为 ESP。在博世公司之后,也有很多公司研发出了类似的系统,如日产研发的车辆行驶动力学调整系统(Vehicle Dynamic Control,简称 VDC),丰田研发的车辆稳定控制系统(Vehicle Stability Control,简称 VSC),本田研发的车辆稳定性控制系统(Vehicle Stability Assist Control,简称 VSA),宝马研发的动态稳定控制系统(Dynamic Stability Control,简称 DSC)等等。

ESP 系统的作用可以概括为下面两点:

(1)转向时,保持车辆运行方向的准确性,防止出现不足转向(转向盘转角固定,转向半径却越来越大)和过度转向(转向盘转角固定,转向半径却越来越小)的情形。

(2)制动时,保持车辆运行方向的稳定性,防止在非对称路面(左右两侧车轮的路面附着系数不相等)制动时,出现制动跑偏的情形。

2.2 ESP 的组成

ESP 系统包含 ABS 和 ASR,是对这两种系统的进一步拓展。ABS 和 ASR 的功能均包含在 ESP 控制模块中,这三个系统共用一个液压单元,各自按 ESP 模块的指令,在不同的时间和条件下,发挥各自的功能。因此,ESP 称得上是当前汽车防滑装置的最高级形式。ESP 系统由传感器、控制单元、执行器等组成。有 ESP 与只有 ABS 或 ASR 的汽车之间的差别在于 ABS 及 ASR 只能被动地作出反应,而 ESP 则能够探测和分析车况并纠正驾驶的错误,防患于未然。当然,任何事物都有一个度的范围,如果驾车者盲目开快车,现在的任何安全装置都难以保全。

1)传感器

(1)转向传感器、车轮转速传感器、横摆率传感器、侧向加速度传感器、ESP 开关等。这些传感器负责采集车身状态的数据。

转向传感器监测转向盘的转向角度,车轮传感器监测各个车轮的转动速度,ESP 根据二者还可判断转向盘的转动方向。至于它们的结构原理前已述及,这里不再赘述。

(2)侧向加速度传感器监测汽车转弯时的离心力。外形如图 4-7-1a)所示,测量原理如图 4-7-1b)、c)所示。侧向加速度传感器是根据电容的工作原理来设计的,将这个传感器看作是两个电容的串联,而中间的极板在外力的作用下可以移动。这两个电容都有各自的容量,都能够存储一定量的电荷。如果中间的极板移动时,两侧极板的间距会发生变化,则两侧的电容量值也要发生变化,根据电容量值的变化来用固定的程序进行计算侧向加速度的大小。

(3)横摆率传感器。它用来监测车体绕垂直轴线转动的状态,确定车辆受不受到旋转力矩。外形如图4-7-2a)所示,测量原理如图4-7-2b)、c)所示。将一个震荡交流电施加到谐振叉上,上下谐振叉的谐振频率已预先设好,上谐振叉(激励叉)的谐振频率11kHz,下谐振叉(测量叉)的谐振频率是11.33kHz。调节交流振荡频率为11kHz,使上叉产生共振,而下叉不发生共振。在施加外力的情况下,共振的上叉对外力的反应要远比不共振的下叉反应慢得多。这样,角加速度(惯性转矩)会使下谐振叉随汽车的转动而发生扭转,而产生共振的上谐振叉将迟滞于这种运动。这种扭转改变了电量的分布,并通过电极进行测量变化量,经过传感器转化并以信号的形式送给控制单元。

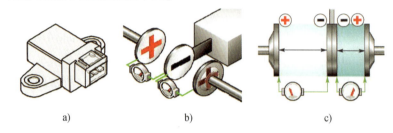

图4-7-1 侧向加速度传感器结构原理图

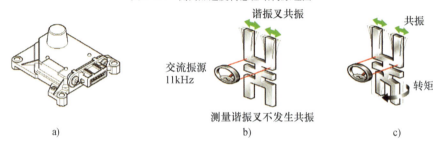

图4-7-2 横摆率传感器结构原理图

(4) ESP开关如图4-7-3所示。如果驾驶员想要关闭ESP开关,按动该按钮,同时ESP警告灯亮起。如果再想激活ESP功能,再次按动该按钮,如果驾驶员在停车之前忘记再次激活ESP功能,那么在再次起车后ESP控制单元将自动激活该功能。

2) ESP电脑

将传感器采集到的数据进行计算,算出车身状态然后跟存储器里面预先设定的数据进行比对。当电脑计算数据超出存储器预存的数值,即车身临近失控或者已经失控的时候则命令执行器工作,以保证车辆行驶状态能够尽量满足驾驶员的意图。

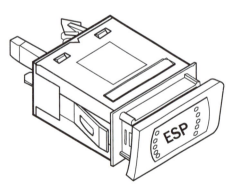

图4-7-3 ESP开关

3) 执行器

ESP的执行器就是四个车轮的制动系统,其实ESP就是帮驾驶员踩制动踏板。ESP电脑可以根据需要,在驾驶员没踩制动踏板的时候替驾驶员向某个车轮的制动油管加压好让这个车轮产生制动力。另外,ESP还能控制发动机的动力输出等。

4) ESP 灯

位于仪表盘上,与驾驶员沟通。

2.3 ESP 的工作原理

ESP 控制的基础是汽车行驶状态的识别。工作时,ESP 系统首先根据驾驶员的意图与实际的汽车运行状态之间的差异来识别汽车所处的状态,即不足转向和过度转向,再根据横摆率传感器、轮速传感器等多个传感器发出的信号,及时起动相应车轮上的制动装置,以修正转向过度或转向不足的倾向。

(1) 当车辆转弯出现不足转向的时候,ESP 各个传感器会把转向不足的消息告诉电脑,然后电脑就控制内侧后轮制动,产生一个旋转力矩来对抗车头向外推的转向不足趋势。同时,通过干预变速器和发动机管理系统来完成。

(2) 当车辆转弯出现过度转向的时候,ESP 会控制外侧前轮制动,产生一个旋转力矩,纠正错误的转向姿态。同时,通过干预变速器和发动机管理系统来完成。

(3) 直线制动由于地面附着力不均匀出现跑偏的时候(有 ABS 的车也会出现这种情况,这时候车身会向附着系数大的一边跑偏)。ESP 会控制附着力强的轮子减小制动力,让车按照驾驶员预想的行驶线路前进。同样当一边制动一边转向的时候,ESP 也会控制某些车轮增大制动力或者减小制动力让车子按照驾驶员的意图行驶。

2.4 ESP 的工作过程

下面仅以制动回路中的一个车轮加以说明。基本部件比原来 ABS 系统多了两个电磁阀:高压阀和控制阀。

(1) ESP 不工作时:进油阀、高压阀开启,回油阀关闭,控制阀正向开启(从制动主缸至制动轮缸方向),液压泵不工作,如图 4-7-4 所示。

(2) 增压时:各阀状态同 ESP 不工作时的状态一样,只是液压泵开始工作,输送制动液使制动轮缸内制动压力升高,如图 4-7-5 所示。

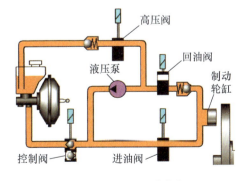
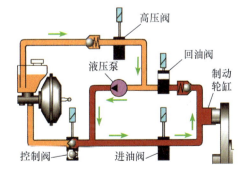

图 4-7-4　ESP 不工作状态　　　　　　　　图 4-7-5　增压状态

(3) 保压时:进油阀关闭,回油阀也保持关闭。制动轮缸内的制动液不能卸压,液压泵停止工作,高压阀关闭,控制阀处于正向开启,反向关闭状态,如图 4-7-6 所示。

(4)减压时:控制阀反向打开,回油阀打开,进油阀、高压阀保持关闭。制动液通过制动主缸返回储液罐,如图 4-7-7 所示。

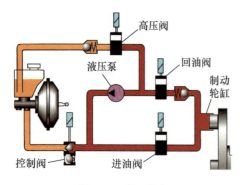

图 4-7-6　保压状态

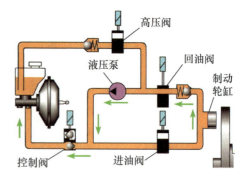

图 4-7-7　减压状态

3 任务实施

3.1 工具、仪表的准备

阅读维修手册,制订拆装方案,准备所需仪器、设备和工具。

3.2 操作流程

(1)查询收音机密码,断开蓄电池。
(2)拆下横向加速度传感器的装饰盖板(如高尔夫轿车横向加速度传感器固定在转向柱支架上,其拆卸前要先拆下仪表板下方的内饰板)。
(3)拉出传感器插头。
(4)拧下横向加速度传感器固定螺母,取下传感器。
(5)安装顺序与拆卸顺序相反。

3.3 操作提示

为了保证准确测得车体横向偏移的大小,横向加速度传感器的安装位置必须准确。为此,横向加速度传感器都设有相应的安装位置标记,安装时必须对正。

 复习与思考题

1. 什么是 ESP?
2. ESP 的作用是什么?
3. ESP 主要有哪些传感器?它们各自的作用是什么?
4. 简述 ESP 的工作原理。
5. 简述 ESP 的工作过程。

知识点小结

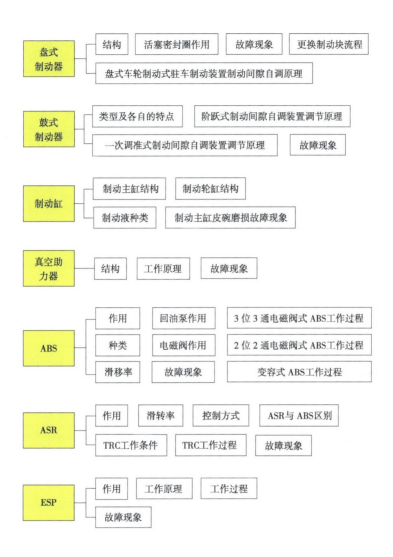

参 考 文 献

[1] 侯红宾. 汽车底盘故障诊断与修复[M]. 北京：人民交通出版社股份有限公司, 2018.
[2] 张立新. 汽车底盘电控系统检修[M]. 2版. 北京：人民交通出版社股份有限公司, 2017.
[3] 关文达. 汽车构造[M]. 北京：机械工业出版社, 2016.
[4] 陈新亚. 汽车为什么会跑：底盘图解[M]. 北京：机械工业出版社, 2015.
[5] 陈敬渊. 汽车底盘构造与维修习题集[M]. 北京：人民交通出版社, 2011.
[6] 吕坚. 汽车底盘构造与维修[M]. 上海：同济大学出版社, 2010.
[7] 徐石安. 汽车构造——底盘工程[M]. 北京：清华大学出版社, 2008.